CW01370340

gartenkinder

PFLANZEN, lachen, SELBER MACHEN

KATJA MAREN THIEL
FOTOS: ANNETTE TIMMERMANN

*garten*kinder

DEN GARTEN GEMEINSAM ERLEBEN
DIE BESTEN IDEEN FÜR GROSS UND KLEIN

KOSMOS

INHALT

GARTEN
Kinder

1 x 1 für Nachwuchsgärtner ... 8
Grundwissen für Kleine & Große

Kleine und große Gärtner aufgepasst. Wer Lust hat, in der Erde zu wühlen, Wasser zu verteilen, eine kleine Tierfarm anzulegen oder zu erfahren, was in einer Pflanzenfabrik passiert, der ist hier genau richtig.

Pflanzenkinder 28
Aus Klein wird Groß

Auch Pflanzen fangen mal klein an und brauchen Zuneigung und Pflege. Wie sich Pflanzenkinder unterscheiden und welche Tricks sie entwickelt haben, um sich in der Welt zu verbreiten, steht in diesem Kapitel.

Ziergarten 38
Ein Paradies der Sinne

Blumen blühen bunt und schön. Von ihrer Farben-, Formen- und Duftpracht lassen sich nicht nur Bienen, sondern auch wir Menschen betören. Hier wird gezeigt, wie man solch ein Paradies für die Sinne schafft.

Naschgarten 58
Tischlein deck dich

Jetzt wird es köstlich. Hier erfahren kleine und große Gärtner, wie man eigenes Gemüse, Obst und Beeren leicht selbst anbauen und ernten kann. Und diese Vitaminbomben schmecken nicht nur gut, sondern sehen auch noch toll aus.

DARAUF KOMMT ES AN, DAMIT ES IM GARTEN GELINGT

DAS IST
wirklich
WICHTIG

BILD UND BUTTON Hier finden Sie alles, was zum Gelingen im Garten wirklich wichtig ist.

Tiere im Garten 78
Beobachten und behüten

Gärten sind nicht nur hervorragende Spielplätze, sondern für viele Tiere ein wichtiger Lebensraum. Wer sich alles im Garten tummelt und was man machen kann, damit möglichst viele Untermieter bleiben, zeigen wir hier.

Spielen, malen, feiern 94
Den Garten genießen

Spielen ist die schönste Art zu lernen. Der Garten bietet hierfür große Freiheiten. Hier kann Klein und Groß die Elemente Wasser, Erde, Feuer erfahren. Und unsere Ideen für Gartenfeste bieten weit mehr als nur Tobespaß.

Basteln und Bauen 122
Wohnen im Garten

Gärten sind ideale Werkstätten für einen Weidenstuhl, eine Kinderküche oder gar ein Baumhaus. Und das Beste: das Material dazu findet sich häufig direkt im Garten.

Service und Register 148
Die Akteure dieses Buches 160

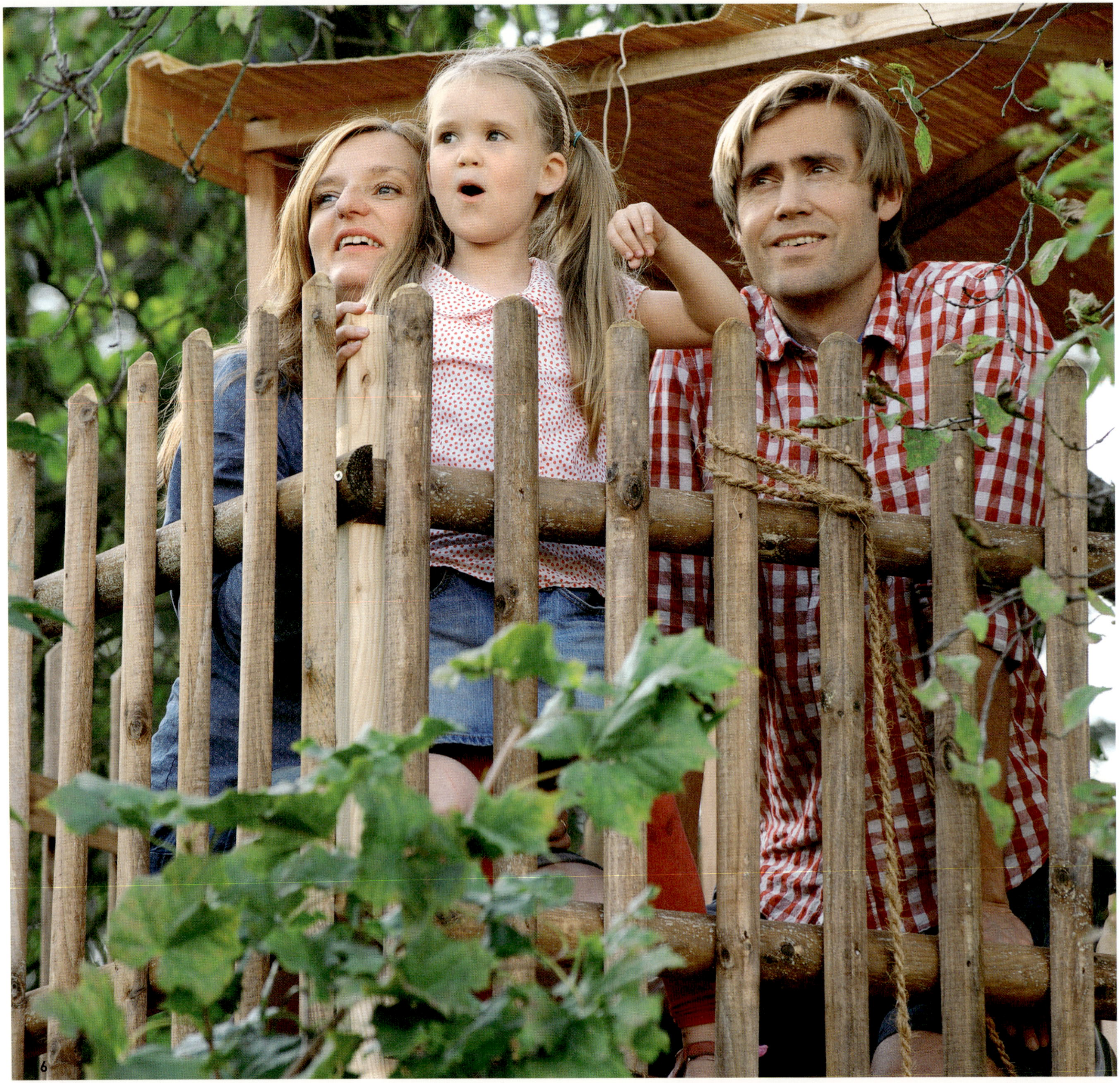

EIN GARTEN MIT KINDERN
Ein unvergesslicher Ort

Es gibt einen Garten, den die wenigsten Menschen in ihrem Leben vergessen. Und mancher sehnt sich für einen Moment dorthin zurück: Es ist der Garten der Kindheit. Geht es Ihnen auch so?

BLICK ZURÜCK

Mein Garten der Kindheit in den 1970er Jahren zeichnete sich vor allem durch seine enorme Größe aus. Er gehörte zum Wochenendhaus meiner Großeltern in der Lüneburger Heide. Das Haus lag mitten in einem Wäldchen am Rande von weiten Kornfeldern. Da er zu einem Wochenendhaus gehörte, war er vor allem praktisch angelegt. Es gab dort keine großen Zier- oder Gemüsebeete, dafür viele Rosenstöcke, wild wachsende Heide und Bickbeersträucher (Heidelbeeren) und weite Rasenflächen zum Spielen. Alleine oder mit meinen Freunden strolchte ich durch die Umgebung, bastelte an einfachen Hütten aus Totholz, planschte im Pool – der eigentlich ein kleiner Springbrunnen war – und sammelte, getrieben von der Aussicht auf den Genuss einer köstlichen süßen Suppe mit Grießklößen, so viele Beeren, wie ich nur finden konnte.

GEMEINSAM ERLEBEN

Heute sind die meisten Gärten wesentlich kleiner. Unsere Tochter spielt beispielsweise in einem Schrebergarten von gut 400 qm Größe. Umso wichtiger finde ich es, ihr dort dennoch gewisse Freiräume zu ermöglichen. Dabei entstehen häufig, ich will es nicht verhehlen, Interessenkonflikte. Wenn Iva mit ihren Freunden meine lang gehegte Blütenpracht abrupft oder durch die Gemüsebeete rennt und „erntet", was noch längst nicht reif ist, schwanken meine Gefühle oft zwischen Wut und Trauer. Solange dies aber nur aus Spiel oder Spaß geschieht und nicht aus Provokation, versuche ich milde und erklärend zu reagieren.
Denn Kinder sehen Gärten mit anderen Augen als Erwachsene. Für sie sind es vor allem Spiel- und Erlebnisräume. Erwachsene sollten diese Erlebnisse ermöglichen und die Voraussetzungen dafür schaffen. Dazu gehört auch die Erkenntnis, dass Kinder sich nicht in speziell gestaltete Kinderecken – und seien sie auch noch so liebevoll gemacht – drängen lassen, sondern den ganzen Gartenraum erobern wollen. Neben den Freiräumen ist aber ebenso die Vermittlung von Handfertigkeiten und Wissen wichtig. Und dafür nehmen sich heute zum Glück viele Eltern wesentlich mehr Zeit als früher.

FÜR GROSS UND KLEIN

Mein Buch richtet sich zugleich an Erwachsene und Kinder. Es möchte praktische Anregungen geben, Hintergrundwissen vermitteln und gemeinsames Erleben ermöglichen, gleichzeitig die Eltern aber auch ermutigen, den Nachwuchs eigene Erfahrungen im Garten machen zu lassen. Da die Fähigkeiten selbst gleichaltriger Kinder – je nach Veranlagung und Übung – sehr unterschiedlich sein können, habe ich darauf verzichtet, Altersempfehlungen für die einzelnen Anleitungen zu geben. Entscheiden Sie am besten mit Ihren Kindern zusammen, was mit oder ohne elterliche Unterstützung umgesetzt werden kann.
Alle vorgestellten Projekte – ob klein oder groß, einfach oder aufwendig – sind tatsächlich in unserem Garten verwirklicht worden. Verwendet wurden überwiegend naturnahe und/oder wiederverwertete Materialien. Die Kinder und ich hatten viel Spaß, z. B. bei der Beobachtung der Regenwurmfarm, dem Anlegen des Beetes der Sinne, dem Aussäen einer Gemüseschnecke, dem Herstellen der Pflanzenfarben, dem Erproben der Spielideen, dem Basteln und Bauen mit Weiden und anderem Wildholz. Selbst der größte Wunsch meiner Tochter – und wohl insgeheim auch ihrer Eltern –, der Bau eines Baumhauses, wurde nach langer Planung und kurzer Bauzeit Wirklichkeit.

PFLANZEN, LACHEN, SELBER MACHEN

Meine Familie und ich wünschen Ihnen viel Spaß beim Stöbern, Lesen und vor allem Nachpflanzen, Spielen, Experimentieren und Werkeln. Und vielleicht können wir unseren Kindern so eine unvergessliche Erinnerung fürs Leben schenken.

Katja Maren Thiel

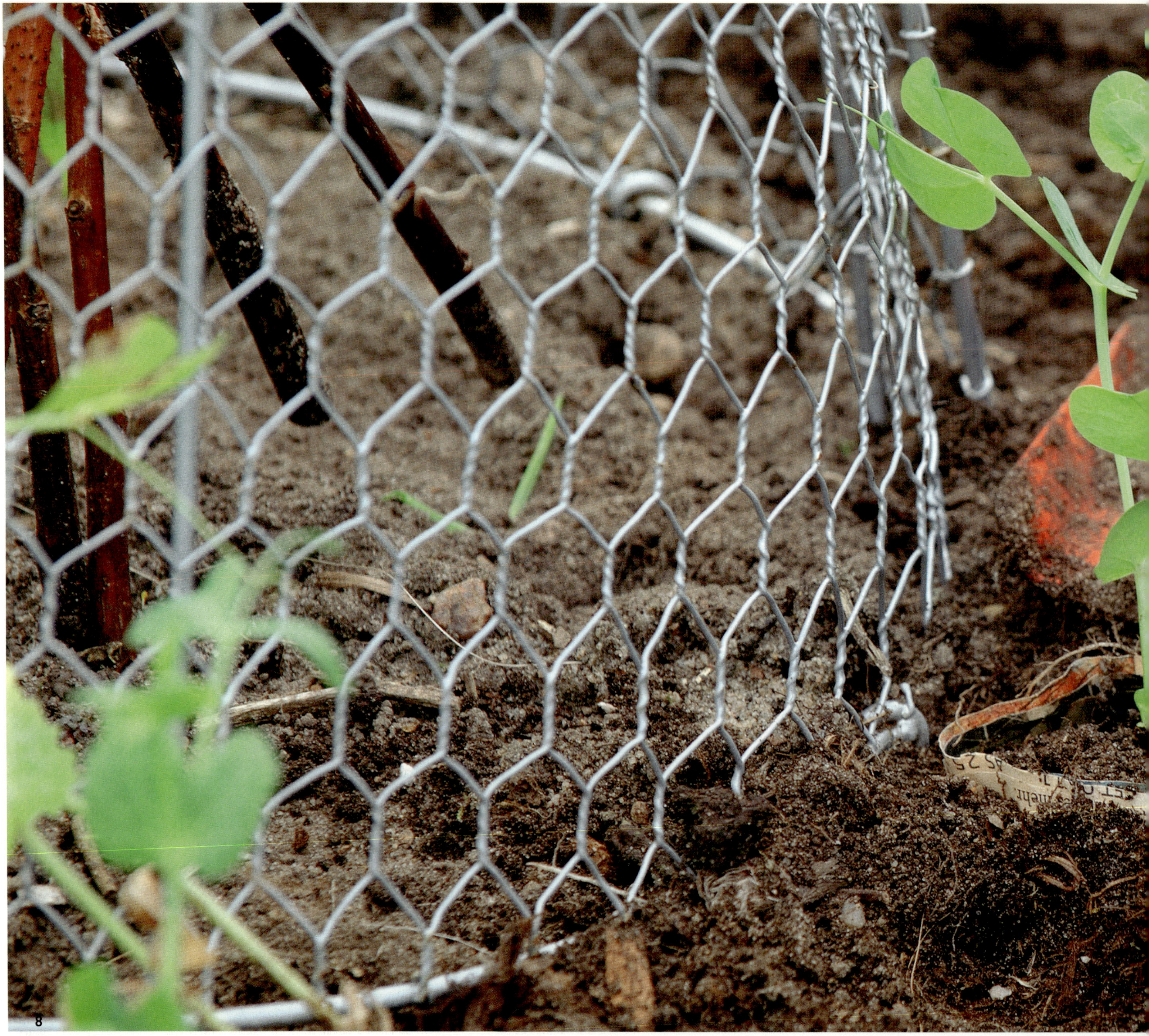

1×1 FÜR NACHWUCHSGÄRTNER
Grundwissen für Kleine & Große

KLEINE UND GROSSE GÄRTNER AUFGEPASST: WER HAT LUST, IN DER ERDE ZU BUDDELN, WASSER ZU VERTEILEN, EINE KLEINE TIERFARM ANZULEGEN ODER ZU ERFAHREN, WAS IN EINER PFLANZENFABRIK PRODUZIERT WIRD? DER LIEST JETZT AM BESTEN GANZ SCHNELL WEITER!

1×1 FÜR NACHWUCHSGÄRTNER

DIE ERDE VOR DEM FORMEN MIT WASSER BEFEUCHTEN

DAS IST *wirklich* WICHTIG

[a] **WER WISSEN MÖCHTE,** welche Bodenart er im Garten hat, gräbt einfach ein spatentiefes Loch.

[b] **EINE SCHAUFEL VOLL ERDE** aus dem Loch des Gartenbodens wird mit etwas Wasser angefeuchtet.

[c] **NUN WIRD ES SPANNEND:** Lässt sich eine Rolle aus der feuchten Erde formen?

[d] **SANDIGE ERDE ZERBRÖCKELT,** lehmhaltige Erde hält sich als Rolle und tonige Erde lässt sich sogar weiter zu einem Hufeisen formen.

BODENTEST

Ist meine Pflanze hungrig?

Damit Pflanzen wachsen und gedeihen können, brauchen sie, wie wir Menschen, die richtige Nahrung. Aber was essen Pflanzen überhaupt und wo und wie nehmen sie es zu sich?

Pflanzen können einen Teil ihrer Nahrung selbst produzieren, indem sie aus Licht Glucose, also Zucker, herstellen (mehr dazu Seite 15). Daneben brauchen sie noch verschiedene Nährsalze wie Stickstoff, Phosphor, Kalium, Kalzium und Magnesium, die sie in der Erde finden.

Aber Erde ist nicht gleich Erde. Sie kann sich nach ihrem Nährstoffgehalt, dem Säuregrad und ihrer Zusammensetzung gewaltig unterscheiden. Da die verschiedenen Pflanzenarten unterschiedliche Geschmäcker haben, findet ein guter Gärtner erst einmal heraus, was für einen Boden er im Garten hat.

TEST 1: DIE BODENART

Hier untersuchen wir, wie die Erde zusammengesetzt ist. Besteht sie eher aus groben oder feinen Einzelteilchen? Dies ist ein Hinweis darauf, wie gut die Pflanzen mit Luft bzw. Sauerstoff und Wasser versorgt sind.

An verschiedenen Stellen im Garten stechen wir spatentiefe Löcher aus. Wir befühlen und riechen diese Erde. Dann befeuchten wir sie mit etwas Wasser und versuchen sie, zu einer Rolle zu formen. Es gibt drei mögliche Ergebnisse:

1. Sandige Böden: Die Rolle zerbröselt auch im nassen Zustand sofort, denn die einzelnen Teile im Boden sind sehr, sehr fein. Wasser und Nährstoffe können schlecht in der Erde gehalten werden und versickern schnell. Möchte man den Boden verbessern, wird grobes Material wie Komposterde (siehe rechts) und Betonit eingearbeitet.

2. Lehmige Böden: Es lässt sich eine schöne Rolle, aber kein Hufeisen formen. Solche Böden lieben Gärtner, denn sie enthalten einen hohen organischen Anteil. Sie sind sehr nährstoff- und sauerstoffreich und können Wasser gut speichern. Viele Pflanzen wachsen hier sehr gut.

3. Tonige Böden: Die Erdrolle zerbröckelt auch dann nicht, wenn wir sie zu einem Hufeisen formen. Hier ist der Boden sehr stark verdichtet. Dies bedeutet, dass die Pflanzen an den Wurzeln schlecht mit Sauerstoff und Nährstoffen versorgt werden und Wasser sehr schlecht versickern kann. Diese so genannte Staunässe mögen nur sehr wenige Pflanzen. Zur Bodenverbesserung kann man die Zusammensetzung lockern, indem Komposterde und Kies eingearbeitet werden.

TEST 2: DER NÄHRSTOFFGEHALT

Wer genauer wissen möchte, wie Pflanzen mit Nährstoffen versorgt werden, kann die Bodenproben von Fachleuten in einem Labor untersuchen lassen. Dazu gräbt man zuerst wieder einige spatentiefe Löcher, kratzt mit einem Esslöffel etwas Erde von den Seiten des Loches, füllt sie in einen mit der Aushubstelle beschrifteten Klarsichtbeutel und schickt sie an ein Labor (Adressen siehe Seite 148). Nach einigen Wochen bekommt man das Ergebnis zugeschickt. Häufig mit einer Empfehlung, wie der Boden in Zukunft gedüngt, also mit Nährstoffen versorgt werden sollte.

TEST 3: DER SÄUREGRAD

Manche mögen's eher sauer, andere eher süß. So ähnlich ist dies auch bei Pflanzen. Sie können die Nährstoffe in der Erde nur richtig aufnehmen, wenn der Boden den passenden Säuregrad hat. Gärtner unterscheiden daher saure, neutrale und alkalische Böden. Gemessen wird dies mit dem so genannten pH-Wert: Saure Böden haben einen niedrigen zwischen 4,5 und 6,5, alkalische einen hohen ab 7,5. Ermittelt werden kann er z. B. mit Tests aus dem Gartenmarkt oder einem speziellen Gartengemüse.

1×1 FÜR NACHWUCHSGÄRTNER

DAS IST
wirklich
WICHTIG

[a] SO SIEHT EINE DURSTIGE SONNENBLUME AUS: Die Blätter hängen schlaff hinunter.

[b] GIESST PFLANZEN NICHT IN PRALLER SONNE: Die Wassertropfen wirken wie winzige Brenngläser und können die Blätter verletzen.

[c] ACHTET BEIM GIESSEN DARAUF, dass die Blätter nicht nass werden. So vermeiden wir Krankheiten und Schneckenfraß.

PFLANZEN IMMER VON UNTEN GIESSEN. NIE ÜBER DIE BLÄTTER.

WASSERVERSUCHE

Ist meine Pflanze durstig?

Ausreichend Wasser ist für Pflanzen besonders wichtig. Denn sie können die Nährstoffe aus dem Boden nur mithilfe von Wasser aufnehmen. Wie das funktioniert und wie man Pflanzen richtig gießt, erfahren neugierige Nachwuchsgärtner hier.

WIE TRINKEN PFLANZEN?

Pflanzen nehmen die im Wasser gelösten Nährstoffe über ihre Wurzeln auf. Das muss man sich etwa so vorstellen: Alle Pflanzen verlieren Wasser über winzige Spaltöffnungen an ihren Blättern und Blüten. Besonders viel Wasser verdampft dort bei Hitze. Dadurch entsteht eine Sogwirkung – das funktioniert etwa so, wie wenn wir an einem Strohhalm saugen und damit trinken. Von unten zieht die Pflanze neues Wasser nach. Diese Sogkraft kann so stark sein, dass selbst riesige Bäume bis in ihre Spitze mit Wasser versorgt werden. Aber wie gelangt es dorthin? Haben die Pflanzen unsichtbare Wasserbahnen? Das können kleine Gärtner mit folgendem Versuch herausfinden.

Material
- Schnittblumen mit einer weißen Blüte. Geeignet sind z. B. Tulpen, Nelken, Levkojen oder Lilien.
- Flaschen oder Vasen mit Wasser
- Etwas Tinte oder Lebensmittelfarbe

Versuch
In die Flaschen wird Wasser gefüllt und darin die Tinte oder Lebensmittelfarbe aufgelöst. Wer mehrere Gefäße und Blumen hat, kann verschiedene Farben ausprobieren. Dann wird die Blume in die Farblösung gestellt und gewartet.

Ergebnis
Nach einigen Stunden verändert sich langsam von unten nach oben die Farbe der Blume. Blumen in blauem Wasser werden blau, Blumen in violettem Wasser violett usw. Vielleicht gibt es je nach Farblösung Unterschiede, wie kraftvoll die Färbung ist.

Erklärung
Die Farbe macht das Wasserleitungssystem der Pflanzen sichtbar, man kann feine Pflanzenadern erkennen. Ähnlich den menschlichen Blutbahnen versorgen sie die gesamte Pflanze mit Wasser. Diese feinen Röhrchen, Kapillare genannt, laufen im Pflanzenstängel von unten nach oben. Eine einzelne ist dabei dünner als ein menschliches Haar! Je dünner diese „Trinkhalme" sind, desto höher steigt das Wasser von sich aus. Wir wissen nun, warum Wasser für Pflanzen so wichtig ist und wie sie trinken. Wie man sie richtig gießt, lernen Nachwuchsgärtner auf der Fotoseite.

WIE SAUER SIND WASSER UND BODEN?

Wer hat noch Lust auf ein anderes Experiment? Wie wär's mit einem selbst gemachten Säuretest? Denn ebenso wie Erde, kann auch Wasser sauer oder alkalisch sein (siehe vorherige Seite). Folgendes brauchen wir dazu.

Material
- Frische Rot-Kohlblätter
- Bodenproben aus dem Garten
- Verschließbare Gläser (gleiche Anzahl wie Bodenproben)

Die genaue Anleitung gibt es auf Seite 107 (siehe Rot-Kohl).

1×1 FÜR NACHWUCHSGÄRTNER

Pflanzen freuen sich über unsere Unterstützung. Was wir ihnen im Garten Gutes tun können, damit sie üppig gedeihen, erfahren Nachwuchsgärtner hier.

SPIELREGELN
zwischen Pflanzen und Menschen

WOVON PFLANZEN LEBEN

Pflanzen ähneln uns Menschen in vielerlei Hinsicht. Sie haben nicht nur Hunger und Durst, sondern brauchen auch Licht und Wärme, um zu gedeihen. Forscher haben sogar nachgewiesen, dass Pflanzen Empfindungen haben. So wachsen viele Pflanzen besonders üppig, wenn wir uns regelmäßig mit ihnen unterhalten oder sie sogar streicheln.

Doch auch Pflanzen haben unterschiedliche Vorlieben. Während manche sich besonders wohl in der Wärme fühlen, lieben andere gerade den Schatten. Manche mögen's trocken, andere feucht; manche sind nimmersatt, andere fasten gern.

Damit wir einer Pflanze gute Startbedingungen geben können, müssen wir also erst mal herausfinden, welche Vorlieben sie hat. Aber wie geht das? Pflanzen können schließlich nicht sprechen.

1. Ausprobieren. Pflanzen können zwar nicht sprechen, aber wenn man sie genau beobachtet, sieht man dennoch, ob sie sich wohlfühlen. Lassen sie z. B. ihre Blätter schlaff hängen oder bilden Blütenpflanzen keine Blüten, ist dies ein Hinweis darauf, dass es ihnen an etwas mangelt. Im schlimmsten Fall stirbt die Pflanze ab.

2. Experten fragen. Man spricht jemanden an, der sich gut mit Pflanzen auskennt. Hilfreich kann auch ein Blick über den Gartenzaun sein. Denn was in Nachbars Boden gut wächst, gedeiht wahrscheinlich auch im eigenen Garten gut – vorausgesetzt die Pflanze erhält ähnlich viel Licht, Wasser und Nährstoffe.

3. Lesen. In Büchern oder im Internet findet man viele Informationen. Zudem sind Pflanzen beim Kauf häufig mit einem kleinen Kärtlein versehen, auf dem steht, was die Pflanze mag.

AM RICHTIGEN PLATZ

Wer all diese Informationen hat, muss nur noch einen passenden Platz im Garten für die Pflanzen finden. Denn dies ist die wichtigste Regel für alle Gärtner: Setze die Pflanze an den für sie geeigneten Platz! Aber wie finden wir nun den passenden Pflanzplatz? Wie man den Nährstoffgehalt und den Säuregrad der Erde herausfindet, wissen wir bereits. Und durstige Pflanzen erkennt ihr an den schlaffen Blättern. Ob ein Platz eher sonnig oder schattig, zugig oder geschützt ist, findet man am besten über längere Beobachtung heraus. Denn die Sonne hat während eines Jahres nicht nur unterschiedlich viel Kraft und scheint unterschiedlich lange, sondern sie ändert auch ihren Verlauf am Himmel: Im Sommer steht sie höher und scheint länger und stärker als im Winter. Dafür entstehen im Sommer mehr schattige Flächen durch belaubte Bäume. Wer es ganz genau wissen möchte, legt ein so genanntes Blütentagebuch an. Hier kann man z. B. auch mit Fotos oder Zeichnungen genau dokumentieren, wie es an welchem Tag und zu welcher Stunde im Garten aussieht.

PFLEGE

Eine Pflanze fühlt sich besonders wohl, wenn sie noch etwas Pflege bekommt. Neben dem maßvollen Gießen und Düngen gehören noch jäten, mulchen und die Bodenlockerung dazu. Und für etwas Zuneigung sind viele Pflanzen ebenfalls sehr dankbar. In einem Experiment von Wissenschaftlern haben z. B. Tomatenpflanzen, denen gut zuredet wurde, bis zu ½ kg mehr Ertrag gebracht.

WAS GESCHIEHT IM INNEREN DER PFLANZE?

Pflanzen brauchen Sonne, Wasser, Luft und Nährsalze als Grundvoraussetzung zum Leben. Aber was passiert genau im Inneren der Pflanze und wie verwertet sie die einzelnen Elemente? Wir können uns Pflanzen wie kleine Fabriken vorstellen: Aus Wasser und Kohlendioxid – einem Stoff aus der Luft – machen sie mithilfe des Blattgrüns Traubenzucker und Sauerstoff. Den Vorgang nennt man Fotosynthese. Dies ist eine der Grundvoraussetzungen für das Leben auf der Erde. Denn zu große Mengen Kohlendioxid wären für Mensch und Tier nicht nur schädlich, sondern sogar tödlich. Genauer funktioniert die Fotosynthese so: Der Stoff, der Pflanzen grün macht, das so genannte Chlorophyll, fängt die Sonnenenergie auf und speichert sie. Die Pflanze spaltet Wasser (H_2O) in seine beiden Bestandteile Wasser (H) und Sauerstoff (O) auf. Den Wasserstoff speichert die Pflanze, den Sauerstoff scheidet sie hingegen aus. Über die Spaltöffnungen an den Blättern nimmt die Pflanze das Gas Kohlendioxid (CO_2) aus der Luft auf und verwandelt es mithilfe des Wasserstoffes zu Traubenzucker. Aus diesem kann die Pflanze nun alles herstellen, was sie zum Leben braucht.

CHWUCHSGÄRTNER

DAS IST *wirklich* WICHTIG

[a] AN WELCHER STELLE IM GARTEN haben sich wohl die meisten Würmer versteckt?

[b] IN DAS GLAS werden die unterschiedlichen Erd- und Sandschichten eingefüllt. Obenauf liegen Grasschnitt, dann folgen Gemüsereste.

[c] SETZT MAXIMAL ZEHN WÜRMER EIN, befeuchtet das Ganze leicht und deckt das Glas mit einem Tuch ab. Nach etwa vier Wochen hat sich die Erde deutlich verändert, oder?

JUNGE FORSCHER

Meine kleine Regenwurmfarm

Der Regenwurm ist eines der nützlichsten Tiere im Garten. Das wusste bereits der Brite Charles Darwin (1809 bis 1882), der bis heute als einer der wichtigsten Naturwissenschaftler überhaupt gilt.

KLEINE UND GROSSE FORSCHER

Ein Jahr vor seinem Tod veröffentlichte Darwin ein Buch, in dem er aufzeigte, wie Regenwürmer abgestorbene Pflanzenreste zu feinkrümeligem Humus, also besonders nahrhaftem Erdboden, verarbeiten. Er kam zu dem Schluss: „So wie wir wissen, haben von allen Lebewesen nur wenige so viel zur Entwicklung der Erde beigetragen wie die Regenwürmer." Aber wie machen die eher unscheinbaren Würmer das? Das wollen wir hier untersuchen.

Wie die großen Forscher, haben die kleinen Gärtner unter uns dabei sicher erst einmal einige Fragen zu den Würmern – vielleicht haben sie auch schon einige Vermutungen. Und dann geht es ans Beobachten. Da dies in der freien Natur sehr schwierig ist, bauen wir den normalen Lebensraum der Regenwürmer in einem kleinen Modell nach.

Material
- Ein großes Glas mit mindestens 12 cm Durchmesser
- Heller Sand, z. B. aus der Sandkiste
- Dunkle Erde, z. B. aus dem Beet
- Etwas Komposterde
- Eine Handvoll Grasschnitt
- Gemüsereste wie Salatblätter, Wurzelgrün etc.
- Ein altes Tuch und ein Band
- Eine Gießkanne mit Brauseaufsatz
- Eine Lupe
- Ein Blatt Papier

WER SUCHET, DER FINDET

Zu einer guten Ausrüstung gehören neben den genannten Materialien auch ein Notizblock und ein Fotoapparat. So kann man Beobachtungen schriftlich und im Bild festhalten. Die Notizen werden am besten mit Datum und Uhrzeit versehen. Die Fotos erleichtern es, die Veränderungen im Glas zu erkennen. Aber das Wichtigste fehlt noch: die Würmer natürlich! Und wo finden wir die? Richtig, in der Erde. Doch wo sind am meisten Würmer versteckt? Dazu heben wir an unterschiedlichen Stellen im Garten einen Spaten voll Erde aus und zählen, wo sich die meisten Würmer verkrochen haben: an einem Sonnenplatz oder im Schatten, am Kompost oder an der Trockenmauer? Die gefundenen Würmer setzen wir in das Glas mit Erde (Anleitung Fotoseite).

Unter der Lupe

Wer das Wurmglas oder die Würmer mit einer Becherlupe genau beobachtet, kann sicher die folgenden Fragen beantworten:
- Gibt es Unterschiede in Länge, Farbe, Oberfläche?
- Wie bewegt der Wurm sich vorwärts?
- Was machen die Würmer, sobald sie im Glas sind?
- Wo und wann fühlen sich die Würmer am wohlsten?
- Was passiert mit den abgestorbenen Pflanzenresten, die auf die Erde gelegt wurden?
- Wie verändert sich die Erde im Laufe der Zeit?

Wer noch weitere Fragen hat oder wem noch mehr Besonderheiten auffallen, notiert auch diese. Nach etwa vier Wochen ist der Versuch abgeschlossen und wir können die Würmer wieder freilassen.

Auf den nächsten Seiten erfahren große und kleine Gärtner, was die Beobachtungen bedeuten und wer sonst noch so in der Erde schuftet.

1 × 1 FÜR NACHWUCHSGÄRTNER

EIN KREISLAUF: Der Regenwurm frisst u. a. abgestorbene Pflanzenreste und scheidet die zersetzten Teilchen als nährstoffreichen Kot aus. Hiervon ernähren sich wiederum Pflanzen wie Blumen und Gemüse. Mensch und Tier essen bestimmte Pflanzen und lassen wiederum Reste zurück, von denen sich der Regenwurm ernährt. Würde insbesondere der Regenwurm unsere Gartenerde nicht mit nährstoffreichem Kot anreichern, wären unsere Böden nicht auf natürliche Weise fruchtbar, mit Auswirkungen auf die Ernte von unserem Obst und Gemüse.

DER REGENWURM
Wie gute Erde entsteht

Der Regenwurm ist ein sehr wichtiger Teil im Kreislauf der Natur und beschenkt uns mit fruchtbaren Böden. Daher müssen wir auch im Garten gut auf ihn aufpassen.

Auf der vorherigen Seite haben wir eine kleine Regenwurmfarm gebaut und uns einige Fragen zum Wurm gestellt. Hier die Antworten und Erklärungen für die kleinen Gärtner.

Frage: An welcher Stelle im Garten habt ihr die meisten Würmer gefunden?
Antwort und Erklärung: Bei sonnigem Wetter wohl mehr Würmer im Schatten und an feuchteren Plätzen im Garten. Am Kompost mit vielen abgestorbenen Pflanzenteilen sind sicherlich mehr Würmer als in sandiger Erde.
Vermutung: Die Würmer mögen gerne Feuchtigkeit, Dunkelheit und brauchen offensichtlich Pflanzenreste zum Leben.

Frage: Schaut euch die Würmer z. B. mit einer Becherlupe an und beschreibt ihr Aussehen sehr genau. Gibt es Unterschiede in Länge, Farbe, Oberfläche?
Antwort und Erklärung: Es gibt unterschiedliche Arten von Regenwürmern, die sich z. B. in Länge, Farbe und Lebensraum unterscheiden. In Deutschland gibt es heute etwa 39 verschiedene Arten. Die bekanntesten sind der Gemeine Regenwurm mit einer Länge zwischen 9 und 30 cm und der kleinere und dünnere Kompostwurm mit 4 bis 13 cm. Die Länge innerhalb der Arten gibt zugleich Auskunft über das Alter eines Wurmes – sicherlich sind euch schon die vielen kleinen Ringe aufgefallen, aus denen sich der gesamte Wurmkörper quasi zusammensetzt. Ausgewachsene Würmer haben etwa 160 dieser Segmente, kleine dagegen weniger.
Unter normalen Bedingungen werden Regenwürmer im Freiland etwa drei Jahre alt (im Labor sogar bis zu acht Jahren!). Geschlechtsreife Würmer lassen sich an dem hellen verdickten Gürtel erkennen. Er bildet sich etwa nach einem Jahr. Anders, als bei uns Menschen, können sich alle Würmer im entsprechenden Alter fortpflanzen. Denn sie sind so genannte Zwitter, d. h., sie sind zugleich männlich und weiblich. Meist paaren sich die Würmer im Frühjahr und Herbst, wenn die Klimabedingungen für sie am besten sind. Dazu legen sie die Gürtel, Clittelum genannt, aneinander. Später schlüpfen an dieser Stelle die kleinen weißen Babywürmer hervor.

Frage: Wie bewegt der Wurm sich vorwärts?
Antwort und Erklärung: Man kann sich den Regenwurm wie eine Art kleinen elastischen Schlauch vorstellen, der mit Wasser gefüllt und von Längs- und Ringmuskeln umgeben ist. Ziehen sich die Längsmuskeln zusammen, wird der Wurm kurz. Durch Zusammenziehen der Ringmuskeln wird der Wurm lang. Werden diese Muskeln abwechselnd zusammengezogen, kommt es zur typischen kriechenden Fortbewegung.

Frage: Was machen die Würmer, sobald ihr sie in das Glas setzt?
Antwort und Erklärung: Die Würmer verkriechen sich wohl schnellstmöglich in der Erde. Denn sie lieben es feucht und dunkel. Dies liegt daran, dass sie nur atmen – also Sauerstoff aufnehmen können –, wenn ihre Haut feucht ist. Deshalb scheuen sie das Sonnenlicht und sind eher im Dunkeln bzw. nachts aktiv.

Frage: Was passiert mit den abgestorbenen Pflanzenresten, die ihr auf die Erde gelegt habt?
Antwort und Erklärung: Mit der Zeit wird das Grünzeug von der Erdoberfläche verschwinden. Entdeckt ihr stattdessen z. B. einen Grashalm in einem Regenwurmgang? Mit der Zeit dürfte auch er in den tieferen Schichten nicht mehr zu sehen sein. Vielleicht entdeckt ihr an der Oberfläche dünne fadenförmige Erdhäufchen. Dies sind die Ausscheidungen der Würmer. Denn ihr habt es vielleicht schon geahnt: Sie essen das ganze Grünzeug einfach auf!

Frage: Wie verändert sich die Erde im Laufe der Zeit?
Antwort und Erklärung: Die einzelnen Erdschichten werden sich mit der Zeit vermischen. Die Erde bekommt eine feinkrümelige Zusammensetzung. Die Regenwürmer haben die Erde gut durchgearbeitet: Die verdauten Pflanzenreste sind aufgespalten und der Kot mit Nährstoffen angereichert. Mit dem Anlegen von Gängen sorgen die Regenwürmer für eine lockere gut durchlüftete Erde.

1×1 FÜR NACHWUCHSGÄRTNER

KOMPOST-TIERE
Arbeiter für guten Boden

Damit Pflanzen gut gedeihen, brauchen sie Nährstoffe. Einen fleißigen Arbeiter, der für nahrhaftes Erdreich sorgt, haben wir bereits kennengelernt. Aber der Regenwurm hat noch weitere Helfer.

SPINNENTIERE [1.]
Arten: Es gibt Fangnetze bauende Spinnen, die Netze sind je nach Spinnenfamilie charakteristisch. Andere weben keine Netze, sondern jagen, z. B. Lauf-, Wolf- und Krabbenspinnen sowie Weberknechte. Es gibt etwa 38.000 Arten weltweit, davon gut 1.000 in Deutschland.
Aussehen: haben vier Paar Laufbeine und zwei Extremitäten als Essbesteck. Ihr Körper ist in zwei Teile gegliedert, in Vorderleib (Prosoma) und Hinterleib (Opisthosoma).
Nutzen/Ernährung: Spinnentiere sind (bis auf einige Milbenarten) nicht unmittelbar an der Bodenzersetzung beteiligt, d. h., sie machen selbst keinen Humus. Dennoch fällt ihnen eine sehr wichtige Aufgabe in dem gesamten Prozess zu: Indem sie bestimmte, häufig im Übermaß vorkommende Insekten und andere Bodentiere fangen oder jagen, sorgen sie für ein günstigeres Gleichgewicht der Lebensgemeinschaft bei der Humusbildung. Einige Spinnen bilden Gänge und sorgen so für eine gute Belüftung.

TAUSENDFÜSSLER [2.]
Arten: Werden auch Tausendfüßer genannt. Sie zählen zum Stamm der Gliederfüßer. Es gibt sehr viele Arten.
Aussehen: Alle Arten haben jedoch deutlich weniger als 1.000 Füße. Viele haben eine sehr kräftige Kopf- und Nackenpartie und können sich so wie kleine Bulldozer in die Erde rammen.
Lebensraum: Sie lieben es feucht, z. B. in feuchten Böden, morschem Holz, im Kompost oder unter Rinden.
Ernährung: Die meisten ernähren sich von abgestorbenen Pflanzenteilen, Früchten sowie Algen und Flechten, teils auch toten Tieren sowie Insekten.
Nutzen: von großer Bedeutung bei der Kompostrotte, fressen fast ausschließlich Pflanzenreste. Sie gehören zu den wichtigsten Zersetzern im Boden, die sehr grobe Pflanzenreste für die Weiterverarbeitung z. B. von Bakterien und Pilzen vorbereiten.

ASSELN [3.]
Arten/Aussehen: Gliederfüßer mit starrem Außenskelett aus Chitinpanzer und sieben Beinpaaren. Um die 1,5 cm Größe (Kellerassel). Gehören zur Klasse der Krebstiere und lebten ursprünglich im Meer.
Lebensraum: atmen noch heute größtenteils über Kiemen und lieben es daher feucht und dunkel, meist nachtaktiv. Tagsüber ziehen sie sich z. B. unter Steine etc. zurück.
Ernährung: gefräßige Pflanzenfresser, mögen auch Insekten, Pilze, Falllaub
Nutzen: liefern flach grabenden Regenwürmern Nahrung und leisten auf dem Kompost vor allem in der oberen Streuschicht Schwerstarbeit. Mit ihrem kräftigen Mund-

werkzeug, den Mandibeln, knabbern sie Blätter, Wurzeln und Totholz an. Sie beteiligen sich an der Zersetzung organischer Substanz und sind daher wichtige Mithelfer bei der Humusbildung.

SCHNECKEN [4.]
Arten: Es gibt etwa 2.000 Arten von Landschnecken in Europa. Von Nacktschnecken bis Gehäuseschnecken.
Aussehen: bestehen zu 85 % aus Wasser. Gehäuseschnecken können sich in ihr Häuschen zurückziehen, Nacktschnecken sind ständig der Austrocknung ausgesetzt.
Lebensraum: feuchte Unterschlüpfe, optimale Temperaturen zwischen 15 und 20° C
Ernährung: Es gibt Pflanzenfresser, vorzugsweise schwache und verletzte Pflanzen, aber auch Aasfresser und Räuber. In der Regel verursachen nur Nacktschnecken starke Kahlfraßschäden bei kühler und feuchter Witterung.
Nutzen: Aas- und Pflanzenfresser. Zudem sind sie für Mikroorganismen mit ihrem Schleim wichtige Lieferanten von eiweißhaltigen Stoffen.

AMEISEN [5.]
Arten: Es gibt etwa 12.000 verschiedene Ameisenarten, davon ca. 200 in Europa. Im Garten finden sich vor allem die Rote Waldameise und ihre kleineren Verwandten, die Schwarze Wegameise sowie die Rote Wiesenameise.
Aussehen: Gliederfüßer mit charakteristischen Einschneidungen im Körper und drei Beinpaaren, die zur Klasse der Insekten gehören.
Lebensraum: sehr viele unterschiedliche Arten, die alle Staaten bilden. Diese bestehen oft aus einigen hundert bis mehreren Millionen Ameisen.
Ernährung: Die Rote Waldameise ist ein Allesfresser. Sie vertilgt überwiegend Insekten wie Raupen, Schmetterlinge, Spinnen, Pflanzensekrete (Honigtau, Pollen ...). Ein Volk kann bis zu 30.000 Insekten pro Tag vernichten.
Nutzen: bilden Nester im Boden, in denen sich andere wichtige Organismen zur Bodenzersetzung wie Bakterien und Pilze sehr wohl fühlen. Vertilgen pflanzenschädigende Insekten.

BAKTERIEN
Arten/Aussehen: Bodenbakterien sind die größte und bedeutendste Gruppe unter den Zersetzern im Erdreich. Auf einen Esslöffel kommen ca. 1 Milliarde von ihnen!
Lebensraum: Sie leben in der Regel in einem dünnen Wasserfilm (Bodenteilen und Wurzeloberfläche).
Ernährung: meist von abgestorbener organischer Substanz und Ausscheidungen von Organismen
Nutzen: leisten die unersetzliche Feinarbeit in der Erde. Mithilfe von so genannten Enzymen zersetzen sie die Pflanzenreste in kleinste chemische Einheiten aus Kohlenwasserstoffen, Wasser und vor allem Mineralsalzen und machen sie so für die Pflanzen erst verfügbar. Zudem stabilisieren sie die Bodenstruktur und fördern die Wasserspeicherung.
Hinweis: Es gibt keine in der Natur vorkommende organische Verbindung, die sie nicht zersetzen können.

PILZE
Arten: Neben den Bakterien sind sie zweitgrößte Gruppe der Bodenzersetzer.
Lebensraum/Ernährung: sind von der Art der Pilze abhängig
Nutzen: Bestimmte chemische Verbindungen wie Zellulose und Keratin können nur von Pilzen zersetzt werden. Nicht zuletzt deshalb haben sie eine unersetzliche Bedeutung bei der Humusbildung.

Weiterer Helfer: Der Kompostwurm [6.]. Er wird 4 bis 13 cm lang, man erkennt ihn an seiner rot bis rosaroten Farbe mit hellen, gelblichen Streifen. Er kommt nur in Kompost- und Misthaufen vor und verdaut dort Unmengen an organischem Material.

[4.]

[5.]

[6.]

1×1 FÜR NACHWUCHSGÄRTNER

PLANUNG
Ein kinderfreundlicher Garten

Beobachten und erforschen, basteln und bauen, matschen und planschen – all dies und noch viel mehr kann man mit seinen Kindern im Garten machen.

GARTENRÄUME FÜR KINDER

Die wichtigste Frage ist natürlich, wozu die Kinder Lust haben. Dabei haben sie die Wahl zwischen den Themenbereichen:
Gärtnern – ein eigenes Beet mit Zier- bzw. Nutzpflanzen, Naschobst und Beeren kann angelegt werden. Die Größe des Beetes richtet sich am besten nach Alter und Motivation des Nachwuchsgärtners.
Spielen und Sporteln – hierzu eignen sich z. B. größere Rasenflächen und spezielle Spielgeräte. Günstig ist, wenn der Spielbereich nicht direkt an empfindliche Nutz- oder Zierbeete angrenzt.
Basteln und Bauen – erforderliches Material sollte den Kindern zur Verfügung gestellt und Grundtechniken vermittelt werden. Diverse Ideen und Anleitungen finden Sie im gleichnamigen Kapitel (ab Seite 122).
Beobachten und Forschen – im Garten gibt es viel zu entdecken und zu lernen. Anregungen und Anleitungen finden sich in allen Kapiteln dieses Buches.

PLATZBEDARF

Ist viel Platz vorhanden, können Klein und Groß aus dem vollen Schöpfen. Bei kleinen Gärten sollte eine Wahl getroffen werden. Ein Gerät wie z. B. ein Spielturm oder aber ein alter Obstbaum kann dabei verschiedene Nutzungsmöglichkeiten bieten. Und zum Glück gibt es für fast jedes Spielgerät auch eine platzsparende Variante.
Nicht nur aus Sicherheitsgründen sollte darauf geachtet werden, dass für alle Geräte und Aktivitäten genügend Raum vorhanden ist und der dortige Bereich einen möglichst weichen Untergrund, z. B. aus Gras, Sand oder Rindenmulch, hat. Eine Übersicht verschiedener Spielgeräte und deren Platzbedarf bietet die nebenstehende Tabelle.

FLEXIBLE PLANUNG

Eltern sollten beim Anlegen des Gartens bedenken, dass sich das Bedürfnis von Nähe und Distanz im Laufe der Jahre ändert: Während kleine Kinder noch am besten in Sichtentfernung spielen, brauchen größere mehr Freiraum und wollen öfter ungestört sein. Sinnvoll ist also eine flexible Gartengestaltung, die sich den Bedürfnissen anpassen lässt. So kann aus der Grube für eine Sandkiste oder Matschecke später ein Gartenteich entstehen und ein Spielhaus bei ausreichender Größe zum Schuppen werden. Welche Gefahrenquellen Eltern bei der Planung bedenken sollten, erfahren Sie auf den nächsten Seiten.

ÜBERSICHT SPIELGERÄTE FÜR DEN GARTEN

Spielgerät	Altersgruppe	Platzbedarf	Tipp
Sandkasten/Matschecke	Vorwiegend Kleine bis ca. 8 oder 10 Jahren	Sehr gering	Darauf achten, dass Wasser gut abfließen kann, z. B. Gefäße dafür mit Drainageschicht und Abflusslöchern versehen
Rutsche	Ab ca. 1 Jahr, erstaunlicherweise aber auch noch bei Großen beliebt	Diverse Rutschlängen, etwa zwischen 135 und 300 cm erhältlich	Darauf achten, dass genügend Platz vor der Rutsche ist
Klettergerüst/Turm/Seil	Je nach Schwierigkeitsgrad für alle ab ca. 3 Jahren	Grundfläche bei Türmen ca. 1 qm, Umraum von mindestens 1 qm in alle Richtungen dazurechnen	Achten auf GS-Prüfzeichen
Schaukel	Spezielle Babyschaukeln mit Bügel und Gurt ab etwa 6 Monaten. Normale Schaukelbretter ab etwa 3 Jahren	Variiert stark nach Modell	Schöne Variante für zwei Kinder ist eine Gondel, in der man sich gegenübersitzt
Wippe	Optimal für Kinder ab 4 Jahren	Grundfläche ab etwa 3 × 1,5 m erforderlich. Selbstbau kann problemlos nach dem Spielen abgebaut werden.	Anleitung für einfachen Selbstbau siehe Seite 121
Turnreck	Je nach Höhe ab ca. 6 Jahren	Ab ca. 100 cm Breite inklusive Pfosten	Für weichen Untergrund sorgen, z. B. mit speziellen Fallschutzmatten
Planschbecken/Wanne	Unter Aufsicht schon für die Kleinsten	Vom Minibecken bis zum Planschpool alles auf dem Markt	Wer ganz wenig Platz hat, stellt einfach eine kleine Babybadewanne nach draußen.
Wasserschlauch und Sprenger	Bei Hitze für alle ein Spaß	Sehr gering	Optimal, wenn eine Rasenfläche vorhanden ist
Fußballtore, Netze, Körbe etc.	Hier kommen vor allem auch die Größeren voll zum Zuge.	Mit steigendem Spielalter sollte auch die erforderliche Rasenfläche wachsen.	Umliegende Beete können mit Netzen geschützt werden.
Tischtennisplatte	Bis ins hohe Alter ein Spaß, vorausgesetzt man kann sich noch bewegen	Tisch 2,74 x 1,525. Umraum etwa 10 × 5 m. Für kleine Gärten gibt es Minitischvarianten.	Auf wetterbeständiges Material wie z. B. Aluminium achten
Trampolin	Für alle ein Spaß	Durchmesser zwischen 95 und 490 cm	Einfache Alternative für Kleine ist der Hüpfschlauch
Spiel-/Baumhaus, Zelt, Tipi	Einfache ebenerdige Spielhäuser ab 2 Jahren, Baumhäuser sind selbst für Jugendliche noch interessant	Spielhäuser ab etwa 1 qm Grundfläche	Mobile und temporäre Alternativen: selbst gebaute Papphäuschen und Zelte
Kaufmannsladen	Kindergartenalter	Sehr gering	Kann auch als Rankgitter genutzt werden
Hinkespiele (Himmel und Hölle)	Vor allem für Grundschulkinder	Ebene Fläche z. B. auf Gehweg notwendig	Anleitung siehe Seite 118
Slackline o. Ä.	Für alle ab ca. 3 Jahren	Wird optimalerweise auf Kniehöhe zwischen zwei Bäumen gespannt	Unbedingt Stahlkarabiner benutzen, da nur sie stabil genug sind. Baumstämme z. B. mit alten Fahrradmänteln schützen

1×1 FÜR NACHWUCHSGÄRTNER

GEFAHREN VERMEIDEN
Frei und sicher im Garten

Gärten sollten für Kinder Räume sein, in denen sie sich möglichst frei bewegen können. Damit Klein und Groß ungestört genießen können, lohnt es, einige Vorkehrungen zu treffen.

Das größte Risiko geht zumeist nicht von giftigen Pflanzen aus, wie viele meinen. Unbeschwert kann Ihr Kind spielen, wenn Sie folgende Gefahrenquellen sichern:

WASSER
Es bildet nicht nur für kleine Kinder die größte Gefahrenquelle im Garten: Auch kleine Tiere und Insekten können z. B. in einer Regentonne ertrinken. Mit einem Deckel ist hier die Gefahr wirkungsvoll gebannt. Teiche können Sie mit stabilen Gittern sichern. Für Tiere und Insekten sollten Sie Steine im Uferbereich auslegen. Generell: Lassen Sie Kleinkinder nicht unbeaufsichtigt in Wassernähe spielen, auch nicht bei kleinsten Wasserstellen. Ertrinken ist leider eine der häufigsten Todesursachen bei Unfällen mit Kindern!

GIFTIGE FLÜSSIGKEITEN
Verwahren Sie giftige Flüssigkeiten sicher auf und stellen Sie sie nach der Benutzung sofort zurück. Sollte dennoch etwas passieren: Versuchen Sie im Vergiftungsfall nicht, das Kind aktiv zum Brechen zu bringen. Die Speiseröhre könnte weiter geschädigt werden! Geben Sie stattdessen Wasser und alarmieren Sie den Notarzt. Gefährliche Flüssigkeiten im Garten sind Benzin, Spiritus, Brennanzünder, (farbiges!) Lampenöl, Alkohol, flüssige Pflanzenschutzmittel und Dünger.

WEITERE GEFAHRENSTELLEN KÖNNEN SEIN: (Keller-)Treppen, Tüten/Säcke, Fenster/Glas, (Außen-)Steckdosen.

GIFTIGE PFLANZEN
Entfernen Sie möglichst viele Giftpflanzen (Überblick Seite 26/27). Gänzlich wird dies aber kaum möglich sein. Zeigen Sie daher Ihrem Kind giftige Pflanzen, z. B. auch in Nachbargärten, und weisen Sie auf die Gefahr hin! Einige essbare Pflanzen können mit ähnlich aussehenden giftigen Doppelgängern verwechselt werden. Beispiele sind der essbare Bärlauch mit Maiglöckchen, Speisekirschen mit Tollkirschen oder Beeren des Kirschlorbeers.

FEUER- UND GRILLSTELLEN
Lassen Sie Kinder nicht unbeaufsichtigt zündeln! Ein Sicherheitsabstand sollte eingehalten werden. Zeigen Sie die Auswirkungen von Bränden.

SPITZE UND SCHARFKANTIGE GEGENSTÄNDE
Dazu zählen z. B. Zäune, Stützen/Stöcke für Blumen, Steine etc. Versehen Sie den Spielbereich mit einem federnden Untergrund, z. B. mit einer Rasenfläche, und entfernen Sie Steine etc. Auch altes brüchiges Spielgerät kann zu Verletzungen führen.

SCHARFES WERKZEUG
Lassen Sie gefährliches Gartengerät möglichst nicht unbeaufsichtigt liegen, sondern räumen es stets weg. Scharfes Werkzeug wird am besten für Kinder unzugänglich aufgehängt. Dazu gehören Garten- und Astscheren, Sägen, Rasenmäher etc.

KLEIDUNG ZUM SPIELEN
Dieser Punkt wird häufig unterschätzt: Achten Sie auf angemessene Kleidung und Schuhwerk. Insbesondere kleinen Kindern können auch Schnüre und Kordeln am Spielzeug gefährlich werden. Kinder sollten zudem beim Klettern keine Fahrradhelme tragen, da sie ein erhebliches Strangulationsrisiko bergen.

WAS TUN IM NOTFALL? Die drei A
Falls doch mal etwas passiert: Bewahren Sie die Ruhe. Fahren Sie fort mit der Ersten Hilfe in folgender Reihenfolge:
1. Ansprechen: Ist die Person bei Bewusstsein?
2. Anfassen: Nehmen Sie Kontakt auf.
3. Atemkontrolle:
entweder
- Ist die Atmung gut? Stabile Seitenlage und 112 anrufen.

oder
- Keine ausreichende Atmung? Fünfmal beatmen und 30 Herzdruckmassagen. Notruf absetzen und weiter mit zweimal beatmen und 30 Herzdruckmassagen.

Notruf/Rettungsdienst: 112
Warten auf Rückfragen!
Giftinformationszentrale: 030 19 24-0

25

1×1 FÜR NACHWUCHSGÄRTNER

GIFTIGE PFLANZEN
im Garten

Machen Sie sich als Erwachsene nicht verrückt: Alle Giftpflanzen aus dem Garten zu entfernen, wird Ihnen nicht gelingen. Die hier mit Foto aufgeführten, stark giftigen Pflanzen sollten Sie aber lieber meiden. Vor allem, wenn kleine Kinder in Ihrem Garten spielen.

FINGERHUT [1.]
Digitalis
Zweijährige Pflanze, die erst im zweiten Standjahr ihren charakteristischen hohen Blütenstand entwickelt
Wuchs: 80 cm bis 1,5 m hoch. Im ersten Jahr bilden sich die rosettenförmig angeordneten länglichen Blätter, im zweiten Jahr der Stängel mit dem markanten hohen Blütenstand.
Blüte: viele hängende kelchförmige, meist rosarote bis pinke Blüten, seltener auch weiß und gelb, die kerzenförmig übereinander angeordnet sind. Juni bis August.
Giftige Pflanzenteile: Alle Pflanzenteile sind sehr giftig. Bereits der Verzehr von zwei Blättern kann tödlich enden.
Vorsicht: wächst auch wild in Wäldern, insbesondere an lichten Stellen

ENGELSTROMPETE [2.]
Brugmansia-Arten
Weit verbreitet. Nahe Verwandte des ebenfalls giftigen Stechapfels *(Datura)*.
Wuchs: Strauch mit aufrechtem Wuchs, zwischen 1,5 und 5 m hoch
Blüte: auffällige lilien- bzw. trichterförmige Blüten, die häufig herunterhängen. Blüten in Weiß, Gelb, Rosa und Lila, auch zweifarbig. Juni bis September.
Giftige Pflanzenteile: Alle Pflanzenteile sind giftig.

BLAUER EISENHUT [3.]
Aconitum-Arten
Die giftigste Pflanze in Europa!
Wuchs: einheimische Staude mit aufrechtem Wuchs, bis 1,2 m hoch
Blüte: hübsche Blüten in Blau, auch Weiß, Lila. Juli bis August.
Giftige Pflanzenteile: Alle Pflanzenteile sind giftig. Bei sensibler Haut kann die bloße Berührung zu Ausschlag führen.

HERBSTZEITLOSE [4.]
Colchicum autumnale
Weit verbreitet, teilweise massenhaftes Auftreten z. B. auf Wiesen etc.
Wuchs: aufrecht, bildet bereits im Frühjahr Blätter, blüht jedoch erst im Herbst. Höhe bis 30 cm.
Blüte: rosafarben. September bis Oktober.
Giftige Pflanzenteile: Alle Teile sind sehr giftig, insbesondere aber die Blüte. Auf Grund der großen Ähnlichkeit ist eine Verwechslungsgefahr mit dem Krokus möglich, der jedoch schon im zeitigen Frühjahr blüht. Die Blätter ähneln zudem denen des ungiftigen Bärlauchs. Dieser blüht jedoch nur im Frühjahr und zieht sich dann vollständig zurück.
Vorsicht: Beschwerden können erst verzögert auftreten!

PFAFFENHÜTCHEN [5.]
Euonymus altus, E. europaeus
Bekannte giftige Arten für den Garten sind das Europäische Pfaffenhütchen *(E. europaeus)* [→ 5.] und die Kork-Spindel *(E. altus)*. Beide besitzen zierende, rötliche Fruchtkapseln.
Wuchs: 2 bis 6 m hoch, die Kork-Spindel bleibt kleiner und erreicht eine Höhe von 2 bis 3 m.
Blüte: bei beiden unscheinbar von Juni bis Juli
Giftige Pflanzenteile: Alle Teile sind giftig, insbesondere aber die Samen.
Vorsicht: Vergiftungsbeschwerden können zum Teil viele Stunden nach dem Verzehr auftreten!

GEWÖHNLICHER SEIDELBAST [6.]
Daphne mezereum
Wuchs: kleiner Strauch mit aufrechtem Wuchs. Es gibt sowohl laubabwerfende als auch immergrüne Sorten.
Blüte: schöne fliederartige rosa bis pinkfarbene Blüten im März und April. Später rote Beeren.
Giftige Pflanzenteile: Giftig sind vor allem die Rinde und der Samen. Allerdings reicht schon ein bloßes Berühren der Pflanze, um starke Hautreizungen und sogar Nierenschäden herbeizuführen. Verwechslung: Blüten erinnern teilweise an Fliedergewächse.

STECHPALME [7.]
Ilex
Schöner Fruchtschmuck, wird daher teilweise als Weihnachtsdekoration verwendet
Wuchs: Strauch mit sehr auffälligen Blättern. Bildet hübsche rote Beeren. Je nach Art und Sorte variiert die Blattfarbe stark. Häufig ist sie mehrfarbig gescheckt grün und weiß bis gelb.
Blüte: weiß. Mai bis Juni.
Giftige Pflanzenteile: vor allem Blätter und Beeren sind stark giftig

GEWÖHNLICHER GOLDREGEN [8.]
Laburnum anagyroides
Wuchs: Zierstrauch mit bis zu 6 m Höhe
Blüte: wunderschöne goldgelbe Blütentrauben, die kaskadenartig herunterhängen. Mai bis Juni.
Giftige Pflanzenteile: Alle Teile der Pflanze sind sehr giftig, besonders jedoch die Samen. Wird teilweise mit dem nicht ganz so giftigen Blauregen *(Wisteria)* verwechselt. Dieser hat jedoch blaue bis violette Blüten.

ECHTE TOLLKIRSCHE
Atropa bella-donna
Wuchs: strauchartiger Wuchs, zwischen 30 cm und 1,5 m Höhe
Blüte: kleine kelchförmige Blüten, die von Juni bis August meist alleine stehen. Danach bilden sich schwarze Beeren.
Giftige Pflanzenteile: Alle Pflanzenteile, bis hin zu den Wurzeln, sind sehr giftig. Verwechslung mit Esskirschen möglich. Im Unterschied zur Esskirsche wächst die Tollkirsche nicht an Bäumen. Die Beeren gleichen zudem eher kleinen Tomaten und haben statt eines Kerns verschiedene kleine Samen.

WEITERE GIFTIGE PFLANZEN: Aronstab *(Arum italicum, A. maculatum)*, Buchsbaum *(Buxus sempervirens)*, Busch-Windröschen *(Anemone nemorosa)*, Christrose *(Helleborus niger)*, Eberesche *(Sorbus aucuparia)*, Efeu *(Hedera helix)*, Eibe *(Taxus baccata)*, Hartriegel *(Cornus)*, Heckenkirsche *(Lonicera)*, Herkulesstaude *(Heracleum mantegazzianum)*, Kaiserkrone *(Fritillaria imperialis)*, Kirschlorbeer *(Prunus laurocerasus)*, Lebensbaum *(Thuja)*, Liguster *(Ligustrum vulgare)*, Lupine *(Lupinus)*, Maiglöckchen *(Convallaria majalis)*, Nachtschattengewächse (grüne Früchte), Rhododendron *(Rhododendron)*, Schlaf-Mohn *(Papaver somniferum)*, Schneeball *(Viburnum)*, Stechapfel *(Datura)*, Tabak *(Nicotiana)*, Tulpe *(Tulipa)*.

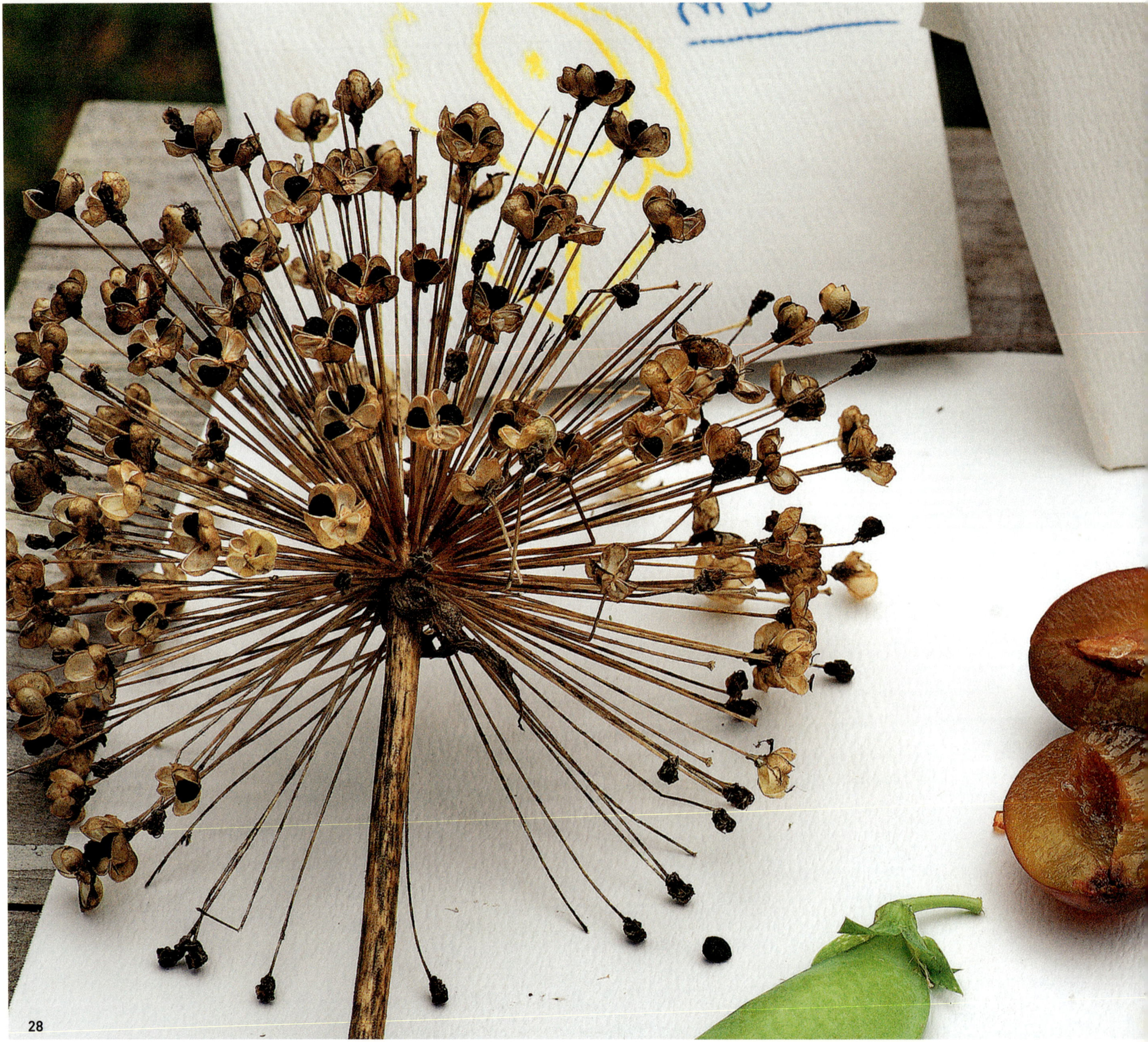

PFLANZENKINDER
Aus Klein wird Groß

AUCH PFLANZEN FANGEN EINMAL KLEIN AN. UND WIE MENSCHENKINDER BRAUCHEN AUCH SIE VIEL ZUNEIGUNG UND PFLEGE. AUF WELCHE WEISE SICH PFLANZEN VERMEHREN LASSEN UND WELCHE TRICKS SIE KENNEN, UM SICH IN DER WELT ZU VERBREITEN, ZEIGEN WIR AUF DEN NÄCHSTEN SEITEN.

PFLANZENKINDER

DAS IST *wirklich* WICHTIG

[a] **ALS ERSTES** wird ein etwa 10 cm breiter und 30 cm langer Streifen Zeitungspapier mit etwas Überstand um einen Holzstempel oder ein Glas gerollt.

[b] **DER RANDÜBERSTAND DER PAPIERROLLE** wird zur Mitte gefaltet, sodass ein Boden entsteht. Anschließend wird der Stempel mit dem Zeitungspapier kräftig in die Presse gedrückt.

[c] **DIE PAPIERTÖPFCHEN** werden mit Erde befüllt, der Samen hineingelegt und fein mit Erde bedeckt.

[d] **DIE SAMEN WERDEN DANACH ANGEGOSSEN.** Sie keimen noch schneller, wenn sie mit einer durchlöcherten Plastiktüte oder Haube abgedeckt werden.

DER PAPIERRAND WIRD ZUM STABILEN BODEN

SAMEN AUSSÄEN
Pflanztöpfe selber machen

Samen sind echte kleine Wunderwerke: Winzig klein, enthalten sie doch schon das ganze Wissen, um zu einer großen schönen Pflanze heranzuwachsen. Damit sie dies schaffen, können sie unsere Hilfe gebrauchen.

Zuallererst findet man heraus, welche Bedingungen die Samen brauchen, um zu keimen. Informationen dazu, findet man z. B. auf Samentüten, in Büchern oder im Internet.

LICHT ODER DUNKELHEIT?
Gärtner unterscheiden so genannte Licht- und Dunkelkeimer. Wie der Name schon sagt, braucht die erste Gruppe zum Keimen Licht. Deshalb werden diese Samen bei der Aussaat nicht mit Erde bedeckt, sondern z. B. mit einem Brettchen nur leicht angedrückt. Zu ihnen gehören z. B. Möhren, Salat und Rasen. Andere Samen keimen jedoch besser bei Dunkelheit. Als Faustregel gilt hier, dass der Samen etwa in doppelter Höhe seines Durchmessers mit Erde bedeckt sein sollte. Zu den Dunkelkeimern zählen z. B. Erbse, Kürbis, Sonnenblumen und Tulpen.
Die meisten Samen keimen jedoch bei Licht und Dunkelheit gleich gut.

KÄLTE ODER WÄRME?
Viele Samen brauchen, um zu keimen, eine bestimmte Temperatur. Dabei ist die Temperatur der Erde wichtiger als die der Luft. Im Frühling kann es z. B. sein, dass die Luft schon sehr viel wärmer ist als die Erde. Diese kann vom Winter sogar noch gefroren sein. Man wartet daher, bis der Boden sich ungefähr gleich warm anfühlt wie die Luft – dies lässt sich einfach mit der Hand kontrollieren, wenn man ein kleines Loch gräbt.

FEUCHTIGKEIT UND ERDE
Samen werden am besten in spezieller Anzuchterde ausgesät. Es mag verblüffen, aber sie ist eher nährstoffarm. Auf der Suche nach den fehlenden Nährstoffen wachsen die Wurzeln dann schneller. Wenn sich nach den Keimblättern die ersten pflanzentypischen Blättchen zeigen, werden die Sämlinge in nährstoffreichere Erde umgesetzt (siehe nächste Seite). Samen keimen nur in einer feuchten Umgebung. Daher sollte die Erde nach dem Aussäen nie austrocknen. Man verwendet zum Bewässern am besten einen Wasserzerstäuber oder eine Gießkanne mit Brauseaufsatz, damit die Saat nicht aufspült. Der Pflanztopf wird danach mit etwas durchsichtiger Folie oder Ähnlichem abgedeckt, dann hält sich die Feuchtigkeit besonders gut. Wichtig ist darauf zu achten, dass noch Luft an die Erde kommt. Deshalb einfach Löcher in die Folie piksen. Sobald sich das erste Grün zeigt, wird die Haube entfernt. Eine gute Idee ist, das Saatgut selbst zu sammeln und nicht zu kaufen. Warum und was es dabei zu beachten gilt, steht auf Seite 51.

WER KEINEN WASSERZERSTÄUBER ODER BRAUSEAUFSATZ parat hat, kann sich leicht einen selbst basteln. Dazu benötigt man nur eine kleine Glasflasche mit breitem Metalldeckel. In den Deckel werden mit Hammer und Nagel ein paar kleine Löcher gehämmert – fertig ist die Pflanzendusche.

PFLANZENKINDER

DAS IST *wirklich* WICHTIG

[a] HIER PFLANZT IVA ein paar vorgezogene Wicken an einem Rankgitter aus Maschendraht aus.

[b] MIT EINER HANDSCHAUFEL wird zunächst ein kleines Loch ausgehoben.

[c] DIE PFLÄNZCHEN können samt ihrem Papiertopf in die Erde gesetzt werden. Danach die Erde gut andrücken.

[d] ANGIESSEN NICHT VERGESSEN! Junge Pflanzen brauchen viel Wasser, um Wurzeln zu bilden.

AUSPFLANZEN
Pflanzenjunge ab in den Garten

Müssen Samen in Töpfen vorgezogen werden oder können sie direkt ins Beet gepflanzt werden? Welche Gefäße eignen sich zur Anzucht? Und was ist pikieren? Die Antworten hier.

Sämling, Setzling oder Keimling, alle drei sind Namen für dieselbe Sache: ein Samen, aus dem das erste Grün sprießt. Das ist am Anfang immer ein kleiner Stiel bzw. Stängel mit Keimblättern. Wie lange das Keimen dauert, ist je nach Saat sehr unterschiedlich. Bei Möhren kann dies z. B. bis zu drei Wochen dauern! Kresse ist hingegen von der schnellen Truppe und zeigt sich manchmal schon nach einem Tag.

DRINNEN ODER DRAUSSEN?
Ob man die Saat direkt im Beet draußen aussät, hängt davon ab, welche Temperaturen die Pflanzen mögen. Viele empfindliche südländische Pflanzen wie z. B. Tomaten, aber auch Kürbisse, brauchen einen geschützten Standort. Für sie sollte es nie, auch nicht nachts, kälter als 5° C sein. Ab Mitte Mai kann man die Pflanzen dann langsam ins Freiland setzen. Dazu sollten sie einige Tage an die Außenbedingungen gewöhnt werden, indem man sie tagsüber draußen an einen geschützten Ort stellt.

GEEIGNETE PFLANZGEFÄSSE
Aus einem guten Pflanzgefäß kann überschüssiges Gießwasser leicht abfließen. Ton- und Plastiktöpfe haben deshalb Löcher im Boden. Denn die meisten Pflanzen mögen es nicht, wenn sie mit den „Füßen" im Nassen stehen. Ihre Wurzeln fangen dann schnell an zu faulen und können kein Wasser mehr aufnehmen.
Zweckentfremden lassen sich als Pflanzgefäße z. B. Eierkartons, Joghurtbecher, alte Schubladen oder reißfeste Säcke. Hier werden ggf. ein paar Löcher in den Boden gebohrt. Zudem gibt es auch spezielle Anzuchttöpfe. Diese sind aus organischem Material wie Kokos und können, ebenso wie die Zeitungstöpfchen, direkt mit ins Beet gepflanzt werden. Verzichten sollte man jedoch auf Töpfchen, die aus Torf gemacht werden. Mit dem Torfabbau zerstört der Mensch den Naturraum der Moore, die mehrere Jahrtausende gebraucht haben, um zu entstehen.

PLATZBEDARF
Solange Samen keimen, brauchen die meisten wenig Platz. Zeigen sich nach den Keimblättern jedoch die ersten pflanzentypischen Blätter, sollten wir sie vereinzeln – pikieren nennen Gärtner das. Dabei werden die Pflänzchen sehr vorsichtig mit einem Stäbchen oder Stöckchen aus der Erde gelöst. Die gesündesten und stärksten können wir in ein Einzelgefäß setzen oder eventuell sogar schon mit passendem Abstand ins Freiland. Dieser ist je nach Pflanze unterschiedlich.
Zucchini brauchen z. B. einen ganzen qm für sich, Radieschen nur etwa 7 qcm. Wem das alles zu umständlich ist, der kann die Saat entweder gleich mit ausreichendem Abstand säen oder ein Saatband verwenden. Die Samen sind dabei in einen Papierstreifen gepresst, der später in der Erde verrottet. Dies ist besonders bei sehr feinem Saatgut wie Möhren praktisch.

STARTHILFE
Einige Pflänzchen freuen sich über eine kleine Starthilfe beim Auspflanzen. So brauchen z. B. Pflanzen, die eine große Blattmenge entwickeln, wie Kürbisgewächse, viel Stickstoff. Hier können wir eine kleine Menge Hornspäne und etwas reife Komposterde in das Pflanzloch geben.

PFLANZENKINDER

JEDER ERD-
BEERABLEGER
MUSS IN DER
MITTE EIN HERZ
HABEN.

DAS IST *wirklich* WICHTIG

[a] VON JULI BIS ANFANG AUGUST können kleine Erdbeerpflänzchen mit einer sauberen Gartenschere von der Mutterpflanze abgeschnitten werden.

[b] REIFE ERDBEERKINDEL bilden eine vollständige kleine Pflanze mit mindestens einem Blatt, einem Herz, einer Sprossachse und einem Wurzelansatz.

[c] DIE ERDBEERABLEGER WERDEN MIT „HERZ" in das vorgerichtete Beet gesetzt. Das Herz der Erdbeere sollte zu Dreivierteln aus dem Boden ragen.

[d] DAS RESTLICHE VIERTEL der Erdbeerpflanze sitzt im Boden. Es wird wieder gut angedrückt und angegossen.

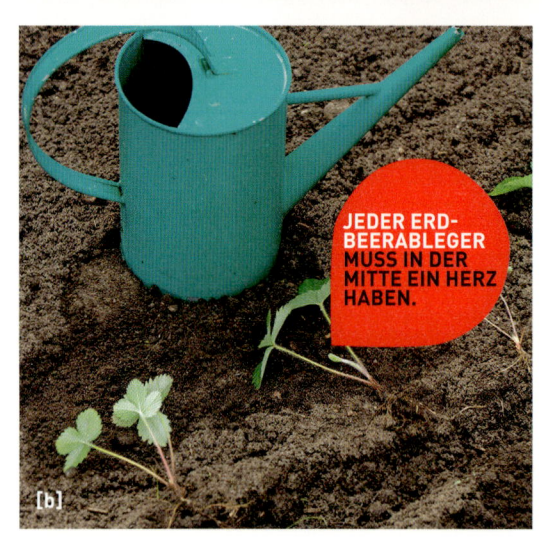

ABLEGER

Das doppelte Erdbeerpflänzchen

Pflanzen vermehren sich nicht nur über ihre Samen. Einige wachsen sozusagen einfach über sich hinaus und bilden Ableger und Ausläufer.

WIE PFLANZEN SICH VERDOPPELN
Wer Erdbeerpflanzen in seinem Garten hat, konnte vielleicht schon einmal Folgendes beobachten: Im Sommer bilden Erdbeerpflänzchen Ableger. Wie kleine Tentakel strecken sie diese Triebe mit einiger Entfernung von sich und bilden Wurzeln. Mit der Zeit wachsen diese dann im Boden fest und es entsteht ein neues Pflänzchen. Dies nennen Gärtner Ausläufer. Wie der Name schon zeigt, ist ein Ausläufer dabei tatsächlich keine neue Pflanze, sondern „nur" ein Auswuchs oder eine Dopplung der Mutterpflanze. Denn die Erbinformationen beider, also die Gesamtheit ihrer Eigenschaften, sind genau gleich. Dies nennt man auch Klon.

PFLANZENZUCHT FÜR EINSTEIGER
Die Fähigkeit vieler Pflanzenarten, sich auf diese ungeschlechtliche Weise zu vermehren, machen sich Gärtner gerne zunutze.

Ableger
Um einen Ableger zu bilden, nimmt man einen jungen, gesunden und kräftigen Trieb einer Pflanze und bedeckt ihn mit etwas Erde. Die Blätter werden in dem Bereich, in dem der Trieb in der Erde liegt, entfernt und eventuell der Trieb mit einer kleinen Drahtschlinge oder einem Zelthaken befestigt. Nach einigen Wochen bildet der Ableger Wurzeln aus und kann nun vorsichtig mit einem scharfen Messer oder einer Gartenschere von der Mutterpflanze getrennt werden.
Neben der Erdbeerpflanze eignen sich vor allem die Waldrebe *(Clematis)* und die Zierjohannisbeere für diese Art der Vermehrung.

Stecklinge
Eine andere Art, Pflanzen auf ungeschlechtliche Weise zu vermehren, ist das Schneiden von Stecklingen. Hierbei werden Pflanzenteile von der Ursprungspflanze getrennt. Gärtner unterscheiden, je nachdem, welcher Teil der Pflanze abgetrennt wird, in Kopf-, Blatt- und Stammsteckling.
Für einen Stammsteckling schneiden wir an frostfreien Tagen im Winter einen 20 cm langen und fingerdicken gesunden kräftigen Trieb vom Vorjahr ab. Man erkennt ihn an seiner etwas helleren Färbung. Achtet darauf, dass das Steckholz einige Blattknoten hat – das sind die Verdickungen, aus denen im nächsten Jahr neue Blätter, Triebe und sogar Wurzeln wachsen können. Dann wird das Hölzchen in einen Topf mit Anzuchterde gesteckt. Ein Drittel sollte herausschauen, die restlichen zwei Drittel in der Erde stecken.
Das Hölzchen muss nun gelegentlich gegossen werden, damit wir es im nächsten Frühjahr auspflanzen können. Geeignet sind z. B. Johannis- und Stachelbeeren sowie Forsythien und Flieder.

PFLANZENKINDER

PFLANZEN VERMEHREN

Ohne Füße in die Welt hinaus

Samen sind die in einer Hülle verpackten Embryonen der Pflanzen. Sie entstehen bei der Bestäubung mit anschließender Befruchtung. Um sich in der Welt zu verbreiten, haben sie sich einige Tricks einfallen lassen.

WIE SAMEN ENTSTEHEN

Auf den vorigen Seiten wurde beschrieben, wie sich Pflanzen auf ungeschlechtliche Weise vermehren. Der Fachausdruck dafür ist vegetative Vermehrung.
Wie Menschen, können sich Pflanzen jedoch auch auf geschlechtliche Weise fortpflanzen. Das funktioniert vereinfacht so: Die Pollen werden meist vom Wind oder einem Insekt auf ein Fruchtblatt mit Narbe getragen. Dies ist der verdickte Teil in der Mitte einer Pflanzenblüte. Man nennt dies Bestäubung. Danach folgt in manchen Fällen die Befruchtung. Und zwar dann, wenn Pollen und Fruchtblatt von einer Pflanze (z.B. der Sonnenblume) stammen und die pflanzliche Eizelle noch nicht befruchtet war. Dann bildet der Pollen eine Art Schlauch, der in den Fruchtknoten wächst und so die Eizelle befruchtet. Daraus entsteht der Samen. Dies ist bei allen so genannten Bedecktsamern so. Das sind Pflanzen, bei denen der Samen von einem Fruchtknoten eingeschlossen ist. Im Unterschied dazu können die Pollen von Nacktsamern bei der Befruchtung direkt auf die Samenanlage wandern, da hier der Fruchtknoten (Fruchtblätter) nicht ganz verschlossen ist. Nur ein kleiner Teil der Pflanzen, wie Ginkgo- und Nadelgewächse, gehören zu den Nacktsamern, die meisten anderen bilden als Bedecktsamer den Samen in einer Frucht aus.

WIE SAMEN SICH VERBREITEN

Aber wie gelangen die Samen nun an einen geeigneten Ort, an dem sie wachsen können? Sie haben schließlich keine Beine. Pflanzen haben im Laufe von Jahrmillionen verschiedene Strategien zur Verbreitung ihrer Samen entwickelt. Sie werden beispielsweise durch den Wind verteilt. Dabei segeln sie, z.B. wie die Fruchtstände des Löwenzahns, an kleinen Fallschirmen in die Welt hinaus. Oder sie werden, wie die winzigen Mohnsamen, nur einige Meter aus der Samenkapsel geschleudert.
Auch Tiere spielen bei der Verbreitung von Samen eine wichtige Rolle. So heften sich manche Samen z.B. an Tierfelle und werden zu anderen Orten getragen. Oder der Samen wird mit einer leckeren Frucht einfach aufgefressen und das Tier scheidet ihn mit seinem Kot an einem anderen Ort wieder aus.
Zudem können sich manche Samen über Wasser ausbreiten, z.B. durch Regen oder fließende Gewässer wie Bäche.
Und natürlich spielt auch der Mensch eine wichtige Rolle bei der Ausbreitung der Samen. So werden Samen heute rund um die Welt gehandelt. Die Pflanzen wachsen daher nicht nur in ihrer ursprünglichen Heimat, sondern auch in fernen Ländern. Nicht immer ist die Verbreitung der Samen eine bewusste Handlung. Manchmal verbreiten sie sich auch dadurch, dass wir um die Welt reisen und Samen z.B. an unserer Kleidung haften bleiben.

SAMENQUIZ

Wie entstehen Samen?

(Bei der geschlechtlichen Vermehrung der Pflanzen)

Was ist der Unterschied zwischen Bestäubung und Befruchtung?

(Bei der Bestäubung gelangt der Pollen/Blütenstaub auf die Narbe. Bei der Befruchtung wächst der Pollenschlauch zur pflanzlichen Eizelle, dabei entsteht der Samen.)

Wie können sich Samen verbreiten?

(Wind, Tiere, Menschen, Wasser)

DER LÖWENZAHN hat eine besonders ausgefeilte Art gefunden, seine Samen in der Welt zu verbreiten: Wie kleine Fallschirme fliegen die Samen an haarigen Flugschirmen – und noch dazu in Minifrüchten verpackt – ins Grüne hinaus. Ist der Wind und die Flugbahn günstig, können sie bis zu einem Kilometer weit fliegen!

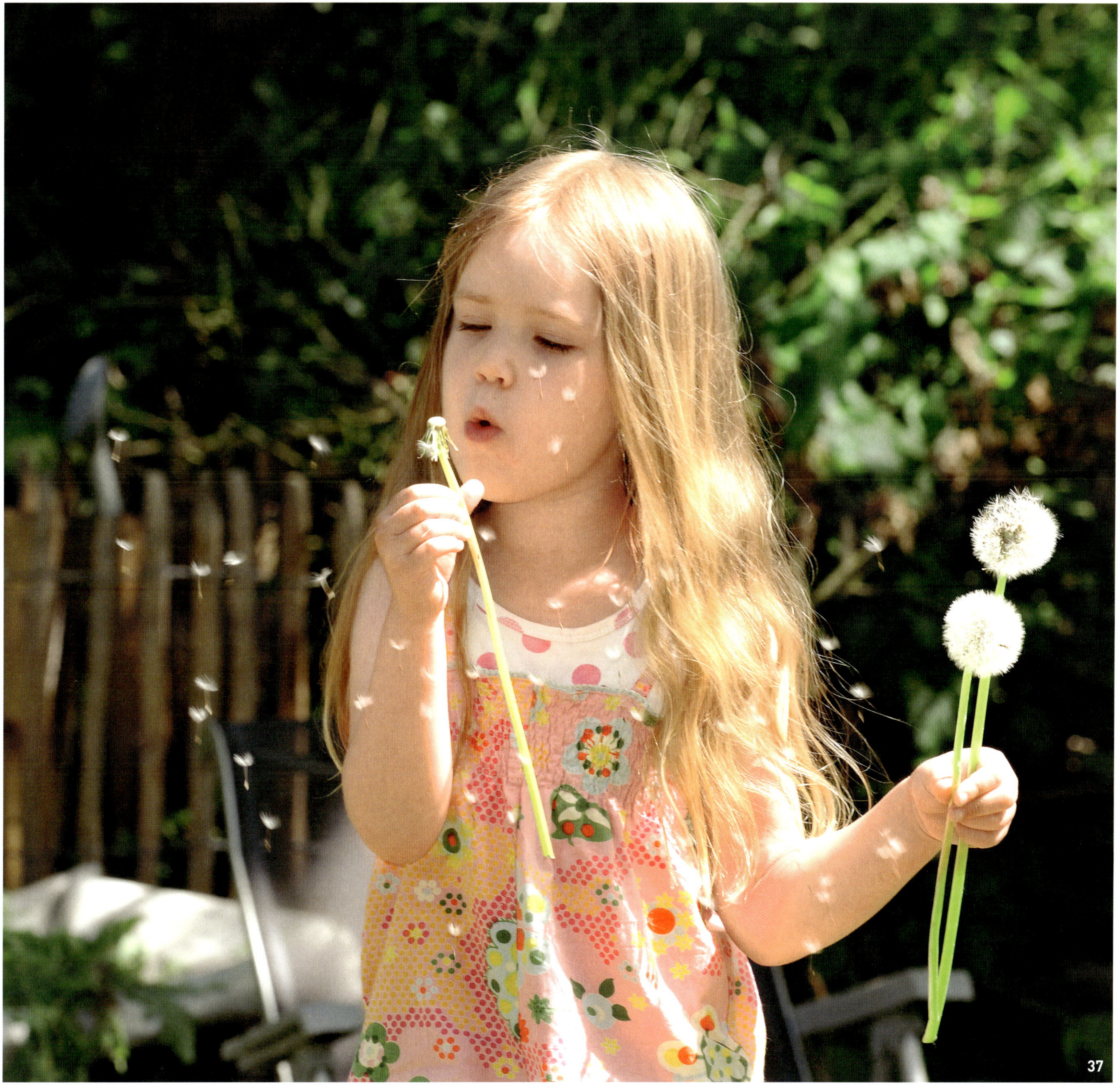

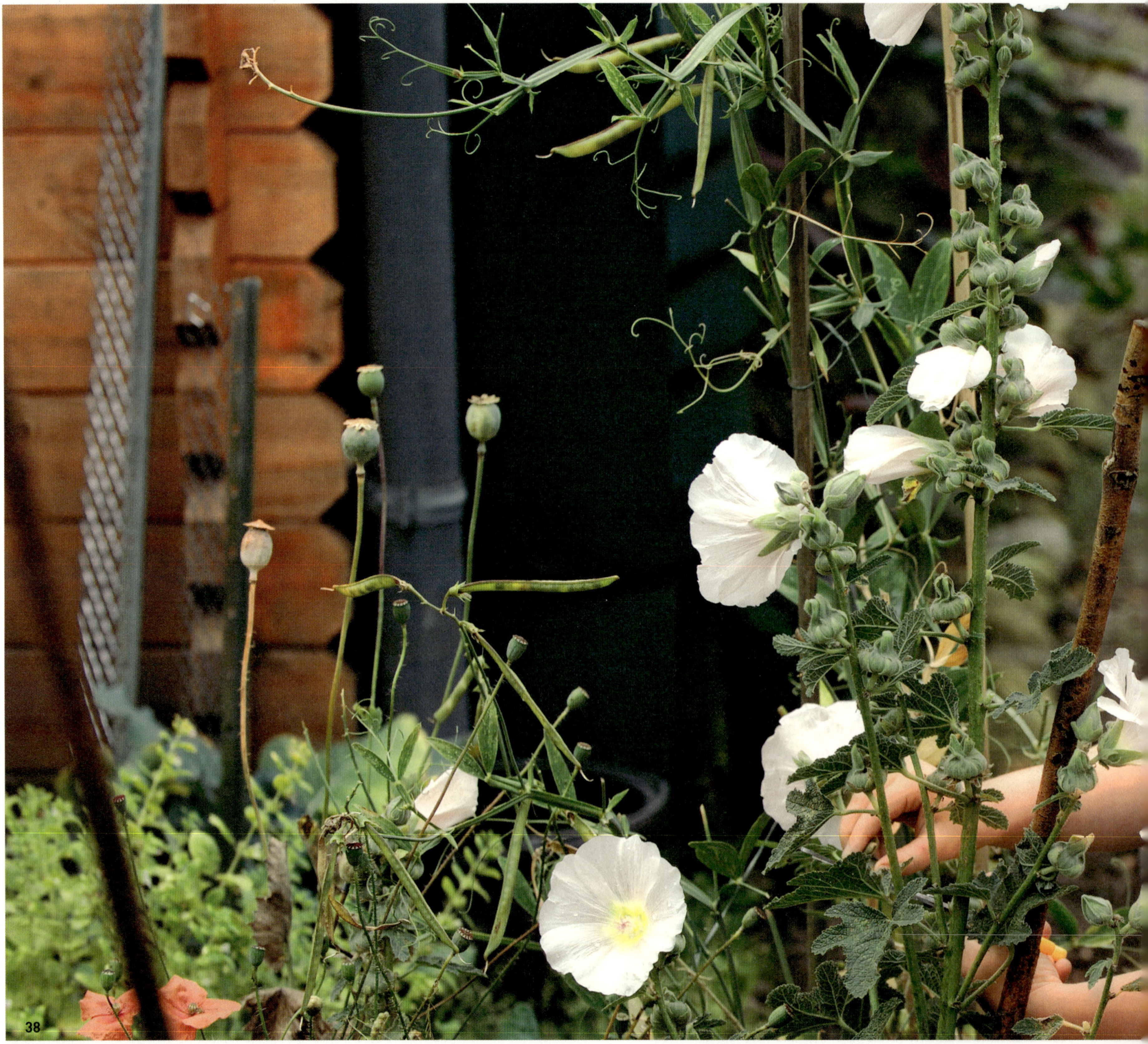

Die besten Hotels für Familienurlaub mit Betreuung

Winter 2019/2020

THE ORIGINAL

KinderHotels®
EUROPA
www.kinderhotels.com

Premium Family Holidays

So wohlfühlweich, so hautfreundlich. So neu!

Windeln von HiPP.

HiPP Baby SANFT
All unsere Sorgfalt für sensible Haut.

3 MIDI — EXTRA WEICHE WINDELN — Baby SANFT
- frei von Parfum und Lotion
- kuschelweich – für sensible Haut
- hält zuverlässig trocken – bis zu 12 Stunden

BLAUER ENGEL — DAS UMWELTZEICHEN

Erhältlich in den Größen 1 bis 5

Jetzt Bonuspunkte sammeln: windelapp.de

Ohne Lotion und entwickelt, um Hautirritationen von Anfang an zu minimieren

✓ frei von Parfum
✓ frei von Chlor (TCF – Total chlorfrei gebleicht)
✓ frei von Naturlatex

Ressourcenschonend produziert - klimafreundlich und nachhaltig.

Dafür stehe ich mit meinem Namen. *Stefan Hipp*

wohlfühlweich   hautfreundlich

www.blauer-engel.de/uz208

Alle Kinderhotels Europa auf einen Blick!

Natürlich auch im Internet auf www.kinderhotels.com

	Smiley-Kategorie	Sterne	Hotel & Lage	Telefon	Seite
Deutschland	5	★★★★S	Kinderhotel **Oberjoch**, Bad Hindelang-Oberjoch, Bayern (D)	+49 8324 / 70 90	10
Österreich	5	★★★★S	Leading Family Hotel & Resort **Alpenrose**, Lermoos, Tirol (A)	+43 5673 / 24 24	11
	5	★★★★S	**Löwe & Bär** Leading Family Hotels, Serfaus, Tirol (A)	+43 5476 / 60 58	12–13
	5	★★★★S	**Almhof** Family Resort, Gerlos/Zillertal, Tirol (A)	+43 5284 / 53 23	14
	5	★★★★	Familienparadies Sporthotel **Achensee**, Achenkirch, Tirol (A)	+43 5246 / 65 61	15
	5	★★★★	Der **Kröller**, Gerlos/Zillertal, Tirol (A)	+43 5284 / 52 02	16
	5	★★★★S	Kinderhotel **Buchau**, Eben am Achensee, Tirol (A)	+43 5243 / 52 10	17
	5	★★★★S	**alpina zillertal**, Fügen/Zillertal, Tirol (A)	+43 5288 / 62 030	18
	5	★★★★★	Leading Family Hotel & Resort **Dachsteinkönig**, Gosau, Oberösterreich (A)	+43 6136 / 88 88	19
	5	★★★★	Kinderhotel **Zell am See**, Zell am See, Salzburg (A)	+43 6542 / 57 187	20
	5	★★★★★	Familien Natur Resort **Moar-Gut**, Großarl, Salzburg (A)	+43 6414 / 318	21
	5	★★★★	Kinderhotel **Felben**, Mittersill, Salzburg (A)	+43 6562 / 44 07	22
	5	★★★★	Europas **1. Baby- & Kinderhotel**, Trebesing, Kärnten (A)	+43 4732 / 23 50	23

Unsere 5 Smiley Kinderhotels am Meer!

	Smiley-Kategorie	Sterne	Hotel & Lage	Telefon	Seite
Portugal	5	★★★★★	**Martinhal** Family Hotels & Resorts, Algarve, Lissabon, Cascais	+351 218 507 788	24–25
Kroatien	5	★★★★	Family Hotel **Amarin**, Rovinj, Istrien	+385 52 800 250	26
	5	★★★★★	**Valamar Collection Girandella Maro Suites**, Rabac, Istrien	+385 52 465 000	27

	Smiley-Kategorie	Sterne	Hotel & Lage	Telefon	Seite
Italien	4	★★★★	Hotel **Maria**, Obereggen, Südtirol (I)	+39 0471 / 615 772	29
	4	★★★★S	**Finkennest** Panorama Familyhotel & Spa, Scena BZ, Südtirol (I)	+39 0473 / 945 848	30
	4	★★★★S	**Dolomit** Family Resort Garberhof, Rasen/Antholz, Südtirol (I)	+39 0474 / 497 004	31
Österreich	4	★★★★	Kinderhotel **Stegerhof**, Donnersbach, Steiermark (A)	+43 3680 / 287	32
	4	★★★★S	Familienresort **Ellmauhof**, Saalbach-Hinterglemm, Salzburg (A)	+43 6541 / 64 32	33
	4	★★★★	**Kesselgrubs** Ferienwelt, Altenmarkt-Zauchensee, Salzburg (A)	+43 6452 / 52 32	34
	4	★★★★S	**Alpina** Family, Spa & Sporthotel, St. Johann/Alpendorf, Salzburg (A)	+43 6412 / 82 82	35
	4	★★★★	Alpenresidenz **Ballunspitze**, Galtür, Tirol (A)	+43 5443 / 82 14	36
	4	★★★★S	Baby- & Kinderhotel **Laurentius**, Fiss, Tirol (A)	+43 5476 / 67 14	37
	4	★★★★	Kinderhotel **Laderhof**, Serfaus-Fiss-Ladis, Tirol (A)	+43 5472 / 69 96	38
	4	★★★★	**Pitzis** Kinderhotel, Arzl im Pitztal, Tirol (A)	+43 5412 / 64 131	39
	4	★★★★	Kinderhotel **Ramsi**, Hermagor/Nassfeld, Kärnten (A)	+43 4285 / 284	40
	4	★★★★S	Kinder-Sport-Hotel **Brennseehof**, Feld am See, Kärnten (A)	+43 4246 / 24 95	41
	4	★★★★	**nawu's** Kinderhotel, Hermagor/Nassfeld, Kärnten (A)	+43 4285 / 280	42
	4	★★★★	**Heidi-Hotel** Falkertsee, Falkert/Patergassen, Kärnten (A)	+43 4275 / 72 22	43
	4	★★★★	**Smiley's** Kinderhotel im Babydorf, Trebesing, Kärnten (A)	+43 4732 / 24 46	44
	4	★★★★	Familienhotel **Kreuzwirt**, Weissensee, Kärnten (A)	+43 4713 / 22 06	45
	3	★★★★	**Kirchleitn – Dorf Kleinwild**, Bad Kleinkirchheim, Kärnten (A)	+43 4240 / 82 44	46
	4	★★★★	Familienhotel **Post**, Millstatt am See, Kärnten (A)	+43 4766 / 21 08	47

Impressum: Herausgeber und für den Inhalt verantwortlich, Produktion und Koordination, Konzeption und Grafik: Kinderhotels Europa GmbH, Österreich, 9580 Villach-Drobollach. Layout und Satzherstellung: Werk1, 9020 Klagenfurt, Villacher Straße 1a, Top 43. Druck: Leykam, 7201 Neudörfl. Satz- und Druckfehler vorbehalten. Für inhaltliche Angaben auf den Hotelseiten haftet das jeweilige Kinderhotel. Druckauflage: 1.800.000 Stück, Ausgabe 2020.

PEFC zertifiziert
Dieses Produkt stammt aus nachhaltig bewirtschafteten Wäldern und kontrollierten Quellen
www.pefc.org

Buchungen zum Bestpreis online auf www.kinderhotels.com

Herzlich willkommen ...

... bei den Original Kinderhotels Europa. Beste Qualität seit mehr als 30 Jahren!

Sie suchen das perfekte Urlaubsangebot für Ihre Familie? Sie wollen einen gehobenen Hotelstandard mit Wellness & Co. und trotzdem eine kindgerechte und familienfreundliche Atmosphäre?

Die Kinderhotels Europa sind die einzige Hotelgruppe, die in Ausstattung und Kinderbetreuung einen Familienurlaub auf qualitativ allerhöchstem Niveau bietet. In über 30 Jahren hat sich aus einer Idee die erfolgreichste Familienhotelgruppe Europas entwickelt und bietet Jahr für Jahr tausenden Familien Ferienglück à la carte.

Altersspezifische Kinderbetreuung, liebevoll und unter strengsten Qualitätskriterien, und ein außergewöhnliches Kinderprogramm lassen die Herzen der Kleinsten höher schlagen und geben Ihnen, liebe Eltern, die Möglichkeit, im Familienurlaub auch Zeit zu zweit zu genießen. Eine ständige Kompetenzerweiterung unserer „Baby-, Kleinkind- und Jugendentertainer" in unserer hauseigenen Akademie sorgt dafür, dass Ihre Kinder bei uns bestens aufgehoben sind.

Wir geben unsere Erfahrung, unsere Qualitätsstandards und unsere Leidenschaft, damit Ihr Familienurlaub garantiert unvergesslich wird.

Übrigens: Auch die Buchung Ihres Traumurlaubes ist über www.kinderhotels.com schnell und einfach. Jetzt sogar mit Bestpreisgarantie!

Gerhard Stroitz
Geschäftsführer
Kinderhotels Europa

Andrea Ulbing
Kinderhotels-Akademie

Buchungen zum Bestpreis online auf www.kinderhotels.com

Warum Kinderhotels Europa?
Darum: 4 Argumente für Ihren Urlaub in Europas Premium-Kinderhotels.

• Glücks-Garantie für die ganze Familie

In den Kinderhotels Europa stimmt die Balance. Eine Ausstattung, die bei Ihren Kindern keine Wünsche offen lässt und trotzdem kleine Hideaways bietet, in denen Sie, liebe Eltern, ungestörte Zweisamkeit genießen können. Ein Kinderbuffet der Extraklasse und ausgewählte Kulinarik für Gourmets. Uns ist wichtig, dass jeder voll auf seine Kosten kommt.

• Vielfalt erleben

Winterurlaub in den Bergen – mit den Kinderhotels Europa kein Problem! In fünf Ländern und an den schönsten Plätzen wie z. B. in den herrlichen Dolomiten, im schönen Österreich mit seinen vielen Bergen und Seen oder direkt am Meer in Kroatien, Italien und Portugal vertreten – Sie können Jahr für Jahr etwas Neues entdecken und fühlen sich in jedem der Kinderhotels Europa trotzdem sofort wie zuhause.

• Die Urlaubskasse voll im Griff

In unseren All-inclusive-Kinderhotels wissen Sie schon beim Buchen, wie viel Ihr Urlaub kosten wird. Die Rechnung bei der Buchung ist völlig transparent und Sie können den Aufenthalt auf den Cent genau planen. Und Ihre Familie ist rund um die Uhr perfekt versorgt. Außerdem: Bestpreisgarantie beim Buchen auf www.kinderhotels.com

• Sicher ist sicher

Höchste Sicherheitsstandards. Bei uns selbstverständlich: Alle unsere Spielanlagen werden durch den TÜV überprüft. Und unsere Mitarbeiter sind bestens ausgebildete „Baby-, Kinder-, oder Jugendentertainer", die sich in unserer Kinderhotels-Akademie regelmäßig weiterbilden. Weil es um die Sicherheit Ihrer Kinder geht.

Zeit für Zweisamkeit
Mit einem guten Gefühl – auch im Familienurlaub.

Liebe Mama, lieber Papa,

wir wissen, dass ihr nur das Beste für uns wollt und niemand kennt uns so gut wie ihr. Natürlich hätten wir euch am liebsten ständig bei uns. Darum kommen wir nachts noch so gerne zu euch ins Bett kuscheln, obwohl wir schon lange keine Babys mehr sind.

Aber wir wissen auch, dass ihr manchmal Zeit für euch braucht. Nur für euch. Auch im Urlaub. Deshalb macht euch bitte keine Sorgen, wir sind in den Kinderhotels Europa perfekt aufgehoben und freuen uns schon Wochen vor dem Urlaub auf die vielen tollen Angebote speziell für uns.

Und ihr? Ihr lasst schön die Seele baumeln, Papa hat Zeit für seine Zeitung und Mama für ein gutes Buch. Trinkt doch einfach einmal gemütlich einen Kaffee zusammen, geht eine Runde spazieren oder schwimmen. Lasst euch im Spa verwöhnen.

Hauptsache, es geht euch gut. Weil dann geht es auch uns gut.

Viele Bussis
eure Kinder

Buchungen zum Bestpreis online auf www.kinderhotels.com

Von Mini bis Maxi perfekt betreut

Baby-, Kinder- und Jugendbetreuung perfekt auf das Alter abgestimmt.

Babybetreuung ab der 1. Lebenswoche bis zum 3. Lebensjahr

Wenn Kinderhotels Europa mit dem Piktogramm „Babyflascherl" werben, dann heißt das: 5 Tage die Woche altersgerechte Babybetreuung, besondere Ausstattung mit HIPP-Pflegesets auf dem Zimmer oder einer HIPP-Frühstücksecke, Indoor-Babyplanschanlagen, Kinderwagen- oder Schnullerservice, spezielle Babymassagen und vieles mehr. Erste Erfahrungen mit dem Element Wasser schon ab dem Kleinkindalter in FREDS SWIM ACADEMY.

Kinderbetreuung vom 3. bis zum 10. Lebensjahr

An mindestens 5 Tagen die Woche durch ausgebildete Kinderentertainer. Je nach Smiley-Kategorie von Spielzimmer und Spielplatz bis zu Spielbereichen mit kompletter Kindergartenausstattung. Weitere Highlights: Indoor-Softplayanlagen, Abenteuerspielplätze und Hüpfburgen. Spezialangebote wie Kinderyoga, Zauberkurse, Theater & Shows, Kinderschminken und vieles mehr. Mit Schwimmkursen der FREDS SWIM ACADEMY Schritt für Schritt zum Freischwimmer.

Jugendbetreuung ab 10 Jahren

Aufregender Urlaub auch für die Großen. In ausgewählten Hotels mit ausgebildeten Jugendentertainern. Diverse Angebote wie Kletterkurse, Motorschlittenfahrten, Reitkurse, Playstation, Winterlasershow oder Lagerfeuer.

Buchungen zum Bestpreis online auf www.kinderhotels.com

Windelskischule!
Einzigartig – nur in den Kinderhotels!

Schneegarantie für Pistenflitzer.

In der Windelskischule sind weder Wetter noch Windeln ein Handicap für Pistenflitzer ab 2 Jahren. Schließlich gibt es in den Kinderhotels die Schneegarantie!

Highlights der Windelskischule:

- Betreuung der Kinder ab 2 Jahren in Kleingruppen (max. 5 Kinder)
- Betreuung direkt beim Hotel oder in ganz kurzer Entfernung (bis ca. 300 m)
- Kein Bustransfer notwendig!
- Betreuung durch geprüfte Skilehrer
- Als sichere Aufstiegshilfe dient ein „Zauberteppich"
- Mind. 2 Stunden Unterricht an 5 Tagen in der Woche
- Lustiger Skihang mit Smileyfiguren, Röhren, Buckelpiste etc.
- Verleih von Ski und Skischuhen im Hotel oder in der Nähe

Komm mit uns ins Abenteuerland

Weil unser Kinderentertainment viel mehr ist als Betreuung.

Ein Urlaub voller Highlights!

Kinderbetreuung ist für die meisten Familien etwas Alltägliches. Will man da im Urlaub schon wieder Betreuung für seine Kinder?

Unsere langjährige Erfahrung hat uns gezeigt: Ja! Weil Kinderbetreuung in den Kinderhotels Europa viel mehr ist als Betreuung. Es ist die Zeit für 1001 Abenteuer, für neue Freundschaften, für Lagerfeuer und Theaterstücke. Alles unter liebevoller, altersgerechter und verantwortungsvoller Begleitung durch unsere perfekt ausgebildeten Fachkräfte und Jugendentertainer.

Zeit für 1001 Abenteuer

Und: Sie dürfen gerne alle Angebote in Anspruch nehmen, aber Sie müssen natürlich nicht. Familienzeit mit gemeinsamen Aktivitäten hat einen festen Platz in den Kinderhotels Europa.

Und danach? Da ist sie wieder, die Vorfreude auf die Zeit, wenn Ihre Kinder in die Welt der Indianer abtauchen. Zum Zauberkünstler werden. Beim Kinderyoga entspannen. Gemeinsam tanzen und toben. Und Sie sich ganz entspannt zurücklehnen können.

Buchungen zum Bestpreis online auf www.kinderhotels.com

★★★★S | Platz für 138 Familien | Seehöhe 1.200 m | Geöffnet: ganzjährig | Deutschland/Bayern

Kinderhotel Oberjoch

www.kinderhoteloberjoch.de
Fam. Mayer, Am Prinzenwald 3, D-87541 Bad Hindelang-Oberjoch
T: +49 8324/7090, E: info@kinderhoteloberjoch.de

Hotel Highlights

- Skilift in Hotelnähe, gratis Shuttle
- Reifen-Wasserrutsche (128 Meter)
- In- und Outdoorpool, Kinderhallenbad
- 2.000 m² Indoor-Spielbereich
- Neue Saunalandschaft mit separater Familien-Sauna-welt
- Kino & Theater, Gokart- u. Familien-Bowlingbahn
- KIDS-Club in 5 Altersgruppen, 25 Mitarbeiter(innen)

Wir freuen uns sehr, dass wir Ihnen einen unvergesslichen Urlaub mit Ihren Lieben im einzigartigen Familienparadies Kinderhotel Oberjoch anbieten dürfen.

Warum einzigartig und warum Oberjoch? Wir sind „die Spezialisten für Familienurlaub in den Allgäuer Alpen", direkt im Skigebiet in Deutschlands höchstem Ski- und Bergdorf auf 1.200 Metern – garantierter Pistenzauber von Weihnachten bis Ostern! Unser Haus bietet eine einmalige Kombination aus Service und Freizeitspaß, also einen All-inclusive-Urlaub der Superlative, der Sie begeistern wird. All-inclusive heißt bei uns nicht nur Schlemmerbuffets von 7.30 Uhr bis 21.00 Uhr und alkoholfreie Getränke, Kaffee- und Teespezialitäten rund um die Uhr, bei uns heißt das wörtlich „Urlaub ohne Nebenkosten", denn die Bergbahnen und die Skipässe haben wir für Ihren Aufenthalt bereits bezahlt.

Bei uns werden Ihre Kids 13 Stunden täglich von 25 BetreuerInnen in 5 altersgerechten Clubs auf über 2.000 m² nicht nur betreut, sondern liebevoll umsorgt! Nicht allein für diese Leistung haben wir den „Travellers' Choice Award" von TripAdvisor erhalten.

Nur bei uns gibt es die längste Hotel-Reifenwasserrutsche Deutschlands mit 128 Metern Länge und ein eigenes Babyerlebnisbad „Planschen auf dem Bauernhof". Mega-Wassergaudi ist also für jedes Alter garantiert. Selbstverständlich haben auch 2 traumhafte Innenpools, der Infinity-Außenpool sowie die großzügige Saunalandschaft einen sensationellen Panoramablick.

Die zweistöckige Softplayanlage ist einzigartig und gehört zu unseren Highlights, wie auch das Kino/Theater mit täglichem Programm, die Turnhalle, die Familien-Bowlingbahn, die Familiensauna und 5.000 m² Outdoorbereich mit Rodelbahn, Windelskischule, Winterzauberwald und Streichelzoo.

Smiley's smartes Angebot:
Gratis Skipässe für die ganze Familie und gratis Bergbahnfahrten zu den Rodelbahnen für die Dauer Ihres Aufenthalts!
Kurz mal weg: 5 Tage buchen, 4 Tage zahlen, gerne verlängerbar auf 6 = 5 oder 7 = 6 (07.12.19 – 21.12.19 / 07.03.20 – 28.03.20)
8% Rabatt: bei Buchung von 7 Übernachtungen (04.01.20 – 25.01.20)
Weihnachten: 7 Tage buchen, 6 Tage zahlen, gerne verlängerbar auf 8 = 7 (21.12.19 – 28.12.19)

Preise Winter

Aufenthalt p. Pers./Tag ab €	A	B	C	D
Kleine Familiensuite (ab 35 m²)/AI ab	347	245	222	201
Mittlere Familiensuite (ab 44 m²)/AI ab	353	251	227	206
Große Familiensuite (ab 66 m²)/AI ab	461	325	287	267
Kinder 0–2,9 Jahre ab	55	40	40	40
Kinder 3–5,9 Jahre ab	50	38	38	38
Kinder 6–11,9 Jahre ab	70	50	50	50
Kinder 12–15,9 Jahre ab	80	60	60	60

Winter 19/20: **A** 21.12.19 – 06.01.20, 22.02.20 – 29.02.20, **B** 06.01.20 – 11.01.20, 25.01.20 – 22.02.20, 29.02. – 07.03.20, **C** 11.01.20 – 25.01.20, 07.03.20 – 28.03.20, **D** 07.12.19 – 21.12.19

Buchungen zum Bestpreis online auf www.kinderhotels.com

★★★★S | Platz für 90 Familien | Seehöhe 1.004 m | Geöffnet: ganzjährig | Tirol

Leading Family Hotel & Resort Alpenrose

Familienurlaub auf höchstem Niveau

www.hotelalpenrose.at

Familie Mayer, Danielstr. 3, A-6631 Lermoos
T: +43 5673/2424, F: +43 5673/242424, E: info@hotelalpenrose.at

Hotel Highlights

- First-Class-Hotel, Nähe zu D und CH
- Skilift 100 m entfernt, Schneesicherheit
- Wellnessbereich, Solebad
- Poollandschaft mit Reifen-Wasserrutsche (90 m)
- 2.000 m² Indoor- u.
- 5.000 m² Outdoor-Spielbereich (z. B. Piratenland, Kino, Theater, Softplayanlage, Gokartbahn)
- Baby- und Kinderclub (24 MitarbeiterInnen)
- Indoor-Golfanlage mit Pro

„Herzlich willkommen", sagt Hausmaskottchen Fridolin Fuchs. Und augenblicklich beginnt eine Reise in ein grenzenloses Spiel- und Spaßparadies, das Kinder und Jugendliche gleichermaßen bezaubert.

Das Vier-Sterne-Superior-Hotel wartet mit Luxus für den Nachwuchs auf. Im Hotel sind mehr als 2.000 m² dem Vergnügen der Kinder gewidmet, etwa für Betreuungsräume, die je nach Altersgruppe eingerichtet sind. Zudem sorgen ein Kino/Theater, die Turnhalle, die riesige Softplayanlage, Indoor-Gokarts und eine Riesenrutsche über 5 Etagen für gute Stimmung. Im Piratenland mit echtem Sandstrand und in der Wasser-Wunder-Welt mit Reifen-Wasserrutsche, Indoor-, Outdoor- und Solepool vergessen selbst Mini-Meuterer das Meutern. 24 ausgebildete KindergartenpädagogInnen bescheren den kleinen Gästen spannende Momente und gewährleisten zudem an 7 Tagen pro Woche eine sorgfältige Aufsicht. Die Eltern erleben im 750 m² großen Spa-Bereich, in der Saunalandschaft mit 6 Saunen, im modernen Fitnessraum, bei Indoorgolf und einem abwechslungsreichen Fitnessprogramm erholsame Ferientage.

Weltweit einzigartig der gekühlte und beschneite Ski-Übungshang mit „Zwergerlskikurs" direkt am Hotelgelände ebenso wie der große Ganzjahres-Abenteuerspielplatz. Der Winter auf der Südseite der Zugspitze präsentiert sich mit 147 km Skipisten, aber auch beim Langlaufen, Schneeschuhwandern oder Rodeln besonders beeindruckend. Das schneesichere Skigebiet ist aus Deutschland und der Schweiz schnell zu erreichen. Beste Bedingungen für Wintersportler: Der nächste Skilift befindet sich nur 100 m vom Hotel entfernt, der Skiverleih im Haus hilft Gepäck zu sparen und Skischul-Kinder werden mit dem hoteleigenen Shuttle zur Skischule gebracht. Helme für Kinder, Mountainbuggys, Schlitten und Rückentragen stehen kostenlos zur Verfügung.

Smiley's smartes Angebot:

5 = 4: 13.12. – 21.12.19, 07.03. – 04.04.20
Bei Buchung eines Aufenthalts von 5 Nächten schenken wir Ihnen einen Urlaubstag. Gerne verlängerbar auf 6 = 5 oder 7 = 6.

Pauschalwochen (04.01. – 25.01.20):
Bei Reservierung einer Urlaubswoche gewähren wir Ihnen 8 % Rabatt, egal für welchen Zimmertyp Sie sich entscheiden!

Winterzauber (07.03. – 04.04.20): Bei Buchung von mindestens 7 Übernachtungen ist der Zwergerlskikurs für die 2,5- bis 3,9-Jährigen gratis.

Preise Winter — Saison

Aufenthalt p. Pers./Tag ab €	A	B	C	D
Familienzimmer (ab 35 m²)/AI ab	329	204	184	170
Familienappartement (ab 37 m²)/AI ab	361	230	209	182
Familiensuite (ab 55 m²)/AI ab	418	272	248	226
Kinder 0–2,9 Jahre ab	55	40	40	40
Kinder 3–5,9 Jahre ab	50	38	38	38
Kinder 6–11,9 Jahre ab	70	50	50	50
Kinder 12–15,9 Jahre ab	80	60	60	60

Winter 19/20: **A** 21.12.19 – 06.01.20, 22.02.20 – 29.02.20, **B** 06.01.20 – 11.01.20, 25.01.20 – 22.02.20, 29.02.20 – 07.03.20, 04.04.20 – 13.04.20, **C** 13.12.19 – 21.12.19, 11.01.20 – 25.01.20, 07.03.20 – 04.04.20, **D** 13.04.20 – 18.04.20

Buchungen zum Bestpreis online auf **www.kinderhotels.com**

Löwe ****Superior & Bär ****Superior
Die zwei 5-Smiley-Leading Family Hotels in Serfaus

www.loewebaer.com

Fam. Heymich, Herrenanger 9, A-6534 Serfaus
T: +43 5476/6058, E: info@loewebaer.com

Serfaus – das Winterparadies!
- Ausgezeichnet als familienfreundlichstes Skigebiet Europas
- Einziger verkehrsberuhigter Wintersportort mit eigener U-Bahn in ganz Österreich
- 214 Pistenkilometer bis auf 2.820 m mit 68 Skianlagen
- Schneesicherheit von Anfang Dezember bis Ende April aufgrund der Höhenlage des Skigebietes (bis zu 2.850 m)
- Kinderschneealm – das 45.000 m² Spiel- und Lerngelände mitten im Skigebiet
- 125.000 m² Fläche ausschließlich für Familien und Kinder
- 30 km Winter-Wanderwege (präpariert für Kinderwagen)
- Murmlipark: 10.000 m² Skipiste direkt vor dem Hotel Bär

Hotel Bär ****Superior
- **NEU:** das Familienrestaurant wurde neu errichtet!
- »**Bären-Kinderlcub**«: 1.000 m² mit 5-stöckiger Softplayanlage und Rutsche
- Professionelle **Rundumbetreuung** von Kleinkindern bis Teens
- **Babyecke** mit großer Auswahl an organischen „HIPP"-Produkten
- **NEU:** »**Baby Perfect Siegel**« – Höchstauszeichnung der Kinderhotels
- »**Bären Theater**«: Riesenshowbühne und 3-D-Kino
- Weltweit erste »**clip'n climb**«-Anlage in einem Hotel – mit einzigartigen 9 Meter hohen Klettermodulen für Kinder ab 4 Jahren und Erwachsene
- **150 m² Turnhalle** – mit Fußball- und Handballtoren, Basketballkorb, Volleyball- und Badmintonnetz
- »**Bären-Badeparadies**«: ganzjährig beheiztes Freischwimmbad (90 m²) und Hallenbad mit Kleinkinder-Plantsch-Becken (240 m²), Familien-Textil-Sauna und Wasser-Speedrutsche über 2 Stockwerke (96 m)

- »**Freds Schwimmakademie**« – Schwimmkurse für Kleinkinder und Anfänger
- **130 m² Fitnessstudio** – mit HumanSport- und Technogym®-Geräten sowie Power Plate
- Modernster Küchenstandard mit **Sous-vide-Küche** – gelistet im Gault Millau 2019
- »**Bären-Spa**«: Finnische Sauna, Bio-Sauna, Laconium, Dampfbad, Eisgrotte, Whirlpool und 2 Ruheräume mit Wasserbetten – führender Spa-Bereich der Tiroler Wellness Hotels
- »**Bären-Beauty**« – erstklassige Kosmetikbehandlungen in 8 verschiedenen Behandlungsräumen für Erwachsene und Jugendliche

Hotel Löwe ****Superior
- »**Löwenparadies**« – 1.000 m² Spielfläche mit Softplayanlage und riesigem Bällebad, Rutsche, Kriechtunnel und Riesenspinne
- Liebevolle **Rundumbetreuung für Babys ab der 1. Lebenswoche** und ideal für Kinder bis 6 Jahren
- »**Baby Perfect Siegel**« – Höchstauszeichnung der Kinderhotels
- »**Löwen-Babyclub**« – 300 m² große Spiel- und Wohlfühlfläche für Babys
- **Babyecke** mit großer Auswahl an organischen „HIPP"-Produkten (organisch und allergenarm)
- **Modernes Betreuungskonzept:** getrennte Bereiche für Babys, Kleinkinder und Kinder
- »**Löwen-Theater**« – Showbühne und Kinosaal
- »**Löwen-Badeparadies**«: Ganzjährig beheizter Panorama-Outdoor Swimmingpool, Familien-Dampfbad und Familien-Sauna, König-der-Löwen-Schwimmbad mit Baby-Plantsch-Becken und 60 Meter langer Reifenrutsche „Magic Eye"

Buchungen zum Bestpreis online auf www.kinderhotels.com

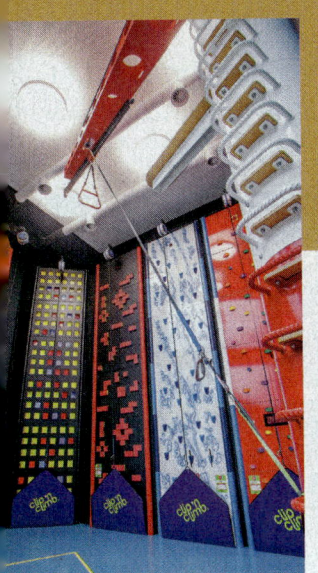

★★★★S | Platz für 60 Familien (Löwe) & 70 Familien (Bär) | Seehöhe 1.427 m | Geöffnet: 14.12.19–18.4.20 | Tirol

Highlights in den Hotels Löwe & Bär

- »clip'n climb«-Anlage mit einzigartigen 9 Meter hohen Klettermodulen für Kinder (ab 4 Jahren) und Erwachsene
- »Bären Restaurant« – neuerbautes Restaurant mit modernster „Sous-Vide-Küche" – geführt im Gault Millau 2019
- »Modernes Betreuungskonzept« – 5 getrennte Bereiche für unterschiedliche Altersgruppen ab der 1. Lebenswoche
- »Löwen-Piratenwelt« – 10 Meter hoher Wasserspielturm mit diversen Wasserspielstationen und 3 Wasserrutschen
- »Die Serfauser Dorfbahn« – die kleinste U-Bahn der Welt transportiert alle Familien bequem und kostenlos direkt vom Hotel zu den Seilbahnen
- HolidayCheck Award Winner und Tripadvisor Choice of Excellence in den Jahren 2016, 2017, 2018 und 2019

- »Löwen-Piratenwelt«: 10 Meter hoher Wasserspielturm mit diversen Wasserspielstationen und 3 Wasserrutschen
- »FREDS SWIM ACADEMY« – Schwimmkurse für Babys und Anfänger
- »Löwen-Spa«: finnische Sauna, Bio-Lehm-Sauna, Kräuter-Dampfbad, Fels-Eisgrotte und Panorama-Ruheraum
- »Fitnessstudio« und »Beauty & Vital Club« – mit speziellen Anwendungen auch für Männer sowie Kinder und Jugendliche bis 15 Jahre

Die Löwe&Bär Inklusiv Pension

- Reichhaltiges Frühstücksbuffet mit frischen Eierspeisen
- Mittagsbuffet mit Tagesgerichten, Vorspeisen- und Salatbuffet
- Nachmittagskuchen und Nachmittagsjause
- Wahlmenüs am Abend mit ausgiebigem Salat- und Käsebuffet
- Umfangreiches Kinderbuffet am Abend
- Kalte alkoholfreie Getränke vom Brunnen
- „Babyecke" und „Baby by night" mit HIPP-Produkten für die Kleinsten rund um die Uhr zugänglich
- Frisch zubereitete Babynahrung von unserem Küchenteam
- Spezielle Menüs bei Lebensmittelunverträglichkeiten
- Kinderbetreuung mit abwechslungsreichem Animations- und Abenteuerprogramm an 8 Stunden pro Tag
- Betreutes Mittag- und Abendessen für Babys, Kinder und Teens mit kalten alkoholfreien Getränken vom Brunnen
- Steckdosensicherung und elektronische Babyüberwachung in allen Zimmern und Suiten
- Babypflegeset mit Shampoo, Pflegecreme und Feuchttüchern
- Fläschchenwärmer, Wickelauflage, Luftbefeuchter, Nachtlicht, Babybadewanne und Töpfchen
- Babystühle, Wippen und Lätzchen in unseren Restaurants

Smiley's smaries Angebot:

Baby & Kleinkind Classic Pakete
7 Nächte Mitte Jänner 2020 in der Überraschungssuite inklusive Kinder- und Babybetreuung sowie der Löwe&Bär Inklusiv Pension

Preis für 2 Erwachsene und 1 Kind:
HOTEL LÖWE **EUR 2.899,-**
HOTEL BÄR **EUR 3.399,-**

Preise Winter

Aufenthalt p. Pers./Tag ab €	A	B	C	D
Löwe: Simba Suite 35 m²	153	186	251	199
Löwe: Löwen Suite 50 m²	195	236	320	253
Bär: Alpini Suite 50 m²	181	228	319	243
Bär: Balu Suite 72 m²	206	260	362	277
Kinder 0–2 Jahre	45	45	54	54
Kinder 3–6 Jahre	45	45	54	54
Kinder 7–11 Jahre	45	45	65	65
Kinder 12–15 Jahre	45	45	85	85
Kinder 16–17 Jahre	45	45	105	105

Winter 19/20:
A 14.12.19 – 21.12.19, 21.03.20 – 04.04.20
B 11.01.20 – 25.01.20, 07.03.20 – 21.03.20, 11.04.20 – 18.04.20
C 01.02.20 – 15.02.20
D 04.04.20 – 11.04.20

Buchungen zum Bestpreis online auf www.kinderhotels.com

★★★★S | Platz für 63 Familien | Seehöhe 1.300 m | Geöffnet: 7.12.19 – 19.4.20 | Tirol

Almhof Family Resort & SPA
Wir machen kleine und große Gäste glücklich

www.familyresort.at

Fam. Kammerlander, Gerlos 45, A-6281 Gerlos/Zillertal
T: +43 5284/5323, F: +43 5284/5323 23, E: almhof@familyresort.at

Hotel Highlights
- Modernes, alpines Design im gesamten Hotel
- „Almhof Water World" und 110 m Riesen-Wasserrutsche
- Wellness Turm – Adults only: Lady SPA, Dach-SPA, Private SPA, Roof Top Whirlpool …
- Almis Skischaukel mit Skischule – 25 m bis in den Schnee
- Rodelhang direkt am Hotel
- 84 Stunden Kinder- und Babybetreuung in hellen, freundlichen Räumen

Wir machen kleine und große Gäste glücklich!

Ambiente, Stil, Herzlichkeit. Der Almhof hat die ideale Größe für ein Familienhotel, groß genug, um all die tolle Infrastruktur für Klein und Groß anbieten zu können, und zugleich die tolle familiäre Atmosphäre, die das Haus so besonders macht. Dazu die KURZEN, übersichtlichen Wege – der Almhof ist nahezu barrierefrei – klar strukturiert. Architektonisch das ideale Familienhotel.

Lage: Inmitten der Zillertal-Arena – eines der besten und größten Familienskigebiete Österreichs.

Wohnen: Sie wohnen in modernen alpinen Suiten und Zimmern bis zu 100 m², alle sind mit Holzböden ausgestattet. Wireless-LAN im gesamten Hotel!

Gourmet-Verwöhnpension und Grüne Haube Naturküche: Die Almhof All-inclusive Gourmet-Verwöhnpension und wahlweise die Grüne Haube – Vollwert-Naturküche auf pflanzlicher Basis.

Mittagessen im Skigebiet inkludiert: Mittagessen im Restaurant „Seppi's".

„Almhof Water World": Panorama-Hallenbad mit Schleuse ins Freischwimmbad, Kinder-Spiel-Hallenbad, Baby-Planschbecken, großer Open Air Whirlpool, Liegebereich mit Familienkuschelecken, Riesen-Wasserrutsche 110 m lang und Breitrutsche „Ferrrari" sowie ein eigener Textil-Saunabereich für die Familie.

Almhof Wellness-Turm auf 5 Etagen – Adults only: Panorama Ruheräume, Lounge mit Kaminfeuer und Wellness-Vitalbar, kleiner Bibliothek, Beauty & Massage, Yoga-Raum, Sauna-Landschaft: mit finnischer Panorama-Sauna, Dampfbad, Bio-Sauna und Tauchbecken. Private SPA, Lady-SPA und Dach-SPA mit Blocksauna und Roof Top Whirlpool.

Fitness-Studio: mit Top-Geräten von Technogym und Personal Trainer.

„Kinder-Eldorado": Spannendes Teenie-Programm, Theater/Kino, Kreativ-und Spielbereich, Softplay-Anlage, Sportraum, Werkstatt, Babybereich, Atelier, Billard, Boulder-Höhle, Spiele-Lounge, Teenie-Lounge!

Baby- und Kinderbetreuung: 84 Stunden Kinderbetreuung und 72 Stunden Babybetreuung mit mindestens 9 ausgebildeten KinderbetreuerInnen!

Skigebiet & Skikurs: Inmitten der Zillertal-Arena, eines der besten und größten Skigebiete Österreichs mit 51 Aufstiegshilfen und 139 Pistenkilometern, Schneesicherheit bis Ende April.

Direkt am Hotel: 25 m zur hoteleigenen, kleinen Skischaukel mit 300 m Haus-Skilift (kostenlos), 5 Förderbändern und 2 Karussells, beschneitem Übungsgelände, eigener Almis Skischule mit Windel-Wedel-Skikursen.

Eltern: Begehbare Weinbox – schöner Streifzug durch die Welt der Weine, stylische Whisky- und Zigarrenlounge mit offenem Kamin und eleganter Zirben-Schaukellounge!

Smiley's smartes Angebot:
Advent am Berg Wochen: 1 Woche all-inclusive zwischen 07.12.19 und 21.12.19 im kl. Appartement für 2 Erw. und 1 Kind **ab EUR 1.982,–**
Smiley's smarte Wochen: 1 Woche all-inclusive zwischen 11.01.20 und 25.01.20 im kl. Appartement für 2 Erw. und 1 Kind **ab EUR 2.657,–**
Sonnen-Skilauf Woche (7 = 6): 1 Woche all-inclusive zwischen 21.03.20 und 28.03.20 im kl. Appartement für 2 Erw. und 1 Kind **ab EUR 2.514,–**

Preise Winter

Aufenthalt p. Pers./Tag ab €	A	B	C
Kleines App. ca. 35 m²/AI ab	236–263	199–214	169–186
Fam.-Suiten ca. 40 m²/AI ab	261–290	215–237	188–209
Fam.-Suiten ca. 60 m²/AI ab	308–365	248–256	213–237
Fam.-Suiten ca. 70 m²/AI ab	350–404	285–299	245–268
Kinder 0–2 Jahre	45	45	42
Kinder 3–6 Jahre	47	47	42
Kinder 7–9 Jahre	61	61	61
Kinder 10–18 Jahre	68	68	68

Winter 19/20: A 21.12.19 – 04.01.20, 01.02.20 – 29.02.20, B 04.01.20 – 11.01.20, 25.01.20 – 01.02.20, 07.03.20 – 14.03.20, 04.04.20 – 11.04.20, C 07.12.19 – 21.12.19, 11.01.20 – 25.01.20, 14.03.20 – 04.04.20, 11.04.20 – 19.04.20

★★★★ | Platz für 62 Familien | Seehöhe 950-2.100 m | Geöffnet: ganzjährig | Tirol

Familienparadies Sporthotel Achensee

www.sporthotel-achensee.com ... **Top Familien-Skihotel**

Familie Hlebaina, Achenkirch 114, A-6215 Achenkirch am Achensee
T: +43 5246/6561, F: +43 5246/6561-666, E: info@sporthotel-achensee.com

Hotel Highlights

- Eigene Skischule
- Skirennen mit Videoanalyse
- Skiverleih im Hotel
- Sportboutique im Hotel
- Direkt an der Piste
- Kindererlebniswelt
- Après-Ski-Seealm
- Kinder-Wellness
- Wellness für Erwachsene

Das Familienparadies Sporthotel Achensee★★★★ zählt zu den beliebtesten Kinderhotels für Winterfans in den Alpen: durch das Skigebiet Christlum vor der Haustür, die hoteleigene Skischule und gratis Skikurse für die Kids.

Ganz easy und ohne Auto steigen Gäste im Familienparadies Sporthotel Achensee ins Skivergnügen ein: Sportshop, Skiverleih und Depot sind direkt im Hotel, die Kinder-Übungswiese mit Babylift auf dem Hotelgelände. Nur zwei Gehminuten entfernt liegt die Christlum-Talstation. Vor dem Hotel ist der Einstieg in romantische Winterwander-, Reit- und Rodelwege sowie das 200 Kilometer lange Loipennetz am Achensee.

Kinder-Skikurs und Skiguiding sind ab 6 Nächten im Sporthotel Achensee im Übernachtungspreis inklusive. Die motivierten SkilehrerInnen der hoteleigenen Skischule Achensee bringen große und kleine Gäste in Fahrt: egal, ob auf Alpinskiern, Boards, Langlauf- und Tourenskiern. Im 10.000 m² großen SnowLand mit Wellenbahn, Sprungschanzen, Förderband und Babylift perfektionieren die Kids den Dreh im Schnee. Das „weltcupverdächtige" Abschlussskirennen mit Videoanalyse bringt die Kids in Fahrt.

Die See-Alm am hoteleigenen „kleinen Achensee" tischt herzhafte Schmankerln und zünftige Musik auf und ist der beliebte Après-Ski-Treffpunkt für die ganze Familie. Mit 80 Stunden professioneller Betreuung im 700 m² großen Indoor-Abenteuerspielplatz, Kinder-Wellness, Schwimmunterricht und Zauberschule wird noch mehr Programm geboten. Die Eltern kommen mit den Animateuren des Sport- und Aktivprogramms in die winterfrische Luft – und in Bestform. Zum Abtauchen verlockt das 1.500 m² große SPA mit Pools und Saunen.

Die Super-All-Inklusiv-Pension mit Frühstücks- und Mittagsbuffet sowie Tiroler Nachmittagsjause liefert frische Energien. Die abendlichen fünfgängigen Wahlmenüs und das eigene Kinderbuffet zählen zu den kulinarischen Höhepunkten. Chef de Cuisine Martin Sinke und Sebastian Schmidt legen Wert auf eine ausgewogene, saisonale Kost auf Basis regionaler Erzeugnisse.

www.sporthotel-achensee.com

Smiley's smartes Angebot:

7 Tage Wohnen mit Smiley-Inklusiv-Pension, Kinderskischule, Kinderskipass (bis 5 Jahre) und Skiguiding für Erwachsene
13.12. – 21.12.19, 11.01. – 25.01.20, 29.02. – 29.03.20
im Familienzimmer für 2 Erwachsene und 2 Kinder (bis 5 J.) EUR 2.911,-
für 2 Erwachsene und 1 Kind (bis 5 J.) EUR 2.307,-
04.01. – 11.01.20, 25.01. – 01.02.20
im Familienzimmer für 2 Erwachsene und 2 Kinder (bis 5 J.) EUR 3.233,-
für 2 Erwachsene und 1 Kind (bis 5 J.) EUR 2.603,-

Preise Winter

Aufenthalt p. Pers./Tag ab €	A	B	C
Familienzimmer/AI ab	210	182	158
Familienappartement klein/AI ab	243	212	185
Familienappartement groß/AI ab	268	233	202
Kinder 0–2 Jahre	47	47	47
Kinder 3–5 Jahre inkl. Skischule	84	84	84
Kinder 6–11 Jahre inkl. Skischule	98	98	98
Kinder 12–16 Jahre inkl. Skischule	106	106	106

Winter 19/20: A 21.12.19 – 04.01.20, 01.02.20 – 29.02.20
B 04.01.20 – 11.01.20, 25.01.20 – 01.02.20
C 13.12.19 – 21.12.19, 11.01.20 – 25.01.20, 29.02.20 – 29.03.20

Buchungen zum Bestpreis online auf **www.kinderhotels.com**

★★★★ | Platz für **40 Familien** | Seehöhe **1.250 m** | Geöffnet: **13.12.19–19.04.20** | Tirol

Der Kröller
Ihr Kinderhotel im größten Skigebiet des Zillertals

www.kroeller.at

Fam. Kammerlander, Gerlos 21, A-6281 Gerlos
T: +43 5284/5202, F: +43 5284/5202 53, E: info@kroeller.at

Hotel Highlights

- **TOP-KINDERSKISCHULE** mit 5 Zauberteppichen direkt neben dem Hotel
- Kostenlose Benutzung des **KRÖLLER-Liftes**
- **Sportshop & Skiverleih** im Haus
- Skigebiet „Zillertal Arena"
- 160 Pistenkilometer, 50 Lifte
- **Mittagslunch am Berg bei Seppi's** inklusive
- 4 Wasserrutschen und Baby-Beach
- Ausritt und/oder eine Pferdekutschenfahrt im **Winter-Wonderland**

„Urlaub für die ganze Familie" – das ist das Motto in Tirols erstem Kinder- und Reithotel. Durch die einzigartige Lage wird ein Aufenthalt im Kröller Sommer wie im Winter zum unvergesslichen Erlebnis.

Lage: traumhaft gelegen, inmitten von Tirols schönsten Gipfeln: mit eigenem Haus-Skilift, Rodelhang, eigener Kinderskischule, Ski- und Schuhverleih und allem, was das Winterherz begehrt.

Gerlos im Winter: „Schneesicherheit" ist in Gerlos – im Herzen der Zillertal-Arena – nicht nur ein Versprechen, sondern Garantie. 50 Liftanlagen und 163 Pistenkilometer von 1.300 m bis 2.505 m Höhe begeistern von Anfang Dezember bis Ostern. Erleben Sie einen ultimativen Wintertag im Schnee. Egal ob beim Langlaufen, Rodeln, Reiten, Paragleiten oder Wandern.

Mittagslunch inklusive: bei Seppi's am Isskogel, inmitten der Zillertal-Arena.

Kinderbetreuung: 6 Profis sorgen im Baby- und im Kinderclub für abwechslungsreiche Betreuung – und das 80 Stunden pro Woche. Das findet ihr im riesigen Spieleparadies: Rutschen, Kletterwände, Kuschelnischen, dutzende Spiele, Kinderkino auf Großbildleinwand, Bastel- und Malecke, Puppentheater, Softfiguren u. v. m.

Tierisch: die Kröller-Ranch mit Pferden, Ponys und vielen Streicheltieren.

Der Kröller Aquapark: • 100 Meter „Blackhole"-Doppelreifenrutsche mit Zeitnehmung • 40 Meter Bodyrutsche mit Zeitnehmung • Aquatube Speed Slide • Free Fall Rutsche für den besonderen Nervenkitzel

Für alle Kleinkinder: „Babybeach" – das Kleinkindparadies, wie Sie es noch nie in einem Wasserpark erlebt haben • Eine Vielzahl an Wasserspielgeräten • Babyriver mit kleinkindgerechten Booten • sprechende Tiere • Kleinkindrutschen • **Und am allerwichtigsten:** eine „Mama- und Papa-Nespressolounge"

Entspannend: die neue Kröller Beauty- und Saunawelt über den Dächern von Gerlos.

NEU: Die Kröller Passage mit Poolbillard, Bowling-Bahnen, Kino/Theater, interaktiven Spieltischen und Sky Sports Bar.

Top Service und Küche: rundum versorgt mit der Kröller All-inclusive-Verwöhnpension: Frühstücksbuffet, Mittagslunch (auch im Skigebiet), Kaffee und Kuchen, Eiscreme, Snacks, alkoholfreie Getränke vom Automaten. Das neue Kröller Erlebnisbuffet – Kulinarik für Groß und Klein aus vielen verschiedenen Bereichen ...

Alpiner Chic: luxuriöses Urlauben in den neuen Kröller Suiten. Von 55 m² – 85 m²: auf alle Fälle viel Platz für die vielen Sachen. Hippes Wohnen mit unverwechselbarem, jungem Tiroler Charme. Alle Kategorien verfügen über 2 getrennte Schlafzimmer, begehbaren Kleiderschrank, Dusche, Doppelwaschtisch, extra WC, Balkon, Babyphone (auch auf Ihr Handy), Telefon, Kabel-TV, kostenloses WIFI.

Smiley's smartes Angebot:

13.12.19 – 21.12.19 und 21.03.20 – 04.04.20
2 Erwachsene und 2 Kinder **um EUR 2.338,–** im Appartement
2 Erwachsene und 2 Kinder **um EUR 2.620,–** in der Familiensuite

11.01.20 – 01.02.20, 08.03.20 – 21.03.20 und 04.04.20 – 19.04.20
2 Erwachsene und 2 Kinder **um EUR 2.505,–** im Appartement
2 Erwachsene und 2 Kinder **um EUR 2.920,–** in der Familiensuite

04.01.20 – 11.01.20, 01.02.20 – 08.02.20 und 29.02.20 – 08.03.20
2 Erwachsene und 2 Kinder **um EUR 2.830,–** im Appartement
2 Erwachsene und 2 Kinder **um EUR 3.312,–** in der Familiensuite

Preise Winter — Saison

Aufenthalt p. Pers./Tag ab €	A	B	C	D
Doppelzimmer/AI	140	182	145	140
Appartement/AI	151	213	168	139
Kamin Suite/AI	229	287	246	207
Familien Suite/AI	183	245	205	161
Kinder 0–6 Jahre	40	40	40	40
Kinder 7–12 Jahre	55	55	55	55
Kinder 13–16 Jahre	65	65	65	65

Winter 19/20: **A** 11.01.20 – 01.02.20, 08.03.20 – 21.03.20, 04.04.20 – 19.04.20, **B** 21.12.19 – 04.01.19, 22.02.20 – 29.02.20, **C** 04.01.20 – 11.01.20, 01.02.20 – 22.02.20, 29.02.20 – 08.03.20, **D** 13.12.19 – 21.12.19, 21.03.20 – 04.04.20

Buchungen zum Bestpreis online auf www.kinderhotels.com

★★★★S | Platz für 75 Familien | Seehöhe 950–1.800 m | Geöffnet: 21.12.19–8.11.20 | Tirol

Kinderhotel Buchau
Das Kinderhotel am größten See Tirols

www.buchau.com

Fam. Johann Rieser, Kinderhotel Buchau GmbH, Buchauer Straße 3,
A-6212 Eben am Achensee, T: +43 5243/5210, F: +43 5243/5210-52, E: info@buchau.com

Hotel Highlights

- All-inclusive-Superior mit Bier, Wein und Sekt
- Skischule direkt beim Hotel
- Schneespielwiese mit Zauberteppich
- Hallen- und Freischwimmbad
- Röhrenrutsche
- Whirlpool
- Panoramaruheraum
- Fitnessraum
- Reithalle

Achensee ... in einer der schönsten Regionen Österreichs begrüßen wir Sie zu Ihrem Familienurlaub mit Glücksmomenten in Tirol.

Winterabenteuerland direkt vor der Haustür: Schneespielwiese mit Zauberteppich und Karussell vor dem Hotel. Skifahren, Rodeln, Schneeschuhwandern, Langlaufen (170 km Loipen), mehr als 100 km Winterwanderwege (auch kinderwagentauglich).

3 familienfreundliche Skigebiete: (Fahrzeit zu den Skigebieten: Rofanseilbahn ca. 5 Min., Karwendelbahn ca. 10 Min., Skigebiet Christlum ca. 15 Min.) Der kostenlose Skibus hält direkt am Hotel und bringt Sie bequem in die Skigebiete.
Skiverleih und Sportshop beim Hotel.

Freuen Sie sich auf erholsame Tage bei uns im Kinderhotel.

All-inclusive-Superior – Essen und Trinken nach Lust und Laune: Genießen Sie in einem unserer Restaurants: Frühstücksbuffet mit Vollwertecke, frisch zubereiteten Eiervariationen, reicher Auswahl an Brotsorten und Gebäck, Jogurt, Milchprodukten sowie Vitaminbar mit frisch gepresstem Orangensaft (7.30 bis 10.00 Uhr). Naschbar, Mittagstisch, Nachmittagsjause, 3 x täglich Kinderstammtisch, Abendmenü oder Themenbuffets. Getränke vom Getränkebrunnen, österreichische Qualitätsflaschenweine, Bierspezialitäten vom Fass, ausgewählte Spirituosen und Cocktails, Kaffeevariationen wie Latte macchiato, Cappuccino, Kakao, Tee.

Wohlfühlräume für die ganze Familie: Großzügige Appartements mit separatem Kinderzimmer. Alle großen Appartements verfügen über Dusche und Bad, getrenntes WC, Balkon oder Terrasse mit Seeblick, Flat-TV sowie kostenlosen Internetzugang. Sky kostenlos (Bundesliga, Cinema, Disney).

Spaß für Klein und Groß: Indoor-Kinderwelt mit großzügigen Fenstern auf über 1.000 m² mit Spielturm, Sporthalle, Theaterraum mit Showbühne, Kreativ- und Unterhaltungsraum, Family Disco, Softplayanlage, Teenies VIP-Lounge, Hüpfburg, PEKiP- und Montessori-Ferienkurse.

Wellness & Wasser: Hallenbad mit Schwimmkanal ins Freie, Whirlpool, Röhrenrutsche, Zwergenbecken. Großzügige Saunalandschaft mit Biosauna, Zirbenholzsauna, Sole-Dampfbad, Infrarotkabine, Frischluftraum und Kaltwasserbecken, Bogensporthalle, 3-D-Bogenparcours, Fitnessraum. Lassen Sie sich in unserem **Beautyfit-Center** mit Massagen und Kosmetikbehandlungen verwöhnen. Ihre Kinder sind währenddessen im Kinderclub in den besten Händen.

Smiley's smartes Angebot:
Kinderschwimmkurse und Windel-Wedel-Skikurse gratis in der Reisezeit A

Preise Winter

Aufenthalt p. Pers./Tag ab €	A	B	C	D	E
Familien Suite groß/SI	199	219	229	249	430
Kuschel Suite/SI	155	175	185	205	325
Familiennest/SI	135	155	165	185	255
Kinder 0–6 Jahre	30	52	52	52	69
Kinder 7–12 Jahre	30	52	52	52	69
Kinder 13–16 Jahre	42	62	62	62	79

Winter 19/20: **A** 11.01.20 – 25.01.20, 29.02.20 – 04.04.20, **B** 05.01.20 – 11.01.20, **C** 25.01.20 – 22.02.20, 04.04.20 – 18.04.20, **D** 21.12.19 – 26.12.19, 22.02.20 – 29.02.20, **E** 26.12.19 – 05.01.20

Buchungen zum Bestpreis online auf www.kinderhotels.com

★★★★S | Platz für 50 Familien | Seehöhe 650–2.500 m | Geöffnet: 13.12.19–18.04.20 | Tirol

alpina zillertal
family . lifestyle . kinderhotel

www.alpina-zillertal.at
Pankrazbergstraße 32, A-6263 Fügen im Zillertal
T: +43 5288/62030, F: +43 5288/62030-24, E: info@alpina-zillertal.at

Hotel Highlights

- „alpina – Alles inklusive"
- „The Woody's", beheizter In- und Outdoor Pool mit Wasserrutsche im Erdgeschoss
- Separates Penthouse-Spa im 5. Stock für die Erwachsenen mit Thermen – Skypool, 3 Saunen und 2 Ruhezonen
- Turnsaal, Softplay und Kinderbetreuung auf 4.000 m² Family Erlebnisfläche
- Skischule und Übungslift beim Hotel
- Kinder werden von unserer neuen Partnerskischule direkt im Hotel abgeholt
- 80 Std. Baby- und Kinderbetreuung/Woche

Wir, das familiengeführte Lifestyle Kinderhotel alpina – zillertal, suchen Sie, die Familie mit allem, was dazugehört: Mama, Papa, Babys, Kinder, Oma, Opa, Freunde ...

Wir bieten Ihnen den perfekten Familienurlaub in einem zeitgemäßen Ambiente mit Wellness, Beauty und Spa für Sie und mit viel, viel Action und Spaß für Ihre Lieben.

Unsere professionelle Kinderbetreuung kümmert sich im Babyclub (0–2 Jahre), Miniclub (3–6 Jahre), Maxiclub (7–10 Jahre) und Teenieclub (11–15 Jahre) um das Wohlbefinden Ihrer Schützlinge.

alpina – Alles inklusive: Schlemmen den ganzen Tag! Frühstück, Mittag, Nachmittag und Abend, vom Buffet oder serviert!

Ganztägig Fügenberger Quellwasser mit und ohne Kohlensäure, Softdrinks wie Fanta, Orangensaft, Apfelsaft, Skiwasser ... und Kaffee und Tee.

Alle unsere Gäste haben zusätzlich zu unserer hoteleigenen Wasserwelt „The Woody's" freien Zugang zur Erlebnistherme Zillertal, nur 5 Gehminuten von uns entfernt.

Fügen: Im Zillertal ganz vorne dabei! Wir, das family lifestyle hotel alpina zillertal, liegen am Eingang des aktivsten Tals der Welt: in Fügen im Zillertal. Dort, wo das Zillertal noch breit und sonnig ist und alle Sehenswürdigkeiten bequem zu erreichen sind.

Direkte Lage an der Skiwiese und nur 200 Meter zur Talstation der Spieljochbahn, welche direkt vor der Tür nicht nur Bergkulisse, sondern Bergerlebnis rund ums Jahr verspricht!

NEU ab Dezember 2019: • Hauseigener Alpina Skiverleih direkt im Hotel! • 5 Tage Skikurs, Verleihware (Ski, Stöcke und Skischuhe) für Kinder gratis! Für nur EUR 249,– exklusive Skipass für Ihre Kleinen. **Indoor:** Skidepot mit Spinde für jedes Zimmer. Alle Zimmer mit regulierbarer Klimaanlage • Zirben Family Suiten im Stammhaus • Aufzug im Stammhaus • Panorama Restaurant „Zirbe" • Schau-Weinkeller • Neue Teenie-Lounge mit Bowlingbahn • Neue Beschneiungsanlagen für die gesicherte Benutzung unserer Übungswiese vor der Haustüre

Smiley's smartes Angebot:
7 = 6: 7 Nächte bleiben, nur 6 Nächte bezahlen!
7 = 6-Winterhighlight: vom 13.12.19 – 21.12.19 | 21.03.20 – 04.04.20
2 Erwachsene und 1 Kind bis 6 Jahre | Alles inklusive „Alkoholfrei" in der „33er" Junior-Suite **ab EUR 2.442,–**
Skiausrüstung für Ihre Kinder ist im hauseigenen alpina-Skiverleih gratis!

Preise Winter

Aufenthalt p. Pers./Tag ab €	Saison A	B	C
„33er" Junior-Suite/AI	174	194	219
„40er" Family-Suite m. sep. Kinderzim./AI	189	209	244
„49er" Zirbe Family m. sep. Kinderzim./AI im Stammhaus	214	229	269
„69er" Baumhaus-Suite m. sep. Kinderzim./AI	249	269	314
Kinder 0–1 Jahr	42	42	42
Kinder 2–5 Jahre	49	49	49
Kinder 6–9 Jahre	59	59	59
Kinder 10–14 Jahre	69	69	69
Jugendliche 15–17 Jahre	89	89	89

Winter 19/20:
A 13.12.19 – 21.12.19, 11.01.20 – 25.01.20, 14.03.20 – 04.04.20, B 25.01.20 – 01.02.20, 29.02.20 – 14.03.20, 13.04.20 – 19.04.20, C 01.02.20 – 22.02.20, 04.04.20 – 13.04.20

Buchungen zum Bestpreis online auf www.kinderhotels.com

★★★★★ | Platz für 117 Familien | Seehöhe 767 m | Geöffnet: ganzjährig | Oberösterreich

Leading Family Hotel & Resort Dachsteinkönig

www.dachsteinkoenig.at

Familie Mayer, Am Hornspitz 1, A-4824 Gosau
T: +43 6136 8888, E: info@dachsteinkoenig.at

Hotel Highlights

- Eröffnung war Dezember 2016
- Skilift 100 m entfernt, Skigebiet Dachstein West
- Zwergerlskikurs im Hotelgarten
- Wellnessbereich mit 11 Behandlungsräumen und 6 Saunen
- Riesige Spielbereiche mit Kino, Softplayanlage, Gokartbahn
- Badelandschaft mit Reifen-Wasserrutsche (100 m)
- Streichelzoo
- Baby- und Kinderclub (20 MitarbeiterInnen)
- Vinothek, Technogym-Fitnessraum
- Indoor-Golfanlage
- Familien-Bowlingbahn

In Gosau am Dachstein eröffnete im Dezember 2016 ein „Königreich" für den Familienurlaub: das neue Leading Family Hotel & Resort Dachsteinkönig*****.

Ganz schön abgefahren

Selbst Familien, die schon viel gesehen haben, lernen im Dachsteinkönig eine noch nie dagewesene Urlaubswelt kennen. 105 Familiensuiten und 12 Chalet-Einheiten (Einzel- und Doppelchalets, mit eigener Sauna) legen Ihnen im Dachsteinkönig luxuriöse Wohnwelten zu Füßen. Alle Suiten verfügen selbstverständlich über ein eigenes Kinderzimmer und viel Luxus für Groß und Klein.

Kinderwelt XXL

Ab dem 7. Lebenstag (!) werden Babys und Kinder professionell betreut. 20 ausgebildete BetreuerInnen – größtenteils Kindergartenpädagog(inn)en – kümmern sich in altersgerechten Gruppen sieben Tage in der Woche von 8 bis 21 Uhr (samstags 09.30 bis 21 Uhr) um die jungen Gäste. Sensationelle 2.000 m² ist der Indoor-Spielbereich groß. Kino und Theater, eine Softplayanlage über 2 Stockwerke, eine Familien-Bowlingbahn, eine Turnhalle und eine Kartbahn sprengen die Vorstellungskraft so mancher Kinderträume. Das „Abgefahrenste" ist wohl die 100 Meter lange Reifen-Wasserrutsche in die Badelandschaft mit zahlreichen Pools und Attraktionen. Outdoor erleben Kinder auf einem riesigen Areal mit Abenteuerspielplatz, Streichelzoo und Zwergerl-Skihang unvergessliche Momente.

Eltern sind König

Eine 1.000 m² große Wellness- und Saunalandschaft ist den Erwachsenen und der Regeneration in aller Ruhe vorbehalten. 11 Behandlungsräume für Massagen, Kosmetik und Ayurveda sowie 6 verschiedene Saunen, Panorama-Außensauna, Ruheraum, Fitnessraum, Indoor-Golfsimulator u. v. m. sorgen für Entspannung. Das umfangreiche Weinangebot baut überwiegend auf den Weinregionen Österreichs auf. In der Vinothek kredenzen Diplom-Sommeliers edelste Tropfen.

Smiley's smartes Angebot:

5 Tage buchen, 4 Tage zahlen: Bei Buchung eines Aufenthalts von 5 Nächten schenken wir Ihnen den letzten Urlaubstag (07.12. – 21.12.19 / 07.03. – 04.04.20).

8 % Rabatt: bei Reservierung von 7 Übernachtungen (11.01. – 25.01.20 / 29.02. – 07.03.20)

Preise Winter

Aufenthalt p. Pers./Tag ab €	A	B	C	D	E
Familiensuite Junior (40 m²)/AI ab	359	289	265	241	223
Familiensuite Premium (49 m²)/AI ab	437	316	283	259	253
Chalet (ab 123 m²)/AI ab	500	393	347	322	306
Kinder 0–2,9 Jahre/AI ab	58	58	41	41	41
Kinder 3–5,9 Jahre/AI ab	53	53	39	39	39
Kinder 6–11,9 Jahre/AI ab	74	74	52	52	52
Kinder 12–15,9 Jahre/AI ab	84	84	62	62	62

Winter 19/20: A = 21.12.19 – 06.01.20, 22.02.20 – 29.02.20, B 01.02.20 – 08.02.20, 15.02.20 – 22.02.20, C 06.01.20 – 11.01.20, 25.01.20 – 01.02.20, 08.02.20 – 15.02.20, D 11.01.20 – 25.01.20, 29.02.20 – 13.04.20, E 07.12.19 – 21.12.19

Buchungen zum Bestpreis online auf www.kinderhotels.com

★★★★ | Platz für 47 Familien | Seehöhe 757 m | Geöffnet: 14.12.19-18.04.20 | Salzburg

Kinderhotel Zell am See
Kinderhotel mit Schneegarantie

www.kinderhotelzellamsee.at
Familie Haidvogl, Karl-Flieher Straße 1, A-5700 Zell am See
T: +43 6542/57187, E: info@kinderhotelzellamsee.at

Hotel Highlights
- Kinderbetreuung 7 Tage pro Woche in 3 Clubs
- 1.400 m² MAVIDA Spa nur für Erwachsene
- 600 m² Family Spa
- Hoteleigener Skishuttle
- 350 Meter zur Talstation Areit I
- Buchung von Skikursen direkt im Hotel

Inmitten einer spektakulären Berglandschaft des Nationalparks Hohe Tauern, unweit vom Einstieg des Skigebietes Schmittenhöhe und des Zeller Sees entfernt, befindet sich unser KINDERHOTEL Zell am See. Eingerichtet im „alpinen und modernen Lifestyle" mit Familienzimmern von 40–100 m² kommen Familien voll auf ihre Kosten und genießen einen Urlaub auf höchstem Niveau.
Die altersgerechte Kinderbetreuung ist in 3 unterschiedlichen Kinderclubs auf 800 m² Indoor-Fläche mit 100 m² Funpark an 7 Tagen in der Woche für Ihre Sprösslinge geöffnet und bietet neben einem abwechslungsreichen Wochenprogramm ein eigenes Theater/Kino mit Showbühne. Im Family Spa auf 600 m² mit Indoorpool und Familiensauna kommt auch der Wasserspaß nicht zu kurz.

Schlemmen von früh bis abends – All inclusive: Das Küchenteam verwöhnt Sie und Ihre gesamte Familie vom Frühstück bis zum Abendessen. Wir legen besonderen Wert auf regionale Produkte, Bio und Hausgemachtes. Für Babys und Kleinkinder: HIPP-Bar mit Gläschen- und Pulvernahrung. Das einzigartige Konzept „Eltern-Freiraum" lässt Mamas und Papas Herzen höher schlagen. Während Ihre Kinder perfekt betreut sind, genießen Sie Ihre Zweisamkeit im 1.400 m² großen MAVIDA Spa mit eigenem Indoor- & Outdoorpool, großzügiger Saunalandschaft und einer Beauty- & Massageabteilung.

Winterhighlights: Unser hoteleigener Skishuttle-Bus bringt Sie täglich zur 350 Meter entfernten Talstation Areit I und holt Sie wieder ab. Durch eine einzigartige Kooperation mit der Skischule Zell am See und dem Intersport Bründl kommen Sie in den Genuss folgender Vorteile: Buchung von Ski- & Snowboardkursen (Kinder werden im Hotel für den Kurs abgeholt) sowie Ausstellen der Liftpässe direkt im Hotel.

Kostenloser Skiservice: einmaliges Wachsen der Laufflächen und Schleifen der Kanten Ihrer privaten Skier durch Profis.

Premium Ski- & Schuhverleih: Beim Ausleihen einer Ausrüstung für 2 Erwachsene erhalten Ihre Kinder (bis 10 Jahre) Leihskier und Schuhe gratis (ALLE erhalten die Ausrüstung aus der neuen Kollektion). Darüber hinaus stehen unseren Gästen beheizte und desinfizierte Spinde direkt in der Talstation für den Aufenthalt zur Verfügung.

Erleben Sie einen Familienurlaub der Extraklasse inmitten gleichgesinnter Familien und in einer der schönsten Wintersportregionen Österreichs. P.S.: Auch im Sommer warten tolle Vorteile auf Sie, wie z. B. unsere Sommerkarte, welche Sie kostenfrei zum Aufenthalt dazu erhalten.

Smiley's smartes Angebot:
4 Übernachtungen für 2 Erwachsene und 1 oder 2 Kinder **ab EUR 1.280,-** inklusive der ALL-IN Schlaraffenland-Pension, Eltern-Freiraum und einem Wellnessgutschein im Wert von EUR 50,-.

Preise Winter

Aufenthalt p. Pers./Tag ab €	TS	A	B	C	D
Fam.-Zimmer Hundstein	250	200	180	170	140
Fam.-Zimmer Kitzsteinhorn	270	220	200	190	160
Fam.-Zimmer Sonnberg	280	230	210	200	170
Kinder 0–1,9 Jahre	60	55	50	50	45
Kinder 2–5,9 Jahre	65	50	45	45	40
Kinder 6–9,9 Jahre	90	75	60	60	55
Kinder 10–14,9 Jahre	95	80	65	65	60

Winter 19/20; TS (Top-Saison) 26.12.19 – 06.01.20, A 01.02.20 – 01.03.20, B 06.01.20 – 12.01.20, 04.04.20 – 18.04.20, C 14.12. 19 – 26.12.19, 01.03.20 – 04.04.20, D 12.01.20 – 01.02.20

★★★★★ | Platz für 35 Familien | Seehöhe 924 m | Geöffnet: 29.11.19–18.4.20 | Salzburg

Familien Natur Resort Moar-Gut
Liebevoller Luxus für anspruchsvolle Familien

www.moargut.com

Fam. Josef Kendlbacher, Moargasse 22, A-5611 Großarl
T: +43 6414/318, F: +43 6414/318-44, E: info@moargut.com

Hotel Highlights
- Familiensuiten mit Zirbenvollholz
- Kinderskiwiese mit Beschneiungsanlage direkt am Hotel
- Rodelhang und Karussell am Hotel
- Gourmetküche, Kochkurse und Weinschulungen
- angeschl. Bauernhof mit Tierpatenschaften
- Fitnessstudio mit Sportprogramm
- Skischule direkt am Hotel
- Reitunterricht und Kutschenfahrten
- Sportgeschäft und Skikartenverkauf direkt im Hotel

Liebevoller Luxus für anspruchsvolle Familien. Klein und fein aber groß im Angebot. Das exklusive Moar-Gut bietet Ihnen die harmonische Verbindung zwischen einem 5-Sterne-Hotel und einem aktiven Biobauernhof – ein Hotel zum Wohlfühlen, mit viel Gastlichkeit und Liebe geführt.

Was uns so einzigartig macht: • unsere großzügige, exklusive Ausstattung • die ausgezeichnete Gourmet-Vollpension • die hervorragende tägliche Kinderbetreuung (84 Std./Woche) • die wunderschöne Lage, abseits von allen Straßen und die absolute Ruhe • Panorama-Hallenbad, großzügig und mit herrlichem Ausblick in die Winterlandschaft • neue Beautyabteilung mit umfangreichen Angeboten und Extras – auch für die Kinder • neues Fitnessstudio mit modernsten Technogym-Geräten • **Moar-Gut-Zwergerlskischule direkt am Hotel** mit einem Kinderlift und einem Förderband als Aufstiegshilfe, Skikarussell • toller Rodelhang am Hotel • Moar-Gut-Skirennen mit großer Siegerehrung

Ein paar Minuten und Sie sind im traumhaften Skigebiet Großarl-Dorfgastein, angeschlossen dem Skiverbund amadé, 860 km Pisten, 270 topmoderne Liftanlagen, gratis Skibus direkt vorm Hotel, Langlaufloipe direkt am Hotel. Fortgeschrittene Skischulkinder werden zum Unterricht gebracht und ganztägig betreut, da wird das Skifahren auch für die Eltern zum stressfreien Urlaubserlebnis.
Geprüfte SkilehrerInnen lehren Ihren Kindern – direkt am Hotel – den Spaß am Skifahren.
Nach einem schönen Skitag tummeln sich die Kinder noch auf unserem Wintererlebnisspielplatz mit den Schneereifen und Rodeln herum oder besuchen unseren Bauernhof, während sich die Eltern in der Wellness-Saunalandschaft auf 1.000 m² erholen oder bei einer Massage- oder Kosmetikbehandlung verwöhnen lassen.

Gourmet-Verwöhn-Vollpension:
Schlemmerfrühstück, Mittagsbuffet, Nachmittagsjause und Kuchenbuffet, abends 5-gängiges Gourmetmenü.
Getränkebrunnen sowie Kaffee, Kakao und Tee inklusive.

Smiley's smartes Angebot:
Advent-Relaxzauber am Bauernhof vom 29.11.19 – 21.12.19.
Heiter und besinnlich – so präsentiert sich die Vorweihnachtszeit am Moar-Gut. Besuch beim Großarler Bergadvent, romantische Pferdekutschenfahrt, 1 Wellnessgutschein im Wert von EUR 25,-
7 Tage für 2 Erwachsene und 1 Kind inkl. aller Moar-Gut-Leistungen bereits **ab EUR 2.725,–**

Preise Winter	Saison		
Aufenthalt p. Pers./Tag ab €	A	B	C
Familiensuite klein/AI ab	320	260	230
Familiensuite groß/AI ab	370	310	270
Kinder 0–1 Jahr/AI	71	66	57
Kinder 2–6 Jahre/AI	83	78	67
Kinder 7–10 Jahre/AI	98	93	77
Kinder 11–14 Jahre/AI	108	103	88
Jugend 15–18 Jahre/AI	-40%	-40%	-40%

Winter 19/20:
A 21.12.19 – 04.01.20, 01.02.20 – 29.02.20, 04.04.20 – 19.04.20
B 04.01.20 – 11.01.20, 25.01.20 – 01.02.20, 29.02.20 – 14.03.20, 28.03.20 – 04.04.20
C 29.11.19 – 21.12.19, 11.01.20 – 25.01.20, 14.03.20 – 28.03.20

Buchungen zum Bestpreis online auf www.kinderhotels.com

★★★★ | Platz für 43 Familien | Seehöhe 789 m | Geöffnet: 7.12.19–15.3.20 | Salzburg

Kinderhotel Felben
**** -Sterne-Urlaub am Biobauernhof

www.felben.at
Familie Scharler, Felberstr. 51, A-5730 Mittersill
T: +43 6562/4407, F: +43 6562/440772, E: rezeption@felben.at

Hotel Highlights
- Täglich Ponyreiten
- Reitkurse ab 2 J.
- 7.500 m² Spielplatz
- 7 Spielzimmer 730 m²
- Aktiver Biobauernh.
- Betreuung ab 3 Wo.
- 500 m² Schwimmbad u. 700 m² Wellness
- Überdachte Parkplätze
- Gratis WLAN

Das Kinderhotel liegt am Ortsrand von Mittersill – den Wald, die Pinzgaloipe und den Nationalpark Hohe Tauern vor der Haustür.
Der aktive Biobauernhof bringt Spaß für Groß und Klein. Ihre Kinder helfen gemeinsam mit den Betreuern bei der Tierpflege, beim Füttern oder Brotbacken. Jede Menge Streicheltiere, Ponyreiten und Reitunterricht, Pferdeschlittenausflüge, Tierspurenentdeckungsreise oder Fackelwanderung im Schnee sind weitere Highlights. Kinder ab 3 Wochen werden die ganze Woche betreut.
10 große Räume (820 m²) für Kinderträume: Babybetreuungsraum für Kids bis 2 Jahre, 4 Spiel- und Toberäume, Funpark mit Hüpfburg, Kino mit Showbühne, Chillraum für die Großen, Jugend-Aktivraum und 8.000 m² Außenspielplatz.
Hunger? Gibt's nicht! Frühstücks- u. Mittagslunchbuffet, Kaffee/Tee, Kuchen u. Skifahrerjause am Nachmittag, alkoholfreie Getränke für die ganze Familie. HIPP-Babyspeisekarte für die Kleinsten, abends Kids-Buffet, für die Eltern 5-gängige Wahlmenüs (ein fleischloses Gericht). Beim Einkauf wird großer Wert auf Obst, Gemüse und Salat aus heimischer Bioproduktion gelegt. Rindfleisch kommt vom eigenen Bauernhof, alle weiteren Fleischsorten ebenfalls aus österreichischer Bioerzeugung.
Hallenbad (500 m²) mit 56 m langer Röhrenrutsche, 115 m² Schwimmbecken mit integrierten Whirl-Liegen und 2 Kinderbecken mit Spielmöglichkeiten. Wellnessalm mit unterschiedlichen Saunen, Dampfgrotte, Indoor-Kneippweg, Sonnenstadl, Sternguckeralm und großen Ruhebereichen mit Almwiese auf insgesamt 700 m². Anwendungen in der Softpackliege oder Massagen und Kräuterbäder bringen zusätzliche Entspannung. Außerdem: Kinder- und Babymassagen sowie Kosmetik, Maniküre und Pediküre. Für alle Fälle – Krankenhaus und Kinderarzt sind direkt in Mittersill.

Sie erreichen **6 Skigebiete** innerhalb von 30 Autominuten. 100 km Langlaufloipe (Einstieg vor dem Hotel) mit gratis Langlaufkurs. Am Ski- und Rodelhügel mit „Zauberteppich" direkt beim Haus finden Montag bis Donnerstag „Windel-Wedel-Skikurse" (ab 2 Jahren) mit geprüften SkilehrerInnen statt. Natürlich gehört auch Miniskihaserlschnuppern oder Schneeburgbauen mit zum Winterspaß. Eisstock- und 14 km Rodelbahn vervollständigen das Wintervergnügen. Eisstöcke und Rodeln kostenlos, Langlauf- und Kinderskiausrüstungen ebenfalls im Hotel erhältlich.

Smiley's smartes Angebot:
1 Woche Urlaubsspaß mit Felben-All-inclusive.
Inklusive Anfängerskikurs mit Ausrüstung für Kinder ab 2 Jahren
ab EUR 1.745,– für 7 Nächte im Familienzimmer für 2 Erw. und 1 Kind.
In der Zeit von 04.01.20 bis 01.02.20, 08.02.20 bis 15.02.20 und 29.02.20 bis 15.03.20

Preise Winter Saison

Aufenthalt p. Pers./Tag ab €	A	B	C
Familienzimmer/AI ab	102	128	138
2-Raum Familiensuite/AI ab	116	146	157
3- oder 4-Raum Familiensuite/AI ab	126	158	167
Kinder 0–14 Jahre/AI ab	45	56	60
Kinder 15–18 Jahre/AI ab	69	86	90

Winter 19/20:
A 07.12.19 – 21.12.19, 11.01.20 – 01.02.20, 07.03.20 – 15.03.20
B 08.02.20 – 15.02.20, 29.02.20 – 07.03.20
C 21.12.19 – 04.01.20, 01.02.20 – 08.02.20, 15.02.20 – 29.02.20

★★★★ | Platz für **53 Familien** | Seehöhe **700 m** | Geöffnet: **21.12.19–1.3.20** | Kärnten

Europas 1. Baby- & Kinderhotel
Top Kinderhotel mit hoteleigener Beschneiungsanlage

www.babyhotel.com
Familie Neuschitzer, Bad 1, A-9852 Trebesing
T: +43 4732/2350, E: info@babyhotel.com

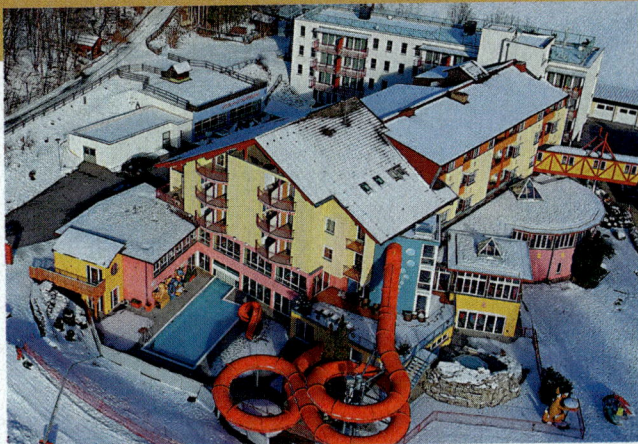

Hotel Highlights
- 100 m Wasserrutsche
- 3 Etagen Indoor-Softplay
- 50 % Ermäßigung im Skigebiet „Goldeck"
- Kinderskikurs von 2 bis 5 Jahren direkt am Hotelgelände
- Kostenloser Skishuttle
- Kängurus und andere Tiere

„Glückliche Babys und Kinder – zufriedene Eltern", ist die Devise von Europas 1. Baby- und Kinderhotel schon seit 30 Jahren.
Das Wohlfühlhotel für die ganze Familie mit perfekter Baby- und Kinderbetreuung ab dem 7. Lebenstag bis ca. 14 Jahre.

Schneegarantie durch hoteleigene Beschneiungsanlage mit „Windel-Wedel-Skikurs" (extra, ab 2 Jahren) direkt am Hotelgelände mit Zauberteppich und Rodelhang.

All inclusive: Langzeit-Küchenchef Horst Mitterschaider, ausgezeichnet mit der Trophäe Gourmet, verwöhnt unsere Gäste seit 25 Jahren. Großes Frühstücksbuffet, Mittagsbuffet, Nachmittagsjause und Kuchen, Tee- und Kaffeespezialitäten, Eis, frisches Obst, Kinderbuffet, 5-gängiges Abendessen (auch vegetarisch) mit großem Salatbuffet, Diätküche oder Küche für Allergiker gegen Aufpreis möglich, HIPP Babyspeisekarte mit 30 Gerichten, alkoholfreie Getränke ganztags aus dem Limobrunnen.

7 Tage Baby- und Kinderbetreuung: 80 Stunden pro Woche in verschiedenen Altersgruppen eingeteilt. Riesiger und unglaublich toll ausgestatteter Betreuungsbereich 2013 neu gebaut. Indoor-Softplay-Spielanlage über 3 Etagen (Piratenschiff), Indoor-Kletterwand (1 x wöchentlich Schnupperklettern), Teenieraum ab 8 Jahren (Tischtennis, Tischfußball, Nintendo Wii, Photoplay, Airhockey, Gesellschaftsspiele), Kino und Theater, Haba Spieleverleih, umfangreiches Spiel- und Animationsprogramm (in der Ferienzeit auch für Teenies ab 8 Jahren). Das garantiert auch den Eltern einen perfekten Urlaub.

Wellness: 100-Meter Wasserrutsche, Outdoorpool (beheizt) mit Schlangenrutsche, Indoorpool mit Elefantenrutsche, Babyplanschareal, Outdoor-Whirlpool, Sauna, Dampfbad, Infrarotkabine, Solarium (extra), Fitnessraum, FREDS SWIM ACADEMY (Baby- und Kinderschwimmkurs, extra). Beauty- und Massageabteilung mit umfangreichem Angebot – auch für Kinder. Beautywochen in der Sparsaison mit 50 % Ermäßigung auf viele Behandlungen.

Hotelanlage: 1 ha großes Hotelareal mit Beschneiungsanlage, Windel-Wedel-Skischule von 2 bis 5 Jahren (Unterricht und Ausrüstung extra), Rodelhang (gratis Leihrodeln), täglich gepflegte Piste mit Hotelpistenraupe garantiert. Hoteleigener Zoo – hier wohnen viele Artgenossen von Hubsi Hu (dem Hotelmaskottchen), Mufflongehege, Pferde, Esel, Ziegen, Schafe, Hasen, Alpakas.

Weiters: Relax-Dachterrasse (nur für Eltern), Kaffeeterrasse, Abendbar, gratis WLAN.

Für alle Skifahrer: Täglicher Skishuttle zum **Sportberg Goldeck** (20 min) ... 63 ha Pistenfläche, neueste, moderne Liftanlagen, perfektes Kinderland und 10 Liftanlagen (www.sportberg-goldeck.at). Weiters mehrmaliger Skibustransfer ins Familienskigebiet **Katschberg** (www.katschi.at).

Smiley's smartes Angebot:
„Hubsi Hu's Familyweek" im Familienzimmer für 2 Erwachsene und 1 Kind bis 14 Jahre **ab EUR 1.380,-**

Preise Winter — Saison

Aufenthalt p. Pers./Tag ab €	A	B	C	D
Familienzimmer klein 25 m²/AI	134	123	113	105
Familienzimmer mittel 45 m²/AI	150	138	128	118
Familiensuite 55 m²/AI	187	169	154	139
Kinder 0–2 Jahre	43	37	37	37
Kinder 3–8 Jahre	47	43	43	43
Kinder 9–14 Jahre	53	48	48	48

Winter 19/20: A 21.12.19 – 06.01.20, B 22.02.20 – 01.03.20, C 01.02.20 – 22.02.20, D 06.01.20 – 01.02.20

Buchungen zum Bestpreis online auf **www.kinderhotels.com**

MARTINHAL FAMILY HOTELS & RESORTS

★★★★★ Algarve / Portugal

Martinhal Sagres Beach Family Resort

Hotel Highlights
Kostenlose Familien-Aktivitäten: Familien-Fußball, Beach-Volleyball, Familien-Bogenschießen, Schnuppertauchen, Babys erste Wassererfahrungen etc.
Weitere Aktivitäten und Sport-Akademien gegen Gebühr.

Das Fünf-Sterne Martinhal Sagres Beach Family Resort bezaubert seit 2010 mit seiner atemberaubenden Strandlage am Rande des Nationalparks und nahe dem Fischerort Sagres. Die stilvolle Anlage verfügt über ein Hotel, Ferienhäuser und Villen in modernem Design (1-6 Schlafzimmer).

„Luxus für die ganze Familie" lautet das Credo, und so gestalten sich die Einrichtungen: 3 Restaurants (à la carte) mit betreuten Kinder-Spielecken, 5 altersgerechte Kinderclubs (6 Monate bis 16 Jahre), 5 teilweise geheizte Pools inklusive geheiztem Indoor-Pool, Spa, Fitnessraum, BMX Pumptrack, Gameroom, Gelateria, Dorfladen mit Bäckerei und Surf Bar.

Das Sport- und Freizeitangebot ist vielseitig: Wassersportcenter, Fahrradstation, geführte Wanderungen für die ganze Familie, Fitness-Kurse im Wochenprogramm, Personal Training, Delfin-Beobachtung, Tennis-Unterricht, Schwimmunterricht für Kinder, Sport-Akademien in der Ferienzeit etc.

Aktuelle Zimmerpreise, weitere Zimmer-Kategorien und Belegungsmöglichkeiten sowie Preise der Aktivitäten entnehmen Sie bitte unserer Webseite.

* Nur gültig, wenn Erwachsene das gleiche Verpflegungsarrangement buchen.

Preise — Saison

Aufenthalt p. Erw./Tag ab €	A	B	C	D
Beach Room / Terrace Room, voller Meerblick ab	134	150	218	111
Garden House, 2 Schlafzimmer ab	119	155	240	95
Bay House, 3 Schlafzimmer ab	183	238	370	147
Ocean House, Meerblick, 2 Schlafzimmer ab	157	204	317	126

* Aufpreis für
Frühstück: Erwachsener € 20,-, Kinder 0-8 J. frei, 9-12 J. € 10,-, 13-16 J. € 20,-
Halbpension (Getränke nicht inklusive): Erwachsener € 56,-, Kinder 0-8 J. frei, 9-12 J. € 28,-, 13-16 J. € 56,-
* All-inclusiv-Verpflegung + Kids Club: Erwachsener € 109,-, Kinder 0-2 J. € 15,-, 3-8 J. € 35,-, 9-12 J. € 91,-, 13-16 J. € 109,-

Saison 19/20: A 28.09.19 – 01.11.19, B 07.09.19 – 27.09.19, C 28.12.19 – 31.12.19, D 02.11.19 – 27.12.19, 01.01.20 – 31.03.20

★★★★ Algarve / Portugal

Martinhal Quinta

Hotel Highlights
Vielseitige Sportmöglichkeiten für die ganze Familie in der Region Quinta do Lago mit Kinder-Golf-Akademie, Ponyclub, Segelkursen, Eco-Fahrradtouren, Kayaking, Stand up Paddling und Minigolf-Anlage etc. Herausragendes kulinarisches Angebot von der Strandbar bis zum Michelin Restaurant in Quinta do Lago.

Das 4-Sterne Martinhal Quinta befindet sich inmitten der exklusiven Region Quinta do Lago. Komplett ausgestattete Ferienhäuser und Villen, alle mit privatem Pool, bieten Familien vielseitige Alternativen bei der Auswahl der Unterkunft (2-5 Schlafzimmer).

Martinhal Quinta verfügt über einen Kids-Club für Kinder von 6 Monaten bis 8 Jahren, M Bar mit Gelateria, das O Terraço Frühstücks-Restaurant, Dorfladen mit Bäckerei und einen Gameroom. Der Pool Hangout bietet einen beheizten Pool, diverse Rutschen, Spielplatz, Trampolin, Wasserspiele sowie den Martinhal Spielbus.

Golfen, Fahrradfahren, Segeln, Stand up Paddling und Windsurfen werden am nahegelegenen Wassersportzentrum angeboten, und landestypische Entdeckungstouren gehören ebenso zum Aktivitäten-Programm.

Aktuelle Zimmerpreise, weitere Zimmer-Kategorien und Belegungsmöglichkeiten sowie Preise der Aktivitäten entnehmen Sie bitte unserer Webseite.

* Nur gültig, wenn Erwachsene das gleiche Verpflegungsarrangement buchen.

Preise — Saison

Aufenthalt p. Erw./Tag ab €	A	B	C
1) Townhouse • 2 Schlafzim. (ohne Verpflegung) ab	105	163	75
2) Townhouse • 3 Schlafzim. (ohne Verpflegung) ab	132	203	94
3) Sup. Deluxe Villa • 3 Schlafzim. (ohne Verpflegung) ab	151	234	108
4) Sup. Deluxe Villa • 4 Schlafzim. (ohne Verpflegung) ab	181	281	130

* Aufpreis für
Frühstück: Erwachsener € 15,-, Kinder 0-8 J. frei, 9-12 J. € 7,50, 13-16 J. € 15,-

Saison 19/20: A 21.09.19 – 01.11.19, B 07.09.19 – 20.09.19, 28.12.19 – 31.12.19, C 02.11.19 – 27.12.19, 01.01.20 – 31.03.20

Buchungen zum Bestpreis online auf **www.kinderhotels.com**

Infos: Tel. +351/ 218 507 788, E: res@martinhal.com, www.martinhal.com | Portugal

Cascais / Portugal ★★★★★

Martinhal Lisbon Cascais Family Hotel

Hotel Highlights
Outdoor-Spielplatz mit Sportarena für Kinder, Kletterwand mit Rutsche, Kleinkinderschaukeln, Hüpfkissen, Doppelseilbahn „Telesto" und 730 m² Indoor-Kinder-Clubhaus auf zwei Etagen. Großzügiger Familien-Wellnessbereich mit Fitnessraum, Sauna, Sensations-Shower, Dampfbad, Jacuzzi und geheiztem Indoor Pool.

Das Martinhal Cascais Family Hotel kombiniert das historische Sintra, die malerischen Strände von Guincho, das prachtvolle Cascais sowie einen Citytrip nach Lissabon. Familien erleben hier ein abwechslungsreiches Urlaubsvergnügen mit viel Luxus und absolut familiengerechten Einrichtungen und Unterkünften. Das sensationelle Kids Clubhouse auf 2 Etagen bietet vom Babyraum bis zur Familien-Bar jeglichen Luxus für die gesamte Familie. Die großzügigen Outdoor-Spielplätze laden die Kinder zum Klettern und Hüpfen ein. Weiters: Fahrradstation, Fitnessraum, 2 Restaurants, 2 Außenpools, 1 Innenpool (davon 2 Pools beheizt) und eine Finisterra Spa.
Aktivitäten wie Golf, Surfen, Tennis, Reiten, Radfahren und Wandern nahegelegen.

Aktuelle Zimmerpreise, weitere Zimmer-Kategorien und Belegungsmöglichkeiten sowie Preise der Aktivitäten entnehmen Sie bitte unserer Webseite.

* Nur gültig, wenn Erwachsene das gleiche Verpflegungsarrangement buchen.

Preise

Aufenthalt p. Erw./Tag ab €	A	B
1) Deluxe Room ab	94	122
2) Deluxe Room mit Etagenbett ab	113	146
3) Deluxe Family Room (Zimmer mit Verbindungstür) ab	183	237
4) Deluxe Suite ab	141	183

* Aufpreis für
Halbpension (Getränke nicht inklusive): Erwachsener € 32,–, Kinder 0–8 J. frei, 9–12 J. € 16,–, 13–16 J. € 32,–
All-inclusiv-Supplement: Erwachsener € 109,–, Kinder 0–2 J. € 15,–, 3–8 J. € 35,–, 9–12 J. € 91,–, 13–16 J. € 109,–

Saison 19/20: **A** 02.11.19 – 27.12.19, 01.01.20 – 31.03.20, **B** 31.08.19 – 01.11.19, 28.12.19 – 31.12.19

Lissabon / Portugal ★★★★★

Martinhal Lisbon Chiado

Hotel Highlights
Baby Concierge Service. Stressfreies Reisen mit Babys und Kleinkindern ist uns eine Herzensangelegenheit. Neben unserem Raposinhos Kids Club und den Babysitting-Möglichkeiten bieten wir Eltern die Möglichkeit, ihre im Urlaub benötigte Baby-Ausstattung bereits im Voraus bei uns zu buchen.

Martinhal Lisbon Chiado – Cityhotel mit Kids Club.
Was bisher unmöglich schien, wird dank Martinhal möglich: eine stressfreie Städtereise mit Kind.

Und welches Ziel, wenn nicht Lissabon, steht derzeit ganz weit oben auf der Liste der Städtereisen?!

World's First City-Centre Elegant Family Hotel ist seit Sommer 2016 geöffnet und unmittelbar im Herzen der Metropole am Tejo gelegen. 37 vollständig ausgestattete 5-Sterne Apartments, vom Studio bis 2 Schlafzimmer geben viel Flexibilität bei der Auswahl der Unterkunft.

Der Kids Club mit verlängerten Öffnungszeiten und integriertem Pyjama-Club ermöglicht Eltern, die Stadt auch am Abend zu entdecken. Babysitting-Service ist ebenso verfügbar.

Frühstück kann wahlweise in der M Bar oder im Apartment eingenommen werden. Besuchen Sie die noch unentdeckteste Hauptstadt Westeuropas mit der gesamten Familie!

Preise

Aufenthalt p. Erw./Tag ab €	A	B
Deluxe Studio, inkl. Frühstück ab	138	88
Superior Deluxe Studio mit Etagenbett, inkl. Frühstück ab	173	110
Deluxe Apartment, 1 Schlafzimmer, inkl. Frühstück ab	207	131
Superior Deluxe Apartment, 1 Schlafzimmer, inkl. Frühstück ab	249	158
Deluxe Apartment, 2 Schlafzimmer, inkl. Frühstück ab	298	189

Aktuelle Zimmerpreise, weitere Zimmer-Kategorien und Belegungsmöglichkeiten sowie Preise der Aktivitäten entnehmen Sie bitte unserer Webseite.

Saison 19/20:
A 01.04.19 – 01.11.19, **B** 02.11.19 – 31.03.20

★★★★ | Platz für 208 Familien | Seehöhe 0 m | Geöffnet: auf Anfrage! | Kroatien

Family Hotel Amarin

www.maistra.hr
Val de Lesso 5, 52210 Rovinj (KRO)
T: 00385 52 800 250, F: 00385 52 800 215, E: info@maistra.hr

Das Familienhotel Amarin befindet sich auf einer grünen Halbinsel, nur wenige Fahrminuten vom Stadtzentrum von Rovinj entfernt.

Strand: Mit seinem gepflegten Kies- und Felsstrand (nur 50 Meter entfernt) ist das Amarin der ideale Ort für einen sorglosen Familienurlaub. Abwechslung ist die Würze des Lebens, und die Strände des Amarin bieten reichlich davon. Liegestühle und Sonnenschirme stehen den Gästen kostenlos zur Verfügung. Am Strand gibt es auch Duschen mit Süßwasser.

Außen- und Innenpools: Für viel Spaß und Begeisterung sorgen die 2 Außenpools, das Kinderbecken mit Rutsche und der Lazy River Pool. Aber auch die Allerkleinsten haben Spaß in ihrem Babypool. Am Relaxpool kann man zwischendurch ein paar ruhigere Minuten verbringen. Für die kühleren Tage gibt es 3 Innenpools, und auch dort gibt es für die Kleinsten einen Babypool und für die etwas Größeren einen Kinderpool mit Wasserrutsche. Es gibt auch einen Pool für Erwachsene und alle Pools sind mit Süßwasser gefüllt.

Wellness und Spa: 1.500 m² großer Wellness- & Spa-Bereich mit verschiedenen Saunen, Kneippbecken, Whirlpools, Fitnessraum und als besonderes Highlight ein Fitnessraum für unsere kleinen Gäste. Massagen und Sonstiges zum Verwöhnen für Eltern und auch für Kinder im Kids Spa.

Kulinarik: In 3 Gastro-Objekten (saisonbedingt) und 1 Pensionsrestaurant verwöhnen wir unsere Gäste mit kulinarischen Spezialitäten. Zu allen Mahlzeiten: ein reichhaltiges Buffet mit speziellen Speisen für unsere kleinen Gäste und einem Baby Corner mit frisch zubereiteten Speisen für die Allerkleinsten.

Kinderspielplätze: Das Hotel ist mit mehreren Spielplätzen für die kleinen Gäste umgeben, wo jede Altersgruppe etwas für sich finden kann. Die Indoor-Spielzimmer sind ebenfalls ein einziges Paradies für Kinder und übertreffen jegliche Vorstellung.

Einzigartiges Kinderprogramm – Amarin Kids Club ist in folgende Altersgruppen verteilt: Baby Club (0 – 3 Jahre) mit verschiedenen lehrreichen Programmen für die Altersgruppe angepasst. Mini Club (4 – 12 Jahre) mit Tag- und Abendprogramm (Zeichentrickfilm, Mini-Disco, Mini-Kabarett, Talent-Show usw.) beinhaltet verschiedene Aktivitäten, kreative und interessante Workshops. Teen Club (13 – 18 Jahre) mit zahlreichen Aktivitäten am Tag und am Abend (Game Room, Beachvolleyball, Basketball, Fußball, Abendparty). Die Programme und Aktivitäten sind den Jahreszeiten angepasst.

Sportaktivitäten für die ganze Familie: Wasser-Aerobic, Zumba, Beachvolleyball, Tischtennis. Sportaktivitäten (saisonbedingt) gegen Gebühr: Tennis, Fahrradverleih, Tretboot, Kajak, Stand Up Paddling.

Baby-Paket: Kostenloser Verleih von Babywagen, Flaschenwärmer, Wasserwärmer, Baby-Monitor, Kinderbett, Töpfchen, Kindersitz für die Toilette, Wickeltisch mit Badewanne, Windeleimer.

Hotel Highlights

- Unterkunftseinheiten mit wunderschöner Aussicht auf das Meer und die Altstadt von Rovinj
- Einzigartiges Kinderprogramm im Amarin Kids Club
- 1.500 m² großes Wellness Center für einen unbeschwerten Urlaub für die ganze Familie
- 7 Innen- und Außenpools für alle Altersgruppen

All inclusive: Frühstück, Mittagessen und Abendessen mit kostenlosen Softdrinks.

Preise bei Mindestbelegung — Sommer
Aufenthalt pro Tag ab €

Classic Room / 2 Erw. ohne Kinder	
Standard Room with extra bed / 2 Erwachsene, 1 Kind	
Premium Room with two extra beds / 2 Erwachsene, 2 Kinder	Preise Online und auf Anfrage!
Premium Family Room / 4 Erwachsene, 3 Kinder	
Amarin Family Room / 4 Erwachsene, 4 Kinder	
Amarin Suite / 2 Erwachsene, 2 Kinder	

Buchungen zum Bestpreis online auf www.kinderhotels.com

★★★★★ | Platz für 149 Familien | Geöffnet: 28.3.20–2.11.20 | Kroatien

Valamar Collection Girandella Maro Suites

www.valamar.com
Ulica Girandella 7, 52221 Rabac (KRO)
T: 00385 52 465 000, E: reservations@valamar.com

Hotel Highlights

- Nur 100 m bis zu den Kiesstränden
- Indoor-Familienpoollandschaft mit beheizten Pools und Planschbereich
- Activity-Outdoorpool
- All-inclusive-Service
- Maro Clubs für Kinder u. Teens-Hangoutbereiche
- Nutzung aller Services des Valamar Collection Girandella Resort
- Abendunterhaltung und Indoorkino

Ein neues Paradies für Kinder und Familien

Valamar Girandella Maro Suites ist Teil des Valamar Collection Girandella Resorts 4*/5* und liegt direkt am beliebtesten Strand des istrischen Orts Rabac, versteckt in einem Pinienwald und in nächster Nähe zu den Kiesstränden.

Das neue Resort ist ein Paradies für Familien mit Kindern. Die 149 Familiensuiten bieten extra viel Platz und Komfort für Groß und Klein und verfügen jeweils über eine Spielekiste sowie eine komplette Babyausstattung – sie sind, wie das gesamte Resort, mit besonderer Sorgfalt für die Kleinen erdacht und gebaut. Damit sie nach aktiven und erlebnisreichen Tagen auch zu süßen Träumen finden, sind die Suiten in maritimem Dekor gestaltet, das gleichermaßen die Fantasie anregt und die Seele beruhigt.

Auch gastronomisch wird an alle Familienmitglieder gedacht. Feste Bestandteile der All-inclusive-Verpflegung sind ein spezielles Kindermenü und ein Extrabuffet für die Kleinen. Während des Mittag- und Abendessens stehen in den Kinderbereichen des Maro Restaurants speziell ausgebildete Animateure bereit. Die Erwachsenen kommen mit dem Dine-around-Service auf ihre Kosten und können anstelle des angebotenen Halbpensionsabendessens auch am Strand oder im Steakhaus, im Beach-Club oder in der Trattoria La Pentola speisen.

Natürlich stehen Spiel und Spaß im Mittelpunkt. Gästen des Maro Resorts stehen mit dem Aqua Maro ein Familien-Indoorpool und ein Outdoorpool sowie ein Spielzimmer und ein Kino zur Verfügung. Außerdem können alle Bereiche und Angebote des Valamar Collection Girandella Resorts mitgenutzt werden. Und um das Resort herum warten endlose Wander- und Fahrradwege und vielfältige Wassersportangebote auf Nutzung. Spaß ist garantiert!

Smiley's smartes Angebot:

Langzeit-Familienangebot
10 % Rabatt für einen längeren Aufenthalt (mehr als 5 Tage). Gültig in der Zeit vom 28.03.20 bis 21.05.20 und ab 19.09.20 bis 02.11.20 in der „Superior Familiensuite mit Balkon" und „Superior Familiensuite mit Balkon und Meerblick"

Preise

Aufenthalt pro Einheit/Tag ab €	A	B	C	D	E	F	G	H
Junior Family Suite mit Balkon (2 + 1 Pers.)	200	249	257	295	333	428	500	570
Superior Family Suite mit Balkon (4 Pers.)	210	262	270	310	350	450	526	600
Superior Family Suite mit Balkon und Meerblick (4 Pers.)	232	274	282	314	368	470	554	626
Superior Family Suite mit Veranda (4 Pers.)	210	262	270	310	350	450	526	600
Premium Family Suite mit Terrasse und Meerblick (4 + 2 Pers.)	341	403	415	462	541	691	814	920

Sommer 20:
A 28.03.20 – 09.04.20, 19.09.20 – 02.11.20
B 10.04.20 – 24.04.20, 03.05.20 – 20.05.20, 12.09.20 – 18.09.20
C 25.04.20 – 02.05.20
D 21.05.20 – 29.05.20
E 30.05.20 – 10.06.20, 05.09.20 – 11.09.20
F 11.06.20 – 26.06.20, 29.08.20 – 04.09.20
G 27.06.20 – 24.07.20, 22.08.20 – 28.08.20
H 25.07.20 – 21.08.20

KLICKEN, STECKEN, **WELT ENTDECKEN**

HABA Kullerbü

Für seine Feuerwehrwache von Kullerbü war Ben von Anfang an Feuer und Flamme. Kein Wunder, denn die Bahnelemente lassen sich schneller ineinanderklicken und -stecken als die Feuerwehr erlaubt – und im Anschluss geht es beim Spielen richtig heiß her.

Erleben Sie die große Vielfalt der HABA Produktwelt auf
www.haba.de/kullerbue

HABA®

★★★★ | Platz für 18 Familien | Seehöhe 1.550 m | Geöffnet: 5.12.19–19.4.20 | Italien/Südtirol

Hotel Maria *exploring family hotel*
Ihr Winter-Skihotel auf 1.550 m – direkt am Skilift

www.hotel-maria.it
Familie Beatrix & Christoph Kofler, I-39050 Obereggen 12
T: +39 0471/615772, E: info@hotel-maria.it

Hotel Highlights
- Lage direkt am Skigebiet auf 1.550 m mit 50 km Pisten & 17 Liften bis auf 2.500 m
- Schneesicher von Anfang Dezember bis Mitte April
- Family-Wellness mit Indoorschwimmbad
- Wellness- & Behandlungsbereich für die Eltern
- Garagenplatz oder Parkplatz inklusive

Das ist perfekt – vom Kinderhotel Maria bis zum Skilift, zur Piste und zur Kinder-Skischule sind es nur ein paar Schritte!
Das Hotel Maria in Obereggen liegt auf schneesicheren 1.550 m. Von hier reicht das Skigebiet (Ski-Center Latemar – Dolomiti Superski) mit 50 km Pisten & 17 Liften bis auf 2.500 m und ermöglicht Skivergnügen, inklusive Nachtskilauf, bei besten Pistenbedingungen von Anfang Dezember bis Mitte April. Übrigens: für Kinder unter 8 Jahren ist der Skipass kostenlos!

Kinder-Skischule ganz nah: Die Skischule für Pistenzwerge (ab 4 Jahren) befindet sich ganz nah beim Hotel und bietet mit dem „Brunoland" ein Übungsgelände, das den Skispaß der Kinder steigert: bequeme Förderbänder, Kinder-Skikarussell, Hüpfburg, Zauberwelle, Riesendrache u. v. m. Als besonderes Hotel-Maria-Service werden die Kinder von der Kinderbetreuerin vom Skikurs abgeholt und zur Betreuung (täglich von 9.30 – 21.00 Uhr) ins Hotel gebracht, während die Eltern die Pisten des Ski-Center Latemar bis zum Ende des Skitags genießen.

Skispaß für Kids & Erwachsene: 50 km vollflächig beschneibare Pisten und 17 super-moderne Skilifte sind sehr gute Argumente für den Skiurlaub im Hotel Maria. Coole Kids sind vom Snowpark (5 Tables, 16 m hoher Mega-Kicker, lässige Woodline u. v. m.) hellauf begeistert.

Winter-Vielfalt: Obereggen bietet eine Natur-Rodelbahn mit Schneegarantie (Beschneiung), die tagsüber und am Abend ein Erlebnis ist. Leih-Rodel gibt es kostenlos im Hotel. Schneeschuhwandern (Verleih im Hotel), Winterwandern, Langlaufen – speziell das Langlauf-Paradies Lavazè Pass, Winter-Nordic-Walking (Verleih im Hotel) und Eislaufen sind die beliebtesten winterlichen Alternativen.

Das perfekte Kinderhotel: Bei so vielen Möglichkeiten, den Winter mitten in den malerischen Dolomiten zu genießen, braucht es zum Urlaubsglück nur noch ein einladendes Hotel. Beatrix und Christoph Kofler im Hotel Maria versprechen nicht mehr und nicht weniger als den perfekten Familienurlaub: die Lage direkt am Skigebiet ist ideal. Die Kulinarik ist vom Frühstück über die Nachmittagsjause bis zum abendlichen Gourmet-Wahlmenü ein wunderbares Zusammenspiel alpiner und italienisch-mediterraner Köstlichkeiten. Wellness gibt es für die ganze Familie (Indoor-Panorama-Schwimmbad mit Massagedüsen, Wärmebänke, Entspannungsliegen u. v. m.) und speziell für Ruhe suchende Eltern (Sole-Aroma-Dampfbad, Biosauna & finnische Sauna, Ruhebereich mit Wasserbetten, Erlebnisduschen, Massage- & Kosmetikabteilung, Fitnessraum).

Smiley's smartes Angebot:
FAMILIEN SKI-OPENING & ADVENT 07.12. – 22.12.2019
Betreuung 6 Tage/Woche für Kinder ab 8 Monaten, 1 Tag Top-Ski zum Testen, Wochenpreis (1 Urlaubstag und 1 Tag Skipass geschenkt!) **ab EUR 654,–** pro Person 7 Nächte mit Vitalpension, 6 Tages-Skipass EUR 183,–.
HAPPY FAMILY SKIING 12.01. – 02.02.2020
Die beste Zeit zum Skifahren lernen! Betreuung 6 Tage/Woche für Kinder ab 8 Monaten, tägl. Programm im Kinderpark „Brunoland". Zum Super-Sonderpreis: Skischule für Pistenzwerge ab 4 Jahren & Leihausrüstung. Wochenpreis (7 Nächte) **ab EUR 1.722,–** für 2 Erwachsene & 1 Kind unter 6 Jahre.

Preise Winter		Saison		
Aufenthalt p. Pers./Tag ab €		A	B	C
Familienzimmer/HP ab		171	135	119
Family Suite Laurin/HP ab		176	140	124
Family Suite Prinzen/HP ab		196	160	145
Kinder 0–2 Jahre/HP		35	35	35
Kinder 3–5 Jahre/HP		48	43	38
Kinder 6–11 Jahre/HP		79	69	56
Kinder 12–14 Jahre/HP		112	98	78

Winter 19/20: **A** 20.12.19 – 05.01.20, 23.02.20 – 01.03.20, **B** 05.01.20 – 12.01.20, 26.01.20 – 02.02.20, 05.04.20 – 12.04.20, **C** 05.12.19 – 20.12.19, 12.01.20 – 26.01.20, 15.03.20 – 19.04.20

Buchungen zum Bestpreis online auf www.kinderhotels.com

★★★★S | Platz für 30 Familien | Seehöhe 600 m | Geöffnet: auf Anfrage! | Italien/Südtirol

Finkennest Panorama Familyhotel & Spa

www.finkennest.it
Schlossweg 16, I-39017 Scena BZ
T: +39 0473/945848, E: info@hotel-fink.com, www.finkennest.it

Hotel Highlights

* Liebevolle Baby-Kinderbetreuung 7 Tage die Woche, ab dem 6. Lebensmonat inklusive
* Gourmetküche
* Beheizter Indoor- und Kinderpool
* Skifahren auf Meran 2000 (Talstation 10 Min. entfernt)
* Kostenloser Shuttle-Dienst zur Talstation

Das Finkennest – The Family Panoramic Resort & Spa

Loslassen. Zurücklehnen und den Ausblick genießen.
Freuen Sie sich auf eine unvergessliche Urlaubszeit mit der ganzen Familie im Finkennest – The Panorama Familyhotel & Spa in Schenna bei Meran. Sie erwartet ein einzigartiger, traumhafter Ausblick auf das Meraner Land und großzügige, stilvolle Suiten, die allesamt baby- und kleinkindergerecht eingerichtet sind.

Für kulinarische Highlights ist gesorgt. Lernen Sie die Vielfalt der Südtiroler Küche und regionalen Produkte kennen, mit Bioprodukten aus dem eigenen angeschlossenen Gemüse- und Obsthof. Für die kleinen Genießer werden Fleisch-, Gemüse- und Obstbreie täglich frisch zubereitet.

Eintauchen und genießen heißt es für Groß und Klein in dem schönsten Infinity-Pool mit angeschlossenem Kleinkinderpool im Meraner Land, welcher von Frühling bis Herbst beheizt ist.

Zu entspannenden Relax-Tagen lädt die großzügig angelegte Liegewiese ein.

Das traumhafte Südtiroler-Bergpanorama erleben können Sie bei geführten Wanderungen sowie bei Mountainbike- und Rennradtouren, die Sie allesamt mit einmaligen Urlaubserinnerungen bereichern.

Freuen Sie sich auf einen wundervollen Urlaub im Finkennest – The Family Panoramic Resort & Spa mit der ganzen Familie, und schenken Sie sich eine wohlverdiente Auszeit vom Alltag!

Angebote Weihnachtsmärkte in Südtirol

Besuchen Sie den Weihnachtsmann im Finkennest.
Ab 6. Dezember nimmt der Weihnachtsmann täglich die Wunschliste Ihrer Kinder entgegen. 2 Tage ¾ Verwöhnpension **ab EUR 450,–** für 2 Erwachsene und 1 Kind bis 6 Jahre. 4-Tagespauschale = 3 Tage bezahlen **ab EUR 714,–**. Bustransfer nach Meran inklusive.

Smiley's smartes Angebot:

Weihnachten & Silvester im Finkennest. Erleben Sie den Flair des Meraner Landes im Winter. Skifahren und Winterwanderungen auf Meran 2000, Schlittschuhlaufen im Ortszentrum, die Weihnachtsmärkte in den Südtiroler Städten und unser umfangreiches Weihnachts- & Silvesterprogamm im Hause mit kulinarischen Highlights, Silversterparty und vielem mehr ...
• Inklusive MeranCard – Gratis Eintritt 80 Südt. Museen und kostenfreie Nutzung aller öffentlichen Verkehrsmittel Südtirols • Inklusive 70 Stunden Kinderbetreuung und 30 Stunden Kleinkinderbetreuung

Preisbeispiel: 7 Tage über Silvester inkl. Silvesterprogramm in einer Panoramasuite Dona Dindia für 2 Erwachsene und 2 Kinder von 3 bis 6 Jahren = **ab EUR 2.668,–** mit ¾ Pension.

Preise Winter

Aufenthalt p. Pers./Tag ab €	A	B	C	D
Juniorsuite – Zwergenkönig ab	103	114	126	133
Panoramasuite – Dona Dindia ab	110	125	138	145
Panoramic Suite Deluxe – Murmeltier ab	116	132	146	152
Family Suite – Dona Kenina ab	118	134	148	154

Saison

Unsere Kinder- und Wochenpreise sowie alle weiteren Angebote erfahren Sie auf Anfrage und auf der Website. Die Preise verstehen sich pro Erwachsenen und Tag inklusive ¾-Genusspension und MeranCard sowie zuzüglich der örtlichen Kurtaxe, die vor Ort zu begleichen ist (ab 14 Jahren), und sind gültig bis auf Widerruf. Alle genannten Preise sind buchbar auf Anfrage, verfügen über ein begrenztes Kontingent und können jederzeit von der Direktion abgeändert werden.

Saisonzeiten auf Anfrage!

Buchungen zum Bestpreis online auf www.kinderhotels.com

★★★★S | Platz für 30 Familien | Seehöhe 1.030 m | Geöffnet: 21.12.19–19.4.20 | Italien/Südtirol

Dolomit Family Resort Garberhof

www.dolomit-familyresort.it

Winterurlaub für höchste Ansprüche

Familie Preindl, Hinteraue 6, I-39030 Rasen/Antholz
T: +39 0474/497004, F: +39 0474/497003, E: garberhof@dolomit-familyresort.it

Hotel Highlights

- Familiär, ländlich, naturverbunden
- Liebevolle Baby-Kinderbetreuung ab dem 6. Lebensmonat – 7 Tage die Woche
- Baby-Kinderpool „Plantschen auf dem Bauernhof"
- Beheizter Indoor- und Outdoor-Swimmingpool
- Tiefgaragenplatz
- Kulinarischer Genuss auf hohem Niveau
- Nähe zum Familienskigebiet Kronplatz
- Kostenloser Abhol- und Rückbringdienst für Skischulkinder
- Kostenloser Skipass für alle Kinder bis 8 Jahre (geb. nach dem 29.11.2011)

Dolomit Family Resort Garberhof ****s

Dieses kleine Refugium für erlebnishungrige Familien mit Babys, Kids und Teens liegt im Naturreich des Antholzer Tals, nahe dem beliebten Skigebiet Kronplatz, inmitten der einzigartigen Bergwelt der Dolomiten. Ein wahrer Wohlfühlort mit exklusivem Wohnkomfort, raffinierter regionaler Gourmetküche, liebevoller Betreuung und viel Natur zum Eintauchen. Familienurlaub – ein Traumurlaub für alle!

Kulinarik all-inclusive:
Genuss auf höchstem Niveau, das ist das Credo unseres Küchenteams. Hochwertige Zutaten gepaart mit Orginalität. Das Augenmerk liegt auf dem Zusammenspiel von Kultur und Tradition der Speisen sowie der Qualität des Handwerks.
All-inclusive begleitet Sie die Küche durch den ganzen Tag. Ganztägig alkoholfreie Getränke vom Pino-Brunnen.

SPA de montagne:
Natürlich und gesund schwitzen. Unsere 3 Saunas geben den Blick frei auf Wiesen und Wälder. Genießen Sie den unvergleichlichen Bergblick, und Sie sind in der Entspannungstraumwelt des Garberhofs angekommen.

Fitness im Garberhof:
Gesund und aktiv. Fitnessstudio mit grandiosem Blick auf die Bergwelt.

Pinoland:
Hier ist Ihr Kind König – und Naturdetektiv, Schatzsucher, Künstler ... Ausgebildete Fachkräfte kümmern sich 7 Tage die Woche um Ihren Nachwuchs ab dem 6. Lebensmonat. Was gibt es Schöneres für Kinder, als nach Herzenslust herumzutoben und mit anderen Kids die Welt zu entdecken? Ein Spielplatz ganz aus Holz, ein Rodelhang – es warten Abenteuer und Erlebnisse auf Ihre Kinder! Baby-, Kinderausstattung von A–Z!

Minifarm:
Unser Bauernhof zieht kleine wie große Kinder magisch an. Auf unserer Minifarm ist immer etwas los! Wer grunzt denn da? Was war denn das für ein Geräusch? Das langgezogene I-AH unseres Esels hat schon viele Kinder zum Lachen gebracht.

Winter:
Am Kronplatz – dem Skiberg Nr. 1 – erleben Sie Ski in Südtirol der Superlative. Diesen Familien-Winterurlaub in den Dolomiten werden kleine und große Skihasen so schnell nicht vergessen! Von unserem Resort sind Sie und Ihre Kinder in wenigen Minuten mit dem Skibus/Skischulshuttle an der Talstation. In Zusammenarbeit mit der Skischule Kron lernen Kinder Skifahren und gewinnen ein Hobby für ihr ganzes Leben. Willkommen im Paradies für Langläufer – ob quer über schneebedeckte Wiesen, auf dem Antholzersee oder im weltbekannten Biathlonzentrum. Es gibt unendlich viele Winter-Erlebnisse, die Klein und Groß verzaubern und zum Lachen bringen.

Smiley's smartes Angebot:

PINO'S SKIZWERGERLWOCHEN vom 05.01.20 bis 02.02.20
7 Tage Familienurlaub in der Natural oder Alps Suite, 6 Tage Gruppen-Skikurs inklusive Ausrüstung (nur bei Buchung übers Hotel). Gratis Skipass für Kinder unter 8 Jahren (geboren nach dem 29.11.2011, bei gleichzeitigem Kauf eines Erwachsenen-Skipasses), 2 x wöchentlich Ski-Guiding für Erwachsene.
Ab EUR 2.464,– für 2 Erwachsene und 1 Kind
Ab EUR 2.849,– für 2 Erwachsene und 2 Kinder

SCHNEEFLOCKENWOCHEN – URLAUB MIT BABY/KLEINKIND BIS 3 JAHRE vom 05.01.20 bis 02.02.20
7 Tage Familienurlaub mit Upgrade in die Natural oder Alps Suite. Tolles Angebot außerhalb der Schulferien inkl. Wellnessgutschein für EUR 100,–, 2 x wöchentlich Ski-Guiding für Erwachsene.
EUR 2.177,– für 2 Erwachsene und 1 Kind
EUR 2.247,– für 2 Erwachsene und 2 Kinder

Preise Winter	Saison			
All-inclusive pro Einheit/2 Erw. und 1 Kind ab €	A	B	C	D
Pino Suite/AI	469	449	368	311
Natural Suite/AI	510	490	409	352
Alps Suite/AI	552	531	451	393

Für jede weitere Person berechnen wir EUR 55,– pro Tag.

Winter 19/20:
A 28.12.19 – 05.01.20, B 21.12.19 – 28.12.19, 09.02.20 – 01.03.20,
C 02.02.20 – 09.02.20, D 05.01.20 – 02.02.20, 01.03.20 – 19.04.20

Buchungen zum Bestpreis online auf www.kinderhotels.com

★★★★ | Platz für 40 Familien | Seehöhe 1.000 m | Geöffnet: 6.12.19-12.4.20 | Steiermark

Kinderhotel Stegerhof

www.stegerhof.at

Fam. Gürtler, Donnersbachwald 46, A-8953 Donnersbach
T: +43 3680/287, E: hotel@stegerhof.at

Hotel Highlights

- Großzügiger Um- und Neubau des Stegerhofs
- 300 m zum Skigebiet
- Bummelzug zum Skigebiet
- Wellnessoase
- Hoteleigene Skischule (Skiarea-Testsieger in Gold für Skischule des Jahres)
- Hallenbad, Kinderhallenbad

Der Geheimtipp für den Familien-Skiurlaub. Das Natur-Erlebnis-Eldorado für Kinder im einzigen Original Kinderhotel der Steiermark: international ausgezeichnete Kinderskischule und 400 m² Wellnessoase für die ganze Familie.

Ankommen & Loslassen. Im Kinderhotel Stegerhof erwartet Familien eine besonders familienfreundliche Atmosphäre mit der Rundum-Wohlfühl-Vollpension. Familien können zwischen den unterschiedlichen Raumkategorien der 3 Stegerhof Häuser wählen und genießen immer die vollständigen Inklusiv-Leistungen. Das Woid* und Oim*-Haus sind beide mit dem 2018 neu errichteten Beag* Haus verbunden, wo das neue Wohnzimmer mit offenem Kamin, eine moderne Bar und unser uriges Bauernstüberl zum gemütlichen Zusammensitzen mit der Familie einladen. Kinder freuen sich über neue Indoor-Bewegungsräume, abwechslungsreiche Spielzimmer und über das einzigartige Natur-Erlebnisprogramm. Für eine wohltuende Zeit im Urlaub ist im Kinderhotel Stegerhof bestens gesorgt.

Warum sich Kinder bei uns so wohlfühlen: Erstklassige Kinderbetreuung mit Mehrwert: Spaß, Erlebnis und Bewegung für Groß und Klein im Wald-Kinder-Club, liebevolle Kleinkinder- und Babybetreuung, erlebnisreiche Ganztags- und Halbtags-Kinderskikurse, Ponyreiten mit Filou und seinen Freunden, Mini-Bauernhof mit Streicheltieren, großzügiges Spielareal im Freien und im Hotel, eigenes Kinderhallenbad, Indoor-Bewegungsräume, Kreativstudio, Kino, Kinder-Yoga und Rodeln.

Ein Ort, wo sich Familien aufgehoben fühlen: Spürbare Herzlichkeit erwartet Familien im Kinderhotel Stegerhof mit Qualität in allen Bereichen. Das persönliche Service und die Gemütlichkeit, welche das Traditionshaus ausstrahlt, zeichnen den einzigartigen Charme unseres familiengeführten Kinderhotels aus. Familien wohnen im komfortablen Ambiente im Einklang mit der Natur und genießen die Rundum-Smiley-Inklusive-Pension mit kulinarischen Highlights für den unbeschwerten Familienurlaub. Bei uns finden Familien Zeit, um wieder bewusst durchzuatmen.

Warum Eltern im Stegerhof eine besondere AusZEIT erleben: Ursprüngliche Winterlandschaft – Donnersbachwald ist ein Erholungsort für Familien, wo Sie weg von den Massen in Freiheit abschalten und entspannen sowie wunderbar aktiv sein können. Ihr Auto können Sie stehen lassen. Das Familienskigebiet Riesneralm ist zu Fuß oder mit unserem kostenlosen Bummelzug erreichbar. Freuen Sie sich auf erlebnisreiche Skitage auf den 30 km bestens präparierten Pisten, über die Sie direkt zum Hotel gelangen. In der 1. österreichischen Kinderskischaukel trainieren qualifizierte SkilehrerInnen im idealen Gelände Groß und Klein. Im Bergdorf Donnersbachwald kann jeder in der Familie den vielfältigsten Aktivitäten nachgehen: Yoga, Schwimmen, Langlaufen, Schneeschuhwandern, Rodeln, Tourenskigehen, Winterspaziergänge oder in der 400 m² großen Wellnessoase im Hotel mit Saunalandschaft, Tepidarium, Dampfbädern und Ruhebereichen die Seele baumeln lassen.

Die Rundum-Smiley-Inklusive-Pension: Weil's gut tut ... Reichhaltiges Frühstücksbuffet, Mittagssnack, Nachmittagsjause und Kuchenbuffet, 6-Gänge-Gourmet-Wahlmenü oder Buffet am Abend mit Salat- und Dessertvariationen, spezielles Kindermenü und Kinderbuffet, ganztägig Saft- und Teebar mit Obstkorb, Kaffeebar, Eiszeit und Auswahl an hochwertigen Babybreien zu allen Mahlzeiten.

Smiley's smartes Angebot:

Spezielle Familienpauschalen zu ausgewählten Zeiten: 7 Nächte zum Preis von 6 + 3 Halbtage Kinderskikurs geschenkt, mit Smiley Inklusive Pension sowie Kinderbetreuung und Aktivprogramm für die Familie, Hallenbad, Kinderhallenbad und Wellnessbereich.
7 Nächte ab EUR 1.326,– für 2 Erwachsene und 1 Kind

Preise Winter

Aufenthalt p. Pers./Tag ab €	A	B
Familienzimmer/SI	114	99
Familienappartement/SI	164	147
Familiensuite/SI	189	159
Kinder 0–0,99 Jahre/SI	26	23
Kinder 1–2,99 Jahre/SI	38	34
Kinder 3–6,99 Jahre/SI	47	44
Kinder 7–11,99 Jahre/SI	63	56
Kinder 12–15,99 Jahre/SI	68	61

Winter 19/20: A 24.12.19 – 06.01.20, 01.02.20 – 29.02.20
B 06.12.19 – 24.12.19, 06.01.20 – 01.02.20, 29.02.20 – 12.04.20

★★★★S | Platz für 69 Familien | Seehöhe 1.160 m | Geöffnet: 06.12.19 – 18.04.20 | Salzburg

Familienresort Ellmauhof – Das Feriengut

Ihr Kinderhotel der Extraklasse direkt an der Skipiste

www.ellmauhof.at
Ellmauweg 35, A-5754 Saalbach
T: +43 6541/6432, F: +43 6541/6432-71, E: info@ellmauhof.at

Hotel Highlights

- Hotel direkt an der Skipiste!
- Zwergenskikurs am Hotel
- Eigener Skiguide
- 1.500 m² Familien-Spa- und Wellnessoase
- Kinderwasserwelt 34° C
- Prof. Reitakademie für Kinder und Erwachsene
- Smiley's Zauberschule
- Fit dank Baby-Kursen
- **NEU ab Winter 2019/20:**
- Neue JOKA Betten und Nespresso Kaffeemaschinen in allen Zimmern
- Panorama-Außensaunen mit traumhaftem Ausblick

Ein Winterparadies für Familien, eingebettet im Skicircus Saalbach-Hinterglemm/Leogang/Fieberbrunn. Vor der Haustür werden die Skier angeschnallt und ab geht's auf die Piste, die direkt neben dem Hotel liegt. Die Zwergen-Skischule und der Rodelhang befinden sich auch auf dem Hotelgelände. In Begleitung eines Erwachsenen bringt der Skischulzug alle Skianfänger zur Skischule und zurück. Für alle Teenager bietet das Hotel eine Chill-Lounge mit Nintendo Wii, sep. Freizeitraum mit Billard, Dart und Airhockey. Schlitten- und Rutschtellerverleih. Komplette Baby- und Kleinkinderausstattung! Täglich Babybetreuung (ab 4 Monaten) von 9.00–21.00 Uhr, Kinderanimation ab 1 Jahr von 8.30–21.00 Uhr sowie coole Teensanimation. Für den Skiverleih gibt es den VIP Shuttle Service mit top Skimaterial, die Skischule buchen Sie im Hotel und Skipässe erhalten Sie an der Rezeption.

Alle Familienzimmer, Appartements & Suiten sind verdunkelbar und mit Baby-Gigasetüberwachung, Sat-TV, Safe, gratis WLAN, Kühlschrank, Mikrowelle und Minibar, Wasserkocher, Timkid Wickeltisch, Nespresso Kaffeemaschine, Schemel, Windeleimer, Quellwasser (zum Selberabfüllen) und Balkon oder Terrasse ausgestattet.

Die Ellmauhof Gourmet-Vollpension: Gemütliche Stuben und Restaurants laden zum Genießen ein. • Reichhaltiges Frühstück vom Buffet • Mittagsbuffet • Kuchen & Jause am Nachmittag • 5-Gang-Abendwahlmenü mit deftigen, österreichischen Schmankerln, bis hin zu leichter, gesunder Küche • Salatbuffet • Pinzgauer Schmankerln • Themenabende • Kinderabendbuffet • Saftbar für Groß und Klein: Kaffee, Tee, Latte Macchiato, Cappuccino etc. • Ganztägiges Babybuffet mit hausgemachten Babybreien, HIPP-Bio-Gläschen, Breien, Keksen, Biskotten und Obst.

1.500 m² Familien-Spa- und Wellnessoase: • Erlebnishallenbad mit Wildwasserkanal, Massagebänke, Riesen-Wasserrutsche, großz. Liegebereiche, 360°-Panorama-Ruheempore • Kinderwasserwelt • Fitness- und Gymnastikstudio + Vitalprogramm • Beauty- und Massageabteilung • Kinderwellness • großzügige Saunalandschaft • Wintergarten • Frischluftraum mit Gang in den Schnee • Relaxstube • Aromawhirlwanne • Fußerlebnisweg.
Der Ellmauhof ist das erste haki®-Familienhotel in Österreich!

Abenteuer Bauernhof! Auf einen Besuch freuen sich die Tiere im beheizten Indoor-Streichelzoo und am Minibauernhof mit Trettraktoren, Anhängern, Almhütte u. Winterspielplatz. In der Reitakademie warten Haflinger und Isländer auf reitbegeisterte Anfänger und Fortgeschrittene jeden Alters. Collins und Theodor, unsere jüngsten Mitbewohner, sind die Stars im Minibauernhof und die Ponys Luggi und Moritz warten schon auf alle Kids – ab geht's zum Reitkarussell!

Spiel und Spaß habt ihr in der Gipsyland-Aktivhalle (150 m²) mit Softplayanlage, Tunnelrutsche, Bobbycars, Netztunnel, Playstationraum und Tischfußball.

Smiley's smartes Angebot:

Familien-Vital-Skiwochen vom 11.01. – 25.01.2020
7 Nächte im Studio „Pinzgau" inkl. aller paradiesischer Wintervorteile, Ellmauhof-Gourmet-Vollpension für Erw. & Kids, Vital- & Gymnastikprogramm mit unserer Wellnesstrainerin, GRATIS Ponyreiten am Karussell, täglich Kinderanimation ab 1 Jahr von 8.30 bis 21.00 Uhr & separate Teensanimation, 10 % Ermäßigung auf alle Massagen, Beautybehandlungen & Wohlfühlbäder. **Ab EUR 2.702,–** für 2 Erwachsene & 1 Kind bis 6 Jahre

Preise Winter

Aufenthalt p. Pers./Tag ab €	A	B	C
Familienzimmer/AI ab	229	189	150
Familienappartement klein/AI ab	245	205	166
Familienappartement groß/AI ab	271	231	192
Kinder 0 Jahre/AI ab	60	47	44
Kinder 1–6 Jahre/AI ab	78	60	44
Kinder 7–12 Jahre/AI ab	97	77	63
Kinder 13–15 Jahre/AI ab	114	91	65

Winter 19/20: **A** 21.12.19 – 05.01.20, 01.02.20 – 07.03.20, **B** 05.01.20 – 01.02.20, 07.03.20 – 21.03.20, 28.03.20 – 18.04.20, **C** 06.12.19 – 21.12.19, 21.03.20 – 28.03.20

Buchungen zum Bestpreis online auf **www.kinderhotels.com**

★★★★ | Platz für 35 Familien | Seehöhe 856 – 2.113 m | Geöffnet: durchgehend | Salzburg

Kesselgrubs Ferienwelt
Freunde★Glück★Geborgenheit★

www.kesselgrub.at

Familie Andrea & Hannes Thurner, Lackengasse 1, A-5541 Altenmarkt-Zauchensee
T: +43 6452/5232, F: +43 6452/523244, E: info@kesselgrub.at

Hotel Highlights
- **NEU! Babywelt** mit 40 Std. Kinderbetreuung für Kinder ab 0,5 Jahren
- 70 Std. Kinderbetreuung für Kinder ab 3 Jahren
- Kleiner, feiner Wellnessbereich
- Schneesichere Pisten im **größten Skivergnügen Österreichs** – nur ca. 2 km entfernt
- Gratis Shuttlebus ins Skigebiet
- Erlebnis-Therme Amadé – gleich um´s Eck!

Lage: Kesselgrubs Ferienwelt**** – das Gartenhotel für Familien & Pferdefans ist ein Kleinod für Tierliebhaber und Naturgenießer und liegt mitten im doppelten Ferien-Paradies Altenmarkt-Zauchensee/Salzburger Land, 69 km von Salzburg und **nur 2 Autostunden von München** entfernt.
Skiwelt: Ski amadé, das **größte Skivergnügen Österreichs** mit 760 Pistenkilometern und 270 Liftanlagen – **schneesicher bis nach Ostern!**
Winterwelt: **Minis★Winter★Spiele★** in Kesselinos Schnee★Erlebnis★Welt★ für zukünftige Schneesportler, Schnupper-Skikurs in **Kesselinos Windel★Wedel★Skiwelt★** für Kinder ab 3 Jahren, Skikarussell, Rodelbahnen, Eislaufplatz, **Pony★Bauern★Hof★** mit Winter-Ponyreiten in **Kesselgrubs Pferdewelt** und vielen Streicheltieren in **Kesselgrubs Streicheltierwelt** mit Tier★Entdeckungs★Plattform★ und Soft★Play★Anlage★
Kesselinos Kinderwelt: **NEU! Babywelt** mit Baby★Geborgenheits★Nest★ & Baby★Wellness★Angebot★, **NEU! Knirpsenwelt** mit separatem Kleinkinderbereich In- und Outdoor, Kinderwelt mit großem Spielraum, Kinderkino, Bastelwerkstatt, Kletterwand, Kinderdisco, Themen★Kinder★Geburtstagsparties★ ...
Kinderbetreuung: KinderbetreuerInnen kümmern sich von Mo. bis So. 40 Std. pro Woche um Kinder von 0,5 bis 2 Jahren und 70 Std. pro Woche um Kinder ab 3 Jahren. **Kesselgrubs Ausschlafzeit** für die Eltern 2 x pro Woche ab 7 Uhr früh.
Babygerechte Ausstattung: Badewanne, Babypflegepaket, Wickelauflage, Windeleimer, WC-Aufsatz, Rückentragen, Buggys, Babyfon-Anlage
Kesselgrubs Familien-Aktivwelt: geführte Rodelpartien, Schneeschuhwandern, Nordic Walking, Skiguiding, Winter-Ponyreiten, Pferde-Schlittenfahrten, Eisstockschießen, Eishockey
Abendprogramm: Bar mit offenem Kamin, Tanzabende mit Live-Musik, Weinverkostungen, Fackelwanderungen, Nachtrodeln, Ladies-Night
Wellnesswelt: Finnische Sauna, Alm★Hütten★Sauna★ im Freien, großer Whirlpool, Infrarotkabine, Dampfbad, Ruheräume, Fitnessraum, Solarium, Kosmetik und Massage, Softpackliege, Kräuterbäder, Kosmetik und Massagen für Kinder, Kesselgrubs Gesundheitswelt. **Erlebnis-**

Therme Amadé mit **Looping- und Trichter-Rutsche** gleich um´s Eck!
All★Inclusive★Schlemmerwelt★: Frühstücks-, Mittags-, Kuchen- und Jausenbuffet, 5-gängige Wahlmenüs oder Themenbuffets im Nichtraucher-Restaurant, ausgewählte **vegane, vegetarische und laktosefreie** Gerichte, Kinder- und Eisbuffet, alkoholfreie Getränke, Kaffeebar, sortenreiche Teewelt, Baby★Schlemmer★Buffet★ mit Babynahrung.
Weitere Informationen finden Sie unter **www.kesselgrub.at** und www.facebook.com/kesselgrub

Smiley's smartes Angebot:
Kesselgrubs 4=3★FamilienSki★Special★ Dez. 2019 – April 2020: 5 Tage / 4 Nächte zum Preis von 3 Nächten für 2 Erw. & 1 Kind bis 12 Jahre, ¾★Verwöhn★Pension★, 2 Familien-Tagesskipässe für das Skigebiet Monte Popolo, 1 Tages-Thermeneintritt, GRATIS Skibus direkt vorm Haus, bis zu 70 Std. Kinderbetreuung pro Woche, Windel★Wedel★Skiwelt★ direkt am Hotelgelände u. v. m. (ausgen. Saison A) **ab EUR 799,–**

Preise Winter			Saison		
Aufenthalt p. Pers./Tag ab €	A	B	C	D	E
Kuschel★ZEIT★, ca. 22 m²/AI	108	117	143	143	164
Zirben★LIEBE/Garten★FREUDE★, ca. 28 m²/AI	114	123	155	155	177
EZ Ausschlaf★ZEIT★, ca. 28 m²/AI	114	123	155	155	177
Suite Familien★GLÜCK★, ca. 45 m²/AI	159	166	185	185	204
Suite Märchen★ZEIT/Kinder★SEGEN★, ca. 55 m²/AI	169	172	199	199	216
Kinder 0–2 Jahre/AI	32	32	32	32	32
Kinder 3–5 Jahre/AI	42	42	42	42	42
Kinder 6–12 Jahre/AI	52	52	52	52	52
Kinder 13–15 Jahre/AI	72	72	72	72	72

Winter 19/20: **A** 30.11.19 – 14.12.19, 14.03.20 – 04.04.20, 18.04.20 – 25.04.20, **B** 06.01.20 – 18.01.20, 04.04.20 – 18.04.20, **C** 14.12.19 – 26.12.19, 18.01. 20 – 01.02.20, 08.02.20 – 15.02.20, 29.02.20 – 14.03.20, **D** 15.02.20 – 22.02.20, **E** 26.12.19 – 31.12.19, 01.01.20 – 06.01.20, 01.02.20 – 08.02.20, 22.02.20 – 29.02.20

Buchungen zum Bestpreis online auf **www.kinderhotels.com**

| ★★★★S | Platz für 70 Familien | Seehöhe 800 m | Geöffnet: durchgehend | Salzburg |

Alpina Family, Spa & Sporthotel

www.alpina-alpendorf.at

Familie Schwarz, Salzburger Land, A-5600 St. Johann/Alpendorf
T: +43 6412/8282, F: +43 6412/8144, E: kinder@alpina-alpendorf.at

Hotel Highlights

- Ski fahren direkt vom und bis zum Hotel
- Skiverleih u. Skischule
- Baby- und Kinderbetreuung ab der 4. Lebenswoche
- NEU: Infinity-Rooftop-Pool, Hallenbad & Kinderpool mit Rutsche
- Tennishalle, Golf-Simulator, Fitness-Studio mit Trainer
- ASIAN beauty & spa mit Massagen und Kosmetik für die ganze Familie

Direkt an der Piste & direkt an der Gondelstation. Das Alpina Family, Spa & Sporthotel im Herzen des Skiverbundes amadé/Snow Space Salzburg ist die ideale Urlaubsadresse für Familien. Genießen Sie uneingeschränktes Skivergnügen auf über 270 Liften, Gondelbahnen und 760 Pistenkilometern. Langläufer lockt die Panorama-Höhenloipe, Rodler kommen auf den beleuchteten Rodelbahnen auf ihre Kosten, und auch für „Hüttenzauber" ist gesorgt! Das einzigartige Freizeitangebot im Haus wird auch Sie überzeugen!

Kid's Wonderland: Das große Kinderparadies mit täglicher Betreuung (mind. 60 Std./Woche) im Haus lässt die Herzen unserer kleinen Lieblinge höher schlagen! Abwechslungsreiches Animations- und Kreativprogramm, Bau- und Puppenecke, Bewegungs- und Aktivraum mit Kletterwand, lustige Gruppenspiele, spannende Kinderolympiaden, gemütliche Kuschelecke mit Decken und Kissen, ganztägig Erfrischungsgetränke u. v. m. Kinderskischule und -verleih im „Alpina-Spezialpreis", Skikurs-Pick-up-Service direkt vom Hotel!

Storchennest: Unseren kleinsten Gästen steht unser Babyraum mit professioneller Betreuung für Babys ab der 4. Lebenswoche täglich zur Verfügung! Und außerdem: Babyküche mit Mikrowelle und Vaporisator (24 Std. geöffnet), Hochstühle, Baby-Schallüberwachung, Babypaket im Zimmer, Kinderwagen, Rückentrage u. v. m.

Wohnkomfort und feine Küche: Genießen Sie einen unvergleichlichen Panoramablick aus unseren geräumigen Familienzimmern und Suiten, alle mit höchstem Komfort ausgestattet. Ob im Panorama-Restaurant, in traditionellem Ambiente oder in der hauseigenen Pizzeria – wir verwöhnen Sie mit österreichischen und internationalen Spezialitäten aus der Vollwertküche. Alpinas Verwöhnpension plus+ beinhaltet ein Schlemmer-Frühstücksbuffet mit HIPP-Baby-Ecke, Lunch- und Nachmittagsbuffet inkl. Kaffee und Kuchen von 12:30 bis 16:30 Uhr, ein 5-Gang-Genießermenü am Abend sowie ganztägig Erfrischungsgetränke vom Saftbrunnen. Wahlweise Smiley-Jause (mittags & abends) im Kid's Wonderland. Diät- & Allergikerkost wird individuell zubereitet.

Indoor-Sport: neues Fitness-Studio mit Cross Training Area und Personal Trainer & Wellness- und Gesundheitsprogrammen (u. a. Kids Active, Wirbelsäulen- und Ganzkörpertraining, Pilates, Schwangerschaftsgymnastik), 2-Platz-Tennishalle und Tennisschnupperstunden, Golf-Simulator, Darts, Billard, Schwimmkurse in FREDS SWIM ACADEMY. Meerjungfrauenschwimmen.

Beauty & Vital: Erholung pur finden Sie in unserem Lagunenhallenbad, im beheizten Infinity-Außenpool, in den separaten Baby- und Kinderbecken mit Nemo-Rutsche, in der Familiendampfgrotte oder im Vitalgarten mit Kräuter-, Stuben- und finnischer Sauna, Dampf- und Solebädern, Infrarotkabine und einer großzügigen Panorama-Relaxzone. Im einzigartigen ASIAN beauty & spa lässt sich die ganze Familie verwöhnen: exklusive Gesichts- und Körperbehandlungen, klassische und fernöstliche Massagen, asiatische Spa-Rituale, Herren- und Partnerprogramme und spezielle BeautyTreatments für Kinder bis 15 Jahre.

Freizeithits im Alpina: 3-Täler-Skiguiding (Alpendorf, Wagrain, Flachau), Rodelabende mit Hüttenzauber, Après-Ski-Partys in der „Eule", geführte Skitouren, Schneeschuhwanderungen und jede Menge Sport, Spaß und Winteraction! Je nach Wetterlage gratis Golf in St. Johann bis Mitte Dezember.

Smiley's smartes Angebot:

Advent im Alpina – 4 ÜN inkl. Verwöhnpension plus+ ab EUR 484,–/Pers.
Genießen Sie die romantische Vorweihnachtszeit und Winterspaß: Wohnkomfort und kulinarische Vielfalt auf höchstem Niveau, Alpinas Inklusivleistungen, Baby- u. Kinderbetreuung ab der 4. Lebenswoche, Ausflug zum St. Johanner Licht-Advent, Glühwein & Maroni am offenen Kamin und besinnliches Adventprogramm im Hotel.

Preise Winter

Aufenthalt p. Pers./Tag ab €	Saison A	B	C
Familienzimmer/Verwöhnpension	209	181	150
Familienappartement klein/Verwöhnpension	252	220	188
Familienappartement groß/Verwöhnpension	258	227	195
Kinder 0–5 Jahre/Verwöhnpension	-70%	-70%	-70%
Kinder 6–11 Jahre/Verwöhnpension	-50%	-50%	-50%
Kinder 12–15 Jahre/Verwöhnpension	-30%	-30%	-30%

Winter 19/20: **A** 01.02.20 – 21.02.20, **B** 05.01.20 – 31.01.20, 01.03.20 – 21.03.20, **C** 30.11.19 – 25.12.19, 22.03.20 – 13.04.20, Silvester 26.12.19 – 05.01.20, Fasching 22.02.20 – 29.02.20

Buchungen zum Bestpreis online auf www.kinderhotels.com

★★★★ | Platz für 55 Familien | Seehöhe 1.600 m | Geöffnet: 20.12.19–18.4.20 | Tirol

Alpenresidenz Ballunspitze
Einzigartig. Erlebnisreich. Entspannend.

www.ballunspitze.com
Familie Walter, Hauptstraße 20, A-6563 Galtür
T: +43 5443/8214, F: +43 5443/8214 44, E: office@ballunspitze.com

Hotel Highlights
- Tiroler Gourmetküche
- Täglich Kinderbetreuung von 08:30 bis 22:00 Uhr
- Täglich Babybetreuung von 08:30 bis 20:00 Uhr
- Kino, Theater, Kindershows
- Atelier für kleine Künstler
- Indoorpark mit Kartbahn
- Hoteleigener Kinderbus zur Skischule
- Schneesicheres Skigebiet
- Indoor & Infinity Outdoorpool
- Wasserwelt für Kinder
- Siggis Kinderskischule

****Sterne mitten im Herzen von Galtür
In Galtür/Ischgl, wo sich die ganze Familie wohl fühlt, da machen Ferien richtig Spaß.

Kulinarik und All-inclusive-Verwöhnpension:
20 m langes Frühstücksbuffet inkl. Bioecke, Mittagslunch und Nachmittagsjause mit „Speck- und Kasbrettl".
Am Abend können Sie den Tag mit einem 5-Gang-Menü ausklingen lassen.
Auf Allergiker nehmen wir spezielle Rücksicht.
Für unsere Kleinen haben wir ein Kinderbuffet. Auf Wunsch haben wir täglich betreutes Mittag-, Nachmittags- und Abendessen in den Kinderclubs. Alkoholfreie Getränke vom Limobrunnen 24 Stunden lang.

Wellness & SPA „Jungborn":
Unsere Bäderlandschaft „Jungborn" auf über 800m² verfügt über finnische Sauna, Tiroler Dampfbad, Heukraxenbad, Kältegrotte, Ruheräume, Tee- und Vitalecke, Panorama Hallenbad, **SKY Infinity Outdoorpool**, Whirlpool, Fitnessraum, Massagen- und Beautycenter, Kinderwellness.
NEU: Wasserwelt „plitsch platsch" mit Wasserrutschen und Baby-Planschbereich

Baby- und Kinderbetreuung:
Babybetreuung ab der 1. Lebenswoche bis 2 Jahre im Mini Club mit tollem Wochenprogramm sowie kostenlos Kinderwagen, Babybettchen, Wasserkocher, Tragen, Babybettchen und vieles mehr zum Ausleihen.
Hipp-Gläschen und Baby-Breie können den ganzen Tag kostenlos bestellt werden.
Das Bärenland und der Youth Club mit Indoor-Kletterwand, Kino, Theater, Soft Play Anlage, Puppen-, Lego- und Bastelecke haben für jedes Alter etwas dabei – mit actionreiches Wochenprogramm von früh bis spät.
NEU: Indoorpark mit Kartbahn und vielem mehr.

Winter-Highlights:
Gratis Skibus nach Ischgl und Galtür bis 2.900 m Skipistenspaß, hoteleigener Kinderskibus zum Kinderskikurs mit Betreuung, Verleih von Skiausrüstung gegenüber vom Hotel im Sportgeschäft, Siggis Bambini & Kinderskischule schon ab 3 Jahren und vieles mehr.

Smiley's smartes Angebot:
Urlaubsgeschenk 3+1 Gratis: Buchen Sie 3 Nächte und Smiley schenkt Ihnen eine 4. Nacht dazu. 4 Nächte wohnen im Doppelzimmer „Zirbe" inklusive der All-inklusive Verwöhnpension zum Pauschalpreis
ab EUR 921,– für 2 Erwachsene und 1 Baby in der Nebensaison.

Preise Winter

Aufenthalt p. Pers./Tag ab €	A	B
Doppelzimmer „Zirbe"/AI	139	149
Familienappartement „Standard"/AI	165	175
Familienappartement „Zirbe"/AI	185	195
Kinder 0–2 Jahre/SI	29	29
Kinder 3–6 Jahre/SI	39	39
Kinder 7–9 Jahre/SI	49	49
Kinder 10–12 Jahre/SI	59	59
Kinder 13–16 Jahre/SI	69	69

Winter 19/20: A 04.01.20 – 25.01.20, 01.03.20 – 04.04.20
B 20.12.19 – 04.01.20, 25.01.20 – 01.03.20, 04.04.20 – 18.04.20

★★★★S | Platz für 61 Familien | Seehöhe 1.436 m | Geöffnet: 13.12.19–19.4.20 | Tirol

Baby- & Kinderhotel Laurentius

www.laurentius.at

Familie Neururer, Leiteweg 26, A-6533 Fiss
T: +43 5476/6714, F: +43 5476/6714 67, E: info@laurentius.at

Hotel Highlights

- inkl. Laurentius-Verwöhnpension
- Kinderbetreuung für alle Kids ab dem 6. Lebenstag inkl.
- direkt an der Skipiste
- eigene neue Wellnessoase nur für Erwachsene
- Familienschwimmbad mit 3fach Racer-Rutsche (50 m)

Unter unserem Motto „Bei uns sind ALLE glücklich" laden wir Sie ein, unsere **Laurentius-Ferien-Erlebniswelt** für die ganze Familie kennenzulernen. Unser Baby- und Kinderhotel Laurentius liegt auf dem wunderschönen Sonnenplateau der Ferienregion Serfaus-Fiss-Ladis direkt an der Piste des Skigebiets.

In der Laurentius-Erlebniswelt erwarten Sie: Ein **einzigartiges Familienhallenbad** mit **Dreifach-Racer-Rutsche** und vielen tollen Spielmöglichkeiten • Ein **ganzjährig beheizter Außen-Panoramapool** mit traumhaftem Blick auf die umliegende Bergwelt • **Neue Wohlfühloase im umgebauten Mondhaus mit Infinity Skypool, Panoramasauna, Dampfbad sowie Ruhe- und Erholungsraum** • 1.000 m² **STAR.Club** mit eigenem Babyclub, einem riesigen Bereich für die Kinder ab 3 Jahren und einer direkt an den Kinderclub angeschlossenen Terrasse • Ein **eigener Bereich** für unsere **Teenager** • Ein **unbetreuter Kinderraum**, der 24 Stunden am Tag benützt werden kann, mit **Softplayanlage u. v. m.** • Eine **Beauty- und Massageabteilung** • Ein **Fitnessraum und Bewegungsraum** • Großzügiger **Skiraum** mit **absperrbaren Schränken** • Für jedes Zimmer ein **eigener kostenloser Tiefgaragenparkplatz**

Inklusive unserer Laurentius Verwöhnpension!

- Am Morgen erwartet Sie ein reichhaltiges Frühstücksbuffet
- Mittagssnack-Buffet • Nachmittags verwöhnen wir Sie mit einer deftigen Skifahrerjause und leckeren Kuchen • Am Abend genießen Sie unser 5-gängiges Wahlmenü mit Salatbuffet und Käsebrett • Verschiedene Themenabende • Kinderbuffet ab 18.00 Uhr – mit allem, was Kindern schmeckt • Kinder-Saftbrunnen am Buffet • Betreutes Kinderessen um 12.00 Uhr und 18.00 Uhr • Kostenlose Kinder- und Babybetreuung im STAR.Club für alle Kinder von Geburt an von Montag bis Sonntag von 8.30 bis 21.00 Uhr • Kostenlose Benützung unserer Wasserwelten für Groß und Klein

Ihr Wintervorteil: Sie wohnen direkt an den Pisten der Top-Familien-Skiregion Serfaus-Fiss-Ladis.

Smiley's smartes Angebot:

Baby.Star.Paket:
vom 13.12.19 bis 21.12.19 sowie 11.01.20 bis 25.01.20 **ab EUR 3.215,–**.
7 Übernachtungen für 2 Erwachsene + 1 Kind bis 5 Jahre

Preise Winter		Saison	
Aufenthalt p. Pers./Tag ab €	A	B	C
Sternensuite, ca. 45 m²	273	249	212
Laurentius Suite, ca. 50 m²	280	255	218
Kinder 0–5 Jahre	60	60	60
Kinder 6–11 Jahre	75	75	75
Kinder 12–15 Jahre	95	95	95

Winter 19/20:
A 21.12.19 – 04.01.20, 15.02.20 – 29.02.20
B 04.01.20 – 11.01.20, 25.01.20 – 15.02.20, 29.02.20 – 13.03.20
C 13.12.19 – 21.12.19, 11.01.20 – 25.01.20, 13.03.20 – 19.04.20

Buchungen zum Bestpreis online auf www.kinderhotels.com

★★★★ | Platz für 33 Familien | Seehöhe 1.200 m | Geöffnet: 14.12.19–18.4.20 | Tirol

Kinderhotel Laderhof
Die beste Wahl für Ihren Winterurlaub

😊😊😊😊

www.laderhof.at
Fam. Ebner, Greit 1, A-6532 Serfaus-Fiss-Ladis
T: +43 5472/6996, F: +43 5472/6996-6, E: info@laderhof.at

Hotel Highlights
- Bambini-Skikurse direkt beim Hotel
- Babybetreuung
- Bestes Skigebiet für Familien
- 80 % beschneite Pisten & Schneesicherheit bis auf 2.800 m

Das 4-Smiley-Hotel in Tirols Hochgenuss „Serfaus-Fiss-Ladis", zentral, aber ruhig gelegen, genau, was Sie für Ihren Familienurlaub suchen! Das Kinderhotel Laderhof bietet alles, was Kinderaugen zum Strahlen bringt. Die kleinen Gäste sind bei uns die Größten!

Skidimension „Serfaus-Fiss-Ladis": Im Januar 2012 wurde unser Skigebiet mit 19 Auszeichnungen erneut zum weltweit besten Skigebiet gekürt und als Familienskigebiet des Jahres ausgezeichnet. Auch unsere 2 Skischulen zählen seit Jahren zu den Top-Skischulen Österreichs und sind die 2 bestgekürten Skischulen für Kinder. Überzeugen auch Sie sich von unserem einzigartigen und fantastischen Gebiet. Auf 205 Pistenkilometer, 132 Loipenkilometer, 10 km Rodelbahnen und 70 Anlagen ist für jeden Wintersportler was dabei. 156 km beschneite Pisten und Schneesicherheit bis auf 2.800 m garantieren auch noch Pistengaudi bis ins Frühjahr. In Bertas und Murmlis Kinderland (ca. 35.000 m²) lernen die Kids spielerisch mit viel Freude das Ski- bzw. Snowboardfahren.

Ladi Welt: Hotelanlage – Sie reisen an und lassen Ihr Auto stehen, denn wir sind direkt im Skigebiet.

Ladi Suiten und Zimmer von 24 m² bis zu den großen Appartements, ca. 80 m², mit familiengerechter Ausstattung für max. 33 Familien laden zum Verweilen ein!

Ladi Spielwelt: Auf über 400 m² spielen Ihre Lieben. Kindergarten mit Babyecke, Softplayanlage, Theater/Kino/Shows, Fun-Room mit unzähligen Spielgeräten.

Ladi Rundumbetreuung: Bei uns können Sie ohne Stress u. Zeitdruck entspannt die 205 km Pisten erkunden, während Ihre Kleinsten bei uns von unseren 4 dipl. Kinderbetr./Animateuren liebevoll betreut werden: 0–2 J.: 9–16 Uhr, ab 2 J.: 9–20 Uhr, 6 x/Woche.

Ladi Windel-Wedel-Schule: auf 1.000 m² Förderband und Spielattraktionen: Ideal für Kleinkinder, die das Skifahren direkt beim Hotel spielerisch erlernen.

Ladi Wasserwelt: Hallenbad mit Schwimmschleuse zum beheizten Außenbecken und für die kleinen Gäste ein tolles Innenplanschbecken.

Ladi Wellnessanlage 350 m²: versch. Saunen, Dampfbad, Infrarotkabine, Relaxing-Room, Fitnessraum, Kosmetik-, Sonnen- und Massagestudio.
Nutzen Sie unsere Infrastruktur, Ihre Kinder werden ja bei uns optimal betreut.

Smiley's smartes Angebot:
Adventpauschale: 14.12.19 bis 21.12.19: 7 Tage buchen – 6 Tage zahlen
Wochenpreis ab EUR 720,–, alle Kinder EUR 300,–
Super Spar Pauschale: 11.01.20 bis 25.01.20 und 14.03.20 bis 04.04.20 ab EUR 840,–, alle Kinder EUR 350,–. Buchbar mit oder ohne Skipass.
Baby & Kinderbetreuung von Sonntag bis Freitag ab 08.30 Uhr bis 20.00 Uhr

Preise Winter — Saison

Aufenthalt p. Pers./Tag ab €	A	B	C	D
Familienzimmer/SI ab	163	137	130	120
Familienappartement klein/SI ab	198	167	148	135
Familienappartement groß/SI ab	238	192	173	155
Kinder 0–6 Monate/SI (ohne Betreuung)	17	17	17	17
Kinder 6 Mon.–6 Jahre/SI	52	52	52	52
Kinder 7–11 Jahre/SI	57	55	57	47
Kinder 12–15 Jahre/SI	64	64	64	64

Winter 19/20: **A** 28.12.19 – 04.01.20, 08.02.20 – 29.02.20 , **B** 21.12.19 – 28.12.19, 25.01.20 – 08.02.20, 29.02.20 – 07.03.20, 04.04.20 – 11.04.20, **C** 04.01.20 – 11.01.20, 07.03.20 – 14.03.20, 11.04.20 – 18.04.20, **D** 14.12.19 – 21.12.19, 11.01.20 – 25.01.20, 14.03.20 – 04.04.20

Buchungen zum Bestpreis online auf www.kinderhotels.com

★★★★ | Platz für 38 Familien | Seehöhe 900 m | Geöffnet: 21.12.19–25.4.20 | Tirol

Pitzis Kinderhotel

www.pitzis-kinderhotel.at
Familie Florian Neurauter, Wald Kugelgasse 15, A-6471 Arzl im Pitztal
T: +43 5412/64131, E: info@pitzis-kinderhotel.at

Hotel Highlights

- Hallenbad mit Babybecken
- Kinderbauernhof
- Bambiniskiland beim Hotel
- Wellnessanlage
- Alles-inklusive
- kostenloser Skibus zum Skigebiet Hochzeiger
- Massage und Beauty

Pitzis Kinderhotel Pitztal. Wo der Urlaub zum Lottosechser wird. Ohne Kinder keine Buchung. Clubhotel für 38 Familien mit ULTRA-ALL-INKLUSIVE und Skigebieten von 900–3.400 m.

ULTRA-ALL-INKLUSIVE: Essen und Trinken nach Herzenslust. Alkoholfreie warme und kalte Getränke und alkoholische Getränke wie Bier und Hauswein rund um die Uhr. Frühstücks- und Mittagsbuffet, Lunchpaket zum Selbermachen, Nachmittagsjause und Kuchenbuffet, Abendessen mit Wahlmenüs oder Themenbuffet, Allergikerkost, Eiscreme, HIPP-Babyspeisekarte, frisch zubereitete Breie, Babyküche 24 Stunden geöffnet. Keine Nebenkosten. Kostenloser Skibus, Haltestelle direkt beim Hotel sowie kostenlos beheizte Skidepots beim Skigebiet Hochzeiger.

7 Tage Kinder- und Babybetreuung in Altersgruppen eingeteilt, ab 0 Jahren. Pädagogisch ausgebildete KinderbetreuerInnen. 20.000 m² abgesichertes Pitzis Tier- und Spielparadies – größter Kinderspielplatz seiner Art in Tirol. Pitzis Kinderbauernhof mit 90 Tieren. Pitziclub mit 230 m². Kinderspielzimmer mit Babyspielbereich – im Haus! Kinderdisco und Animationsprogramm sorgen für Begeisterung bei Groß und Klein. FREDS SWIM ACADEMY für Babys und Kinder, Ponyreiten, Pitzis Bambiniland direkt beim Hotel u. v. m.

Wellnessoase mit Massage- und Kosmetikangebot sowie Körperbehandlungen. Hallenbad mit Babybecken, verschiedene Saunen, Dampfbad, Solarium, Infrarotkabine, Ruheraum, Fitnessraum u. v. m.

Ihr perfekter Winterurlaub für Skifahrer- und Nichtskifahrer: kostenloser Skibus zum Skigebiet Hochzeiger (2.500 m). Bushaltestelle direkt beim Hotel. Kostenlos beheizte Skidepots bei der Talstation Hochzeiger stehen unseren Gästen zur Verfügung. Bambini-Skikurs in unserem Pitzis-Bambiniland direkt beim Hotel mit Zauberteppich, Skikarussell, Abschlussrennen und eigener Schneekanone. Die Kinder erlernen spielerisch mit unseren SkilehrerInnen das Skifahren. Skiverleih im Hotel (für Pitzis Bambiniland beim Hotel) und im Skigebiet Hochzeiger. Rodelbahn direkt beim Hotel und im Familienskigebiet Hochzeiger mit 6 km Länge, und die Rodel bekommen Sie kostenlos von uns.

Genießen Sie Ihren Winterurlaub auch abseits der Piste bei einer Schneeschuhwanderung, einer Loipentour oder einer romantischen Kutschenfahrt, und am Abend lassen wir den Tag bei einer Fackelwanderung mit Glühwein an unserer Panoramabar ausklingen.

Entspannen Sie in unserem hoteleigenen Wellnessbereich, den wir auf Wunsch gerne bis 23:00 Uhr für Sie geöffnet lassen.

Wir freuen uns, auch Oma und Opa in unserem Kinderhotel begrüßen zu dürfen und garantieren besten Service für Groß und Klein.

Smiley's smartes Angebot:
ULTRA-ALL-INKLUSIVE für 2 Erwachsene und 1 Kind ab EUR 1.975,–
für eine Woche im Familienzimmer inklusive täglicher Kinderbetreuung von 08:30 bis 20:00 Uhr, 5 x Anfänger Skikurs im Pitzis Bambiniskiland mit Rodelbahn, kostenloses Ponyreiten und Kinderbauernhof sowie Hallenbad mit Wellnessanlage.

Preise Winter

Aufenthalt p. Pers./Tag ab €	A	B	C
Familienzimmer/AI ab	113	128	204
Familienappartement/AI ab	128	145	214
Pitzisuite/AI ab	145	166	221
Kinder 0–4 Jahre/AI ab	33	35	42
Kinder 5–9 Jahre/AI ab	42	48	54
Kinder 10–15 Jahre/AI ab	49	55	64

Winter 19/20: A 05.01.20 – 01.02.20, 29.02.20 – 04.04.20
B 01.02.20 – 29.02.20, 04.04.20 – 25.04.20, C 21.12.19 – 05.01.20

Buchungen zum Bestpreis online auf www.kinderhotels.com

★★★★ | Platz für 35 Familien | Seehöhe 700 m | Geöffnet: 21.12.19-19.4.20 | Kärnten

Kinderhotel Ramsi – Naturerlebniswelt mit eigener Skischule

Herzlich willkommen bei Ramsi und in Kärntens größtem Skigebiet – dem Nassfeld!

www.ramsi.at
Fam. Ramsbacher, Kameritsch 8, A-9620 Hermagor-Nassfeld
T: +43 4285/284, F: +43 4285/284 9, E: info@ramsi.at

Hotel Highlights
- Ramsi-Team mit Herz und Begeisterung
- 3.000 m² große und beschneite **Skischule** direkt beim Hotelgelände
- Skifahren am **Nassfeld**, einem der Top10-Skigebiete Österreichs, mehrfach ausgezeichnet und besonders beliebt bei Familien!
- Indoor-Panoramapool und Kinderhallenbad, 4 Saunen, Ruhe- und Fitnessbereich
- Top-Kinder- und Teenie-Betreuung an 6 Tagen ab 6 Monaten
- Ramsi All-inclusive-Paket: vom Schlemmerfrühstück bis zum fünfgängigen Abendmenü, Bier und Wein inklusive
- Après-Ski und Cocktails in der Ramsi-Bar

Unser mehrfach ausgezeichnetes Kinderhotel Ramsi liegt auf einem riesigen und exklusiv gelegenen **100.000 m² Plateau** an der sonnen- und schneeverwöhnten Alpensüdseite. Wir bieten All-inclusive-Urlaub mit bester Kinderbetreuung, insbesondere mit unserer hoteleigenen Skischule für die Kleinsten und mit der kompletten Skischulabwicklung für die Großen.
Winterurlaubsspaß für die ganze Familie ist garantiert!

Skischule für Pistenflöhe: Skifahren ERLERNEN (ab 2,5 J.) direkt vor dem Hotel auf der 3.000 m² großen und beschneiten Skipiste mit 2 Zauberteppichen und unseren liebevollen SkilehrerInnen.

Skischule für Pistenflitzer: Skifahren PERFEKTIONIEREN vom Hotel ins Skigebiet Nassfeld und zurück! Organisation, Transfer, Essen, Betreuung, Skiausrüstung, garantierte Kleingruppen, RAMSI hat für alles bestens gesorgt!

Schnee garantiert in Kärntens größtem Skigebiet, dem **Nassfeld** – einem der Top10-Skigebiete Österreichs – mit über **110 Pistenkilometern** und **30 Liften**. Bequem erreichbar in 5 Minuten mit dem stündlichen Shuttle.

Juchhuuuu! Auf 800 m² Indoor-Spielewelt plus großer **Sporthalle** plus eigenem **Kino- und Showroom**. Das **Abenteuer** beginnt: Auf geht´s zur Rodelgaudi, zu Fußball- und Landhockey-Spielen, zum Tanzen in der Disco und der Show, zum Trommeln, zum Reiten und Streicheln **unserer lieben Tiere**.

Alles inklusive! Köstliche, beliebte Speisen aus der österreichischen und internationalen Küche. Besonderes Augenmerk liegt auf den regionalen Produkten. Biolebensmittel und Hausgemachtes, Kräutergarten, Kuchen, Eiszeit, Nachmittagssnack, Hipp-Babynahrung, 5-Gang-Abendmenü mit täglich Fleisch, Fisch und Vitalspeisen, Limo- und Saftbrunnen, Kaffee- und Teespezialitäten,

Bier und Wein zum Abendessen, Weinverkostung, Biere, Cocktails und Gin-Variationen.

Erholung garantiert! Alle Suiten und Familienzimmer finden den goldenen Mittelweg zwischen den Kinderbedürfnissen und dem Wohnkomfort für Erwachsene. Gratis-WLAN, 2 Hotellifte, Familiensauna, Dampfbad, Sanarium, finnische Sauna mit Blick auf die Bergwelt, Ruhebereiche, Relax-Hängekörbe u. v. m. **Wellness!** Wohlfühloase für die Gesundheit und Schönheit

Daheim in der Natur-Erlebniswelt, bei Ramsi, Eurem Held, der was auf die Beine stellt! – 8 Mal mit dem HolidayCheck-Award ausgezeichnet!

Smiley's smartes Angebot:
Ramsi-Winterzauber: 04.01.20 – 01.02.20, 07.03.20 – 04.04.20
- "7 Tage buchen – 6 Tage Ramsi-AI-Paket bezahlen"
- Gratis Skiausrüstung (Ski, Schuhe, Helm) für die Skischul-Kinder
- Gratis Skidepot direkt im Skigebiet Nassfeld

Ab EUR 1.310,– im Familienzimmer und **ab EUR 1.640,–** im Familienappartement (jeweils für 2 Erwachsene und 1 Kind)

Preise Winter		Saison		
Aufenthalt p. Pers./Tag ab €		A	B	C
Familienzimmer/AI ab		154	118	79
Familienappartement klein/AI ab		186	144	106
Familienappartement groß/AI ab		203	161	112
Kinder 0-2 Jahre/AI		48	48	48
Kinder 3-6 Jahre/AI		60	60	60
Kinder 7-15 Jahre/AI		69	69	69

Winter 19/20: A 28.12.19 – 04.01.20, 01.02.20 – 08.02.20, 22.02.20 – 29.02.20
B 21.12.19 – 28.12.19, 15.02.20 – 22.02.20
C 04.01.20 – 01.02.20, 29.02.20 – 19.04.20

★★★★S | Platz für 46 Familien | Seehöhe 750 m | Geöffnet: 20.12.19–15.3.20, 3.4.20–13.4.20 | Kärnten

Brennseehof
1. Kinder-Sport-Hotel Österreichs

www.brennseehof.com
Fam. Palle, Seestraße 19, A-9544 Feld am See
T: +43 4246/2495, F: +43 4246/249585, E: hotel@brennseehof.com

Hotel Highlights
- Kinder-Ballspielhalle (100 m²)
- 2-stöckiger Kinderbetreuungsraum
- Natursauna mit Whirlpool am See
- Eislaufen am See
- SEEWELLNESS mit 5 beheizten Pools (bis 32° C) und Saunaaufgüssen
- Kinderspielhaus
- Kinderskiwiese beim Hotel

Das Kinder-Sporthotel Brennseehof bietet eine ideale Kombination aus sportlichem Familienurlaub mit guter Portion Wellness und Kulinarik direkt am See. **Durch die enge Zusammenarbeit mit der Ski- und Sportschule Krainer können bis zu 10 Sportarten nicht nur ausgeübt, sondern auch professionell erlernt werden.**
Die herrlich ruhige Lage am zugefrorenen See ist mehr als nur ein Geheimtipp für entspannten Winterurlaub mit der Familie. Es erwarten Sie helle, freundliche und vor allem großzügige Familienzimmer mit herrlichem Blick auf den Brennsee und die umliegende Bergwelt. Dieser Panoramablick erwartet Sie auch in unserem Wintergarten, auf der Dachterrasse oder im unterteilten Speisebereich, gefolgt von romantischem Kaminfeuer in unserer Zirbenstube, um den Tag entspannt ausklingen zu lassen. Oder darf es ein Spaziergang mit Fackeln durch den verschlafenen Ort sein? Man könnte auch aktiv noch eine Runde Eisstockschießen spielen und danach bei einem Heißgetränk rund um den Feuerkorb den Feld am See'er Sternenhimmel zu betrachten ... Möglichkeiten für den maßgeschneiderten Urlaub gibt es also viele!
Für die Kids: mind. 60h Betreuung mit Programm, 2-stöckiger Kinderbetreuungsbereich, Ballspielhalle (100 m²), Kinderspielhaus mit Riesenrutsche, Indoor-Minigolf-Anlage, neuer Außenspielplatz, Billard und andere Spielgeräte sowie viele Rodel- und Schneespaßmöglichkeiten im Freien.
Wellness für Groß und Klein: Im Familien-Wellnessbereich warten ein Hallen-Erlebnisbad (36° C) mit Wasserfall, ein Kinder-Hallenbad (34° C) mit Spritzfiguren und diverse Saunen für Groß und Klein. Unser Seewellness-Bereich direkt am See erwartet Sie mit Wintergarten-Schleusenbad und Bademantelgang zum Hotel, großzügiger Entspannungsfläche, Kaminecke, Cafeteria, diversen Natursaunen mit Seeblick und Aufgüssen inkl. Tauchbecken, Panorama-Whirlpool (36° C) und lichtdurchflutetem Fitnessraum mit modernen Technogym-Geräten. Darüber hinaus bietet der Brennseehof ein Wellness-Center mit 5 Behandlungsräumen für Massage und Kosmetik, ohne dabei auf Kids- und Teen-Wellness zu vergessen.
Neu ab Winter 19/20: Winter-Ponyreiten mit Lotti und Winnetou, unseren beiden Shetland Ponys!

Smiley-Kleinkinder-Skiparadies. Im Smiley-Zwergerl-Skikindergarten beim Haus lernen die Kinder in Ruhe und ohne Hektik 2 Stunden am Vormittag die ersten Schritte auf Skiern. Neues Zauberteppich-Förderband, Torbögen zum Üben, lustige Smiley-Skifiguren, Schneekanone u. v. m.
5 Tage à 2 Std. zum Sensationspreis von EUR 100,– pro Kind (Probetag EUR 20,–). Fortgeschrittene werden mit dem Kinder-Skibus nach Bad Kleinkirchheim zur Kinder-Skischule Krainer gebracht (4–6 Tage à 3 Std. EUR 205,–), Skiausrüstung für Kinder kann günstig und direkt im Hotel gemietet werden.

Smiley's smartes Angebot:
Brennseehof Weihnachtstage (20.12. – 27.12.19) 5 oder 6 ÜN mit abwechslungsreichem Weihnachtsprogramm **ab EUR 485,–** im DZ und **ab EUR 550,–** im App., großzügige Kinderermäßigung, kostenloser Smiley MINI oder MAXI Skikurs beim Hotel
Family Skisparwochen (06.01. – 01.02. / 08.02. – 15.02. / 29.02. – 07.03.20) **ab EUR 589,–** im DZ und **ab EUR 680,–** im App. pro Erw./Woche mit vielen Leistungen und Extras, Babybetreuung von 9 – 20 Uhr kostenlos und 10 % auf Wellnessbehandlungen.
Kostenloser Skikindergarten für Anfänger (bei Wochenaufenthalt gültig vom 20.12. – 27.12.19 / 06.01. – 01.02. / 08.02. – 15.02. / 29.02. – 07.03.20
„MEHRz Holidays" (inkl. 6 Tages-Skipass + Thermeneintritt + Tennisplatzbenützung + Schwimmkurs für Kinder ab 1 Jahr) vom 07.03. – 15.03.20 und Ostern mit Rahmenprogramm vom 03.04. – 13.04.20 **ab EUR 649,–** pro Erw./Woche

Preise Winter

Aufenthalt p. Pers./Tag ab €	A	B	C
Familienzimmer/AI ab	129	92-103	92
Familienappartement klein/AI ab	131	95-105	95
Familienappartement groß/AI ab	142	103-116	103
Kinder 0–1,9 Jahre/SI	23	23	23
Kinder 2–5,9 Jahre/SI	-60%	-60%	-70%
Kinder 6–12 Jahre/SI	-50%	-50%	-50%

Winter 19/20: **A** 27.12.19 – 06.01.20, **B** 20.12.19 – 27.12.19, 01.02.20 – 08.02.20, 15.02.20 – 29.02.20, 07.03.20 – 15.03.20, **C** 06.01.20 – 01.02.20, 08.02.20 – 15.02.20, 29.02.20 – 07.03.20

★★★★ | Platz für 20 Familien | Seehöhe 750 m | Geöffnet: 21.12.19–14.4.20 | Kärnten

nawu´s Kinderhotel
Das kleine Hotel mit viel Persönlichkeit im Skigebiet Nassfeld

www.nawu-kinderhotel.com
Fam. Hubmann, Kameritsch 1, A-9620 Hermagor-Nassfeld, Presseggersee
T: +43 4285/280, E: office@nawu-kinderhotel.com

Hotel Highlights
- nawu´s Kleinkind-Skischule beim Hotel
- nawu´s Tierhotel
- Skigebiet Nassfeld
- Ponyreiten
- Betreuung in Kleingruppen
- Betreuung ab 6 Monaten
- Hallenbad und Wellness

Winterurlaub von seiner nawutürlichsten Seite
Ein Feuerwerk an Vorteilen – das wird euer Winter.

Das **Nassfeld** ist eines der Top-Skigebiete in Österreich. Ihr werdet begeistert sein. Vom Anfänger bis zum Rennfahrer und Free-Rider gibt es geniale Möglichkeiten. Durch die Lage auf der **Alpensüdseite** haben wir viele Sonnenstunden und freie Pisten. Da lohnen sie die Mehrkilometer nach Kärnten allemal ;-).

Taucht ein in die vielfältige Winter-nawu-naturwunder-Welt. Eislaufen, Rodeln, Langlaufen, Winterspaziergänge und im Schnee Toben, ein Besuch bei unseren Tieren. Einfach den Winter genießen.

In unserer unvergleichlichen Panoramalage erlebt ihr ungezwungene Gastfreundschaft und herzliche Betreuung, laut Gästemeinungen eine unserer ganz großen Stärken. Eure Kinder und Babys sind bei uns in besten Händen. Ein besonderer Vorteil ist das Spielen in **Kleingruppen**, Betreuung schon ab 6 Monaten, und in den Ferien steppt der nawu nach dem Skifahren für die „großen" Kinder. nawu Kinderhotel – das kleine, überschaubare Hotel mit viel Persönlichkeit. **All-inclusive.**

Kleinkinderskischule gleich am Haus. Komplette Skiausrüstung nur EUR 7,– am Tag. **Zauberteppich**, Schneekanone und professionelle SkilehrerInnen lehren euren Kindern die ersten Schwünge, während ihr die Zeit für euch genießt. Wenn Ihr möchtet, auch den ganzen Tag, wir versorgen eure Kinder nach der Skischule, ziehen sie um, essen, spielen, lernen schwimmen und haben Spaß.

Das heißt, Eltern haben den ganzen Tag für sich oder nehmen alle gemeinsam aktiv am Familien- und Kindererlebnisprogramm teil.

Das wird euer Winter – nawu ist einfach toll.

Smiley's smartes Angebot:
Christkindlpauschale ab EUR 1.386,– pro Familie/Woche;
Winter-Super-Spar-Pauschale mit 6 in 7 und 3,5 in 4.
Bis 40 % Ermäßigung auf FRED SWIM ACADEMY Kinderskischule
Skihit for kids mit Gratisskipass

Preise Winter

Aufenthalt p. Pers./Tag ab €	Saison A	B	C
Familienzimmer/AI ab	80-99	70-90	64-77
Familienappartement/AI ab	115-130	92-113	81-93
Familiensuite/AI ab	133-149	103-124	92-108
Kinder 0–15 Jahre	32-48	32-47	30-43

Winter 19/20:
A 21.12.19 – 06.01.20, 22.02.20 – 29.02.20
B 01.02.20 – 22.02.20
C 06.01.20 – 01.02.20, 29.02.20 – 14.04.20

★★★★ | Platz für 36 Familien | Seehöhe 1.880 m | Geöffnet: 14.12.19–13.4.20 | Kärnten

Heidi-Hotel Falkertsee
Mitten im Familien-Skigebiet

www.heidi-hotel.at
Familie Köfer, Falkertsee 2, A-9564 Falkert-Patergassen
T: +43 4275/7222, E: info@heidi-hotel.at

Hotel Highlights

- Höchstes Kinderhotel
- Schneegarantie
- Privates Skigebiet
- Wohnen direkt an der Piste
- Eigene Kinderskiwiese
- Ski in – Ski out
- Kinder Skidoos
- Gratis-Liftpässe für Kids unter 6 Jahren
- Langlauf, Skitouren, Eislauf, Schneeschuhwandern
- Ponyreiten im Schnee

Der Himmel auf Bergen. Im höchstgelegenen Kinderhotel verwöhnen wir, die Familie Köfer, seit 50 Jahren unsere kleinen und großen Gäste. Wir laden Sie herzlich ein, sich in unserem 4-Sterne-Haus wie zu Hause zu fühlen und Heidis Bergwelt zu erleben.

Das finden Sie nur hier: Die „Mittendrin-Lage", mitten im Skigebiet, macht Ihr Urlaubsdomizil zum Dreh- und Angelpunkt für die ganze Familie. Unter den 36 Urlaubs-Familien kennt jeder jeden, und hier verliert sich keiner. Durch die traumhafte Panoramalage und die absolute Ruhe steht Kindern und Eltern die Erholung ins Gesicht geschrieben.

Ski in – Ski out: Raus aus dem Bett und drauf aufs Brett. Getreu dieser Heidi-Devise erwarten Sie im Winter direkt vor der Hoteltür grenzenlose Winterfreuden. Die SkilehrerInnen nehmen den Nachwuchs auf der hoteleigenen Skiwiese bei der Hand, und schon nach 5 Tagen haben die Kleinen den richtigen Schwung drauf! Die Skipisten von blau bis schwarz sowie das Freeride- und Skitouren-Gelände machen selbst erfahrene Skihasen wunschlos glücklich!

Eislauf auf dem zugefrorenen Falkertsee, klassisches Langlaufen oder Skaten auf der Höhenloipe, Schneeschuhwandern und eine Rodelbahn runden das Wintersport-Angebot perfekt ab.

Kinderbetreuung an 7 Tagen pro Woche verspricht erholsamen Urlaub für die Eltern und Abenteuer pur für die Kids.
- Ponyreiten im Schnee • Kinder-Skidoo fahren • Snow Tubing
- Schatzsuche im Schnee • Wettrodeln • Hokus-Pokus-Zauberschule
- Schminkparty • Kindershow • Bastelwerkstatt • Cocktail Mixkurs
- Fackelwanderung • Babybetreuung ab 3 Monaten

Im Alm-Wellness-Paradies können Sie sich ausgiebig verwöhnen lassen und einfach mal einen Gang herunterschalten. Hallenbad, Kinderplanschbereich, Massagen, Kosmetikanwendungen, Panoramaruhebereich und 7 verschiedene Saunen bieten Ihnen dafür Erholung pur! Ein echtes Highlight ist die rustikale Outdoor-Blockhaus-Sauna, denn allein der Blick von den Saunabänken über den zugefrorenen Falkertsee ist atemberaubend.

Mit dem Alm-Inklusiv-Paket rundum verwöhnt: Im NEUEN SCHLEMMERREICH beim großen Schlemmer-Frühstücksbuffet, Mittagssnack mit regionalen Schmankerln, Mehlspeisenstunde, 4-gängiges Wahlmenü am Abend mit leckerem Salatbuffet, frisches Obst, alkoholfreie Getränke von der Saftbar, Falkert Bergquelle vom Wasserbrunnen. Ernährungswünsche erfüllen wir gerne!

Wir überlassen Ihre Zeit im Heidi-Hotel nicht dem Zufall. Hier ist eine unvergessliche Zeit durch kleine und große Serviceleistungen garantiert. Aber am Ende wird es eines sein, an das Sie sich am liebsten zurückerinnern: die Herzlichkeit. Ihre Gisela und Hans, Lukas und Julia mit Xaver und Felix Köfer.

Smiley's smartes Angebot:
„Gratis Skifahren": 7 ÜN mit Alm-Inklusivpaket, inkl. Skikurse für die Kinder und Liftpässe für die Eltern, im DZ **ab EUR 1.849,–** für 2 Erw. und 1 Kind. Gültig lt. Hotelprospekt bzw. Homepage.
Mehr Top-Angebote finden Sie unter www.heidi-hotel.at

Preise Winter — Saison

Aufenthalt p. Pers./Tag ab €	A2	A1	B	C
Familienzimmer (30 m²)/AI	210	190	144	122
Familienapp. (40 m²)/AI	248	216	172	141
Familiensuite (50 m²)/AI	289	253	221	162
Kinder 0–2 Jahre/AI	35	35	30	25
Kinder 3–5 Jahre/AI	45	45	35	30
Kinder 6–11 Jahre/AI	50	50	40	35
Kinder 12–14 Jahre/AI	60	60	45	40

Winter 19/20: **A2** 21.12.19 – 06.01.20, **A1** 01.02.20 – 08.02.20, 22.02.20 – 29.02.20, **B** 08.02.20 – 22.02.20, **C** 14.12.19 – 21.12.19, 06.01.20 – 01.02.20, 29.02.20 – 13.04.20

Buchungen zum Bestpreis online auf www.kinderhotels.com

★★★★ | Platz für 30 Familien | Seehöhe 690 m | Geöffnet: 26.12.19–7.3.20 | Kärnten

Smileys Kinderhotel
Wohlfühlhotel ohne Schlips und Kragen

www.smileyhotel.at
Fam. Brandstätter, Bad 19, A-9852 Trebesing
T: +43 4732/2446, E: office@smileyhotel.at

Hotel Highlights
- ****-All-inclusive-Urlaub
- 7 Tage Kinderbetreuung
- Separate Babybetreuung
- Schwimmakademie
- Indoor- & Outdoor-Aktivitäten
- Wellness
- Skischule
- **Gratis-Skibusse**
- Beautyfarm
- Kinderspielehaus

EXTRAPORTION HERZ.
Kärntner Gastfreundlichkeit, entspannte Atmosphäre, kulinarischer Genuss und zahlreiche Highlights für unsere kleinen Gäste von 1–10 Jahren ergeben die perfekte Mischung für einen Wohlfühlurlaub. Spaß und Spannung inklusive!

ZUHAUSE-GEFÜHL.
Von der Rezeption über das Restaurant bis zum Wellnessbereich – wir wollen, dass Sie ankommen und sich wohlfühlen. **Unser einzigartiges Spielhaus erstreckt sich über 3 Etagen, mit Kinderkino, Babybereich und Jugendraum für Kinder ab 8 Jahren.** Die geräumigen Appartements und Suiten und der großzügige Wellnessbereich mit Familienhallenbad, Kinderspaßbad und Schwimmakademie werden zum Erlebnis für die ganze Familie. Besonders magisch: Unser Hokus-Pokus-Zauberkurs!

Jetzt neu: Wohnen im Fluss-Chalet – mit Ausblick auf Wald, Wiese und Fluss!

AUS DER REGION.
Uns ist es wichtig, mit Partnern aus der Umgebung zusammenzuarbeiten. Von der Küche über Ausstattung und Möbel bis zur Hilfe beim Umbau verlassen wir uns auf regionale Firmen. Das Gute liegt oft so nah und sorgt für das besondere „Daham"-Gefühl.

WINTER-WUNDER.
Der Winter in Kärnten hat eine Menge zu bieten. Unsere Kinderskischule befindet sich direkt am Hotelgelände, außerdem warten Tubingbahn, Rodelhügel und Winterspielplatz. Mehrere Skigebiete sind binnen kürzester Zeit erreichbar, ein gratis Ski-Bus bringt Sie zum Katschberg und zum Goldeck. Winterwanderungen, Touren-Skilauf, Kutschenfahrten, Langlaufen und Eisklettern machen den Urlaub unvergesslich!

Smiley's smartes Angebot:
Wir schenken Ihnen einen Urlaubstag:
Im Zeitraum vom 11.01. bis 01.02.20, 29.02. bis 07.03.20 bei Buchung von mindestens 7 Nächten. In diesem Zeitraum auch Babybetreuung Premium: 12 Stunden Babybetreuung von Mo.-Fr.
Neu: Smileys Fluss Chalet, romantisches Premium Chalet am Lieserfluss. Tagespreis ab EUR 150,–
www.flusschalet.at

Preise Winter

Aufenthalt p. Pers./Tag ab €	A	B	C
Familienzimmer/AI	102	71	67
Familienappartement klein/AI	112	77	72
Familienappartement groß/AI	127	92	87
Kinder 0–3 Jahre/AI	40	35	30
Kinder 3–6 Jahre/AI	45	40	35
Kinder 6–10 Jahre/AI	50	45	40

Winter 19/20:
A 26.12.19 – 06.01.20
B 01.02.20 – 29.02.20, 04.04.20 – 18.04.20
C 06.01.20 – 01.02.19, 29.02.20 – 07.03.20

Buchungen zum Bestpreis online auf www.kinderhotels.com

★★★★ | Platz für 40 Familien | Seehöhe 930 m | Geöffnet: 18.12.19-8.3.20 | Kärnten

Familienhotel Kreuzwirt
... sooo natürlich kann Familienurlaub sein

www.hotelkreuzwirt.at
Familie Aigner, Kreuzberg 2, A-9762 Weissensee
T: +43 4713/2206, F: +43 4713/2206-50, E: info@hotelkreuzwirt.at

Hotel Highlights
- 1. bio-zertifiziertes Kinderhotel
- Beheizter Außenpool
- Neue Saunawelt
- Bambini Skikurs und Eislaufschule
- 6,5 km² Natureisfläche
- Bio-Bauernhof
- Rodelbahn direkt beim Hotel
- Zirbenholzzimmer

Herzlich willkommen im Familienwinter am Weissensee!
Der Naturpark Weissensee ist eine bezaubernde, schillernde Welt aus Eis und Schnee. Erleben Sie einen abwechslungsreichen Winterurlaub beim Genuss-Skifahren, Langlaufen, dem Eislaufen auf der größten, beständig zugefrorenen Natureisfläche Europas, im Kinder-Boboland, beim Eisstockschießen, Winterwandern, Rodeln, Schneeschuhwandern oder einer romantischen Pferdeschlittenfahrt.
Inkludierter Erlebnispass mobil+!

Groß und Klein nehmen an der zertifizierten „Naturpark Kinderbetreuung" teil. **Erfahren. Entdecken. Erforschen.** Bei unserem Erlebnisprogramm mit dem Besuch der Tiere im Wald und am Bio-Bauernhof, dem Spielen und Basteln in und mit der Natur, bei der Winterolympiade oder am Eis mit den Eislauflernhilfen ist Abwechslung garantiert!

Kinderübungslift. Rodelbahn, Langlaufloipe und kinderwagentauglicher Spazierweg direkt beim Hotel!

Ruhe und Erholung finden Sie in unserem erweiterten Wellnessbereich bei einer wohltuenden Massage, in unserer neuen Saunawelt mit 5 verschiedenen Wärmequellen, in unseren 3 Ruheräumen oder bei einer Runde im beheizten Außenpool (32° C) mit Blick auf die traumhafte Winterlandschaft. In der Zwischenzeit toben sich die Kleinsten im Kinderhallenbad aus.

Als 1. biozertifiziertes Kinderhotel verwöhnen wir Sie mit hochwertigen saisonalen, regionalen und teilweise biozertifizierten Produkten aus unserer eigenen Bio-Landwirtschaft. Kulinarisch genießen Sie unsere Verwöhnpension mit reichhaltigem Frühstück, Salaten und Suppe zu Mittag, Kaffee und Kuchen am Nachmittag und ganztags alkoholfreien Getränken von der Getränkebar, sowie die Kinder-Vollpension und 1 x wöchentlich unser beliebtes Vorspeisenbuffet und Dessertbuffet.

Smiley's smartes Angebot:
Skifahren inklusive – 05.01.20 bis 18.01.20
Bei jeder Buchung im angegebenen Zeitraum erhalten Sie den Skipass für alle Familienmitglieder im Skigebiet Weissensee/Naggler Alm gratis dazu. Preis für 2 Erwachsene und 1 Kind (bis 6 Jahre) für 7 Nächte im Familienappartement klein **ab EUR 1.792,–**

Preise Winter

Aufenthalt p. Pers./Tag ab €	A	B	C	D
Familienzimmer 30 m²/HP	126	108	99	93
Familienappartement klein/HP	146	125	116	107
Familienappartement groß/HP	179	148	133	124
Kinder 0–2 Jahre/VP	20	18	18	18
Kinder 3–6 Jahre/VP	32	24	24	24
Kinder 7–11 Jahre/VP	39	31	31	31
Kinder 12–15 Jahre/VP	49	40	40	40

Winter 19/20: A 25.12.19 – 05.01.20, B 01.02.20 – 08.02.20, 15.02.20 – 29.02.20,
C 19.12.19 – 25.12.19, 05.01.20 – 18.01.20, 25.01.20 – 01.02.20, 08.02.20 – 15.02.20,
D 18.01.20 – 25.01.20, 29.02.20 – 08.03.20

Buchungen zum Bestpreis online auf www.kinderhotels.com

★★★★ | 60 Familien | Seehöhe 1.350 m | Geöffnet: 21.12.19 – 28.3.20 | Kärnten

Kirchleitn – Dorf Kleinwild

... und täglich grüßt das Abenteuer! Kirchleitn – Dorf Kleinwild

Kinderhotel „Dorf Kirchleitn", Rosennockstraße 13, A-9546 Bad Kleinkirchheim
T: +43 4240/8244, F: +43 4240/8244-72, E: ferien@kirchleitn.com

www.kirchleitn.com

Hotel Highlights

- Direkt neben der Skipiste und Skischule
- 2 Thermen in 5 min. erreichbar
- Familienwochen
- Bring- und Abholservice von und zur Skischule
- „Kachelofen-Heizer-Seminar"
- Ab 07.03.20 gratis Skipass

Lage: 1.350 m hoch gelegen, inmitten der Kärntner Nockberge, eingebettet in das Dorfidyll von St. Oswald auf der Sonnenterrasse über Bad Kleinkirchheim. Das **verkehrsfreie Bauerndorf** liegt direkt neben der Piste, Kinderskischule mit Skiverleih, Zauberteppich und Übungslifte, nur wenige Gehminuten von der Biosphärenparkbahn Brunnach entfernt, mitten im Skigebiet Bad Kleinkirchheim mit über 100 Pistenkilometern, **2 Thermen** in nur ein paar Autominuten Entfernung bieten das ideale abenteuerliche Umfeld für Familien mit kleinen Kindern. Das Kinderbetreuungsangebot und die Infrastruktur des Dorfs Kleinwild sind speziell auf die kleinen Wilden ausgerichtet, die das Erkunden des Biosphärenparks Nockberge auf Skiern, mit der Rodel oder auch zu Fuß auf der Urlaubswunschliste ganz oben notiert haben. Die abenteuerlichen Ferien können beginnen.

Hotel: Das wahrscheinlich aufregendste Feriendorf in den Bergen erwartet dich mit 60 urigen Appartements in 17 detailgetreu nachgebauten Bauernhäusern, die den idyllischen Charakter des Dorfes prägen. Das Dorf ist verkehrsfrei und gespickt mit Abenteuer- u. Spielbereichen für Kinder. Parkanlage, Rezeption, Restaurant (Kirchleitn g'sund Küche = HP inkl. Nachmittagsjause, Kuchen usw.), Frühstücksbuffet mit regionaler Ecke, abends kaltes/warmes Buffet, 1 x wöchentlich Bauernbuffet, Kinder-all-incl.-Verpflegung mit Mittagstisch und ganztägigem Saftbrunnen.

Zimmer: Renovierte Appartements im pfiffig romantischen Stil für bunte Familienferien mit Abenteuergarantie. Die Appartements sind harmonisch in die **traditionellen Bauernhäuser** integriert und mit Dusche/WC, Sat-TV (Flachbildschirm), kostenlosem WLAN, Babyfon, Telefon, Küche, typischen Bauernstuben-Familientisch und Kachelofen ausgestattet.

- **Kategorie Appartement Nockberge, ca. 35 m²:** Familien-Appartement mit Wohn-/Schlafraum inkl. Doppelbett im Wohnraum und ein kleines Schlafzimmer mit 2 Einzelbetten für 2 Erwachsene und 1–2 Kinder
- **Kategorie Appartement NockFamilie, ca. 55 m²:** großes Familien-Appartement mit Wohn-/Schlafraum, Kinderschlafzimmer mit 2 Einzelbetten und Eltern-Doppelzimmer für 2–6 Personen
- **Kategorie Appartement NockLuxus, ca. 70 m²:** großes Familienappartement für 4–7 Personen mit großem Wohn-/Schlafraum inkl. Infrarot-Sauna, 2 Badezimmer, Kinderschlafzimmer mit 3 Betten und Eltern-Doppelzimmer

Hotel Highlights:
- Das Dorf liegt direkt am Einstieg ins Skigebiet mit über 100 Pistenkilometer (Biosphärenparkbahn Brunnach) und direkt an der Kinderskischule mit Übungsliften, Zauberteppich, Skiverleih und Intersportshop u. v. m. • Urige Restaurants Tenne u. Bauernwirt • Bring- u. Abholservice zur und von der Skischule für die Kleinen
- 2 Thermen in 5 km: Thermal Römerbad und Therme St. Kathrein (mit Rutsche)

Sport, Unterhaltung: Kleiner Wellnessbereich mit Blocksauna, abwechslungsreiche Sport- und Winterabenteuer in Zusammenarbeit mit der Ski- u. Sportschule gleich nebenan. Skiverleih, Ski- und Snowboardkurse für Groß und Klein, Kinder- Après-Ski, Schneeschuhwandern, geführte Skitouren u. v. m.
Über 15.000 m² Thermen/Badespaß in den 2 Thermen „Römerbad" und der „Therme St. Kathrein" – kostenloser Busshuttle.

Ideal für Familien:
- Abwechslungsreiches Kinderbetreuungs- und Animationsprogramm in unserem Kinderclub für Kinder ab 3 Jahren • Bring- und Abholservice zur und von der Skischule für die kleinen Wilden. • Indoor-Spielbereich in der Tenne • Kleinkindbetreuung an 3 halben Tagen/Woche für Kinder von 1–3 Jahren

Smiley's smartes Angebot:

Familieneuro - Skipass für Kids kostet fast nix! 04.01.–06.03.20: Kinder bis 12 Jahre zahlen nur EUR 1,– pro Skitag (gültig ab Kauf eines 6-Tages-Skipasses), wenn eine erwachsene Begleitperson auch einen 6-Tages-Skipass erwirbt (gültig im Skigebiet Bad Kleinkirchheim/St. Oswald)

Ski-Wellnesswochen: 04.01.–31.01.20 und 29.02. – 06.03.20
Bei Kauf von Mehrtages-Skikarten sind Thermeneintritte (à 4h) im Thermal-Römerbad inkludiert
3-Tages-Skipass inkl. 1 Thermeneintritt | 5-Tages-Skipass inkl. 2 Thermeneintritte
6-Tages-Skipass inkl. 3 Thermeneintritte

Preise Winter Saison

Aufenth. p. Pers./Tag ab €	B	C	D	E	F	G+J	H	I	K	L
App. NockBerge, 35 m² ab	119	153	161	118	130	125	128	132	144	141
App. NockFamilie, 55 m² ab	132	167	174	130	143	137	140	146	157	154
App. NockRanger, 55 m² ab	140	173	180	136	150	144	147	153	164	161
App. NockLuxus, 70 m² ab	182	222	230	178	196	188	192	200	206	202
Kinder 0–3 Jahre ab	-85%	-85%	-85%	-85%	-85%	-85%	-85%	-85%	-85%	-85%
Kinder 4–9 Jahre ab	-70%	-70%	-70%	-70%	-70%	-70%	-70%	-70%	-70%	-70%
Kinder 10–13,99 Jahre ab	-50%	-50%	-50%	-50%	-50%	-50%	-50%	-50%	-50%	-50%
Kinder 14–16,99 Jahre ab	-30%	-30%	-30%	-30%	-30%	-30%	-30%	-30%	-30%	-30%

Winter 19/20: B 21.12.19 – 24.12.19, C 25.12.19 – 27.12.19, D 28.12. 19 – 03.01.20, E 04.01.20 – 31.01.20, F 01.02.20 – 07.02.20, G+J 08.02.20 – 14.02.20, 29.02.20 – 06.03.20, H 15.02.20 – 21.02.20, I 22.02.20 – 28.02.20, K 07.03.20 – 13.03.20, L 14.03.20 – 28.03.20

Buchungen zum Bestpreis online auf www.kinderhotels.com

★★★★ | Platz für 32 Familien | Seehöhe 600 m | Geöffnet: 26.12.19–19.4.20 | Kärnten

Familienhotel Post
family.sport | see.berg

www.familienhotelpost.com
Fam. Sichrowsky, Mirnockstraße 38, A-9872 Millstatt/See
T: +43 4766/2108, F: +43 4766/2777, E: info@familienhotelpost.com

Hotel Highlights
- 100 m² Spiel- und Sporthalle, Kinderclub und Jugendraum
- gratis Shuttlebus zum Hausberg Goldeck und Bad Kleinkirchheim
- Kinder-Indoor-Pool
- Zwergerlskikurs direkt beim Haus
- Kinderbetreuung an der Piste
- beschneiter Winter-Fun-Hügel
- Panoramahallenbad

****Familienhotel Post family.sport|see.berg
Besondere Stärke: eigene Betreuung für jede Altersgruppe. Genießen Sie Ihren Urlaub im führenden Kinderhotel am Millstätter See. Seit 28 Jahren betreuen „Tante" Burgi und ihr Team ganz kleine und größere Gäste mit tollen Spiel- und Sportprogrammen. **Kinder- und Sportparadies: Neu: 100 m² Spiel- und Sporthalle:** zum Fußball, Volleyball, Basketball, Federball spielen, eine eigene Kletterwand mit 4 Routen fürs gesicherte Toprope-Klettern, Indoor-Bobbycarbahn, und am Abend lockt die Kinderdisco mit einer professionellen Licht- und Tonanlage. **Kinderclub** mit Turm, Rutsche, und Bällebad, Kreativbereich, Babypavillon und vielen Spielsachen. **Jugendraum** mit Tischfußball, Billard und Tischtennis, Filmabend im Wappenstüberl-Kino.
Panoramahallenbad und 34° warmes Kinderplanschbecken. Sauna, Dampfbad, Whirlpool, Gebirgswassergrotte, Sauna am See, Fitness- und Palmenruheraum, Solarium, Massage, Kosmetik, eigene Fitnesstrainerin, heimeliger Aufenthaltsraum mit knisterndem Kaminfeuer, Wintergartenlounge
Direkt beim Haus: große Sonnenterrasse • Zwergerlskikurs und -betreuung mit unserer Kinderskilehrerin • beschneiter Fun- und Winterspielhügel.
Sonniges Kinderland am Hausberg Goldeck-Millstätter See für Anfänger, Höhenloipe und Halfpipe für Snowboarder, längste schwarze Abfahrt der Alpen, vom Hotel in 15 Minuten an der Talstation.
Alles ganz nah: 9 traumhafte Skigebiete – 1 Skipass • Skishuttle • Pferdeschlittenfahrten • Rodeln • Winter- und Schneeschuhwandern • geführte Skitouren • Langlaufen • Eislaufen auf Naturseen
Großzügig und bequem: Die Super-Vollpension: ganztags alkoholfreie Getränke und Kaffee, Mittagsbrunch und Skifahrerjause, Kuchenbuffet und Gourmetabendessen für Eltern und Kinder, alles inklusive.
Das besondere Winterservice: Kinderbetreuung direkt an der Piste im Skigebiet, gratis Skifahren für Kinder bis 14 Jahre, Rodelausflug mit dem Pistengerät. Mitten im Skigebiet Goldeck-Millstätter See (nur 15 min entfernt) steht im sonnigen Anfängergelände unser Tipi-Zelt. Unsere Kinderbetreuung fährt am Morgen mit den Kindern vom Hotel ins Anfängergelände und kümmert sich um das Wohl unserer kleinen und großen Hotelgäste. Ihre Kinder sind auch direkt an der Piste in besten und vertrauten Händen und werden liebevoll betreut.

Smiley's smartes Angebot:
Buntes Kindertreiben: 04.01. – 19.04.2020
1 Woche AI für eine Familie je nach Zimmertyp **ab EUR 1.267,–**

Kids 4 Free: Kinder bis 14 Jahre erhalten einen GRATIS Skipass im Skigebiet Goldeck-Millstätter See (beim Kauf von Skipässen für die Eltern).

Preise Winter		Saison	
Aufenthalt p. Pers./Tag ab €	A	B	C
Familienzimmer/SI	116	109	109
Familienappartement klein/SI	116	108	101
Familienappartement groß/SI ab	127	114	105
Kinder 0–3 Jahre/SI	-65%	-65%	-65%
Kinder 3–6 Jahre/SI	-60%	-60%	-60%
Kinder 6–17 Jahre/SI	-50%	-50%	-50%

Winter 19/20: A 26.12.19 – 04.01.20, B 01.02.20 – 07.02.20, 22.02.20 – 28.02.20, 04.04.20 – 19.04.20, C 04.01.20 – 11.01.20, 25.01.20 – 01.02.20, 08.02.20 – 21.02.20, 29.02.20 – 07.03.20

Zwei Helden
AUF REISEN...

JAKO·O HELD ♡

Helden erobern die Welt – und unsere Herzen im Sturm!

Sie haben das Zeug, Großes zu erleben. Unser JAKO-O Schrank-Trolley zum Beispiel ist ganz schön rumgekommen. Als „Schrank auf Rollen" begleitet er inzwischen über 250.000 Kinder immer wieder auf Reisen – und wird am liebsten ganz allein gepackt.

Mehr über ihn und all die anderen JAKO-O Helden unter www.jako-o.com/helden

Alles 1, 2, 3 eingeräumt und schnell wieder gefunden

Unterwegs mit JAKO-O ...
und allem, was Familien wirklich brauchen: hochwertige Mode in nachhaltiger Qualität, durchdachtes Spielzeug und Praktisches für Babys & Kinder bis 10 Jahren.

Unser Kennenlern-Geschenk* für Sie:
Ihr Lieblingsprodukt **gratis bestickt** und **portofrei geliefert**! Einfach unter www.jako-o.com/bestickt bestellen und Vorteilsnr. **N12386** angeben!

*Mindestbestellwert 40 €. Für Neukunden oder Kunden, die länger als 24 Monate nicht bestellt haben. Nur 1 x pro Haushalt & nur im Versandhandel bis 31.03.2020 einlösbar. Nicht mit anderen Aktionen kombinierbar.

JAKO·O best for kids
www.jako-o.com

ZIERGARTEN

Ein Paradies der Sinne

WARUM BLÜHEN BLUMEN EIGENTLICH SO SCHÖN BUNT? MIT IHRER FARBEN-, FORMEN- UND DUFTPRACHT LOCKEN SIE BIENEN UND ANDERE FLEISSIGE INSEKTEN AN, SIE ZU BESTÄUBEN. UND AUCH WIR MENSCHEN LASSEN UNS GERNE VON IHNEN BETÖREN. WIE MAN SOLCH EIN PARADIES FÜR DIE SINNE SCHAFFT, ZEIGT DIESES KAPITEL.

ZIERGARTEN

DAS IST
wirklich
WICHTIG

[a] **HIER PFLANZEN WIR TRAUBEN-HYAZINTHEN** in Form eines Herzens. „Zeichnet" die Figur dazu mit etwas hellem Spielsand auf dem Rasen vor.

[b] **NUN DEN AUSGESTOCHENEN RASEN** wieder über die Pflanzstelle legen.

[c] **IN EIN PAAR MONATEN** zeigt sich das Zwiebelpflanzenbild.

ZWIEBELN MIT WURZELHAAREN NACH UNTEN IN DIE ERDE SETZEN.

ZWIEBELBLUMEN
Bilder für Rasen und Beet

Zwiebeln kann man nicht nur essen, viele Zierarten blühen auch wunderschön. Einige von ihnen sind echte Frühlingsboten – andere zeigen ihre Blüten im Sommer oder Herbst.

ZWIEBELPRACHT IM JAHRESLAUF

Die verschiedenen Zwiebelblumen blühen fast über das ganze Jahr verteilt. Noch im Spätwinter machen die weiß blühenden Schneeglöckchen ihrem Namen alle Ehre und kämpfen sich durch den Schnee. Es folgen im Vorfrühling Krokusse und Winterlinge, wenn es wärmer wird Tulpen, Hyazinthen und Osterglocken (Narzissen). Im Frühsommer zeigt sich der Zierlauch *(Allium giganteum, A. christophii)* mit seinen kugelrunden Blüten, im Sommer die stark duftenden Lilien und schließlich im Herbst die Dahlien.

WIE PFLANZE ICH ZWIEBELBLUMEN RICHTIG?

Die meisten Zwiebelblumen werden vom Spätsommer bis in den Herbst gepflanzt. Ausnahmen bilden u. a. Dahlien, Gladiolen, Blumenrohr und Montbretien, da sie sehr kälteempfindlich sind. Vor den ersten Frösten werden sie deshalb ausgebuddelt und können dann im Frühjahr nach den letzten Frösten (etwa ab Mai) wieder eingesetzt werden. An der Größe der Knollen lässt sich bereits die ungefähre Größe der Blüte ablesen. Schneeglöckchen haben z. B. sehr kleine Zwiebeln, Riesen-Zierlauch hingegen manchmal schon faustdicke.

Die Größe der Zwiebeln bestimmt auch – ähnlich wie bei den Samen –, wie tief sie in die Erde müssen: Das Pflanzloch sollte etwa doppelt so tief sein wie die Zwiebel selbst. Sehr hilfreich ist dabei ein so genannter Zwiebelsetzer (siehe Foto a), eine Art zylinderförmige Ausstechform. Die Erde bleibt beim Pflanzen im Zylinder haften und kann nach dem Einsetzen der Zwiebel gleich wieder in das nächste Pflanzloch gefüllt werden. Wer so etwas nicht zur Hand hat, darf aber natürlich auch eine kleine Schaufel verwenden.

Natürlich oder gestaltet

Zwiebeln werden auf unterschiedliche Weise gepflanzt. Man verteilt beispielsweise einzelne Zwiebeln auf dem Rasen. Dies wirkt sehr natürlich – so, als wären sie nicht von Menschenhand dorthin gesetzt worden. Dazu nehmen wir einfach eine gute Handvoll Zwiebeln und werfen sie vor uns auf den Rasen. Nun buddeln wir sie an den Stellen, wo sie gelandet sind, ein. Hübsch sieht es auch aus, wenn wir die Zwiebeln in einer kleinen Gruppe von etwa drei Zwiebeln zusammensetzen. Dies nennt man Tuffs.

WER AN EINER AUSGEBUDDELTEN ZWIEBEL EINE KLEINE „BABYZWIEBEL" entdeckt – es sind so genannte Brutzwiebeln –, kann sie von der Mutterpflanze trennen und im nächsten Sommer/Herbst einfach mit einpflanzen.

ZIERGARTEN

DAS IST *wirklich* WICHTIG

[a] JEDES DER KINDER STECKT etwa drei Sonnenblumenkörner mit etwas Abstand in einen Blumentopf oder ein Beet. Bis der Samen sein erstes Grün zeigt, sollte die Erde immer feucht sein.

[b] NACH EIN PAAR WOCHEN sind schon einige hohe Blütenstiele aus den Samen gewachsen.

[c] WER HAT DIE GRÖSSTE SONNENBLUME im ganzen Land? Mit einem Zollstock könnt ihr genau nachmessen.

SONNENBLUMEN

Wer hat die größte Blume im ganzen Land?

Ob aus einem Sonnenblumensamen ein wahrer Gigant oder nur ein kleiner Zwerg wird, ist nicht nur abhängig von der Sorte, sondern auch von unserer Pflege. Ein kleines „Rennen" unter Sonnenblumen wird es zeigen.

DIE GEHEIME INFORMATION DER SAMEN

Vielleicht kennen Sie und Ihre Kinder das Lied vom kleinen Samen:

Ich bin ein kleiner Samen und hab noch keinen Namen:
Was aus mir wohl werde, auf dieser großen Erde:
Werde ich ein großer Baum oder ein kleiner Baum?
Werde ich ein dicker Baum oder ein dünner Baum?
Werde ich ein Apfelbaum mit vielen Blättern dran?
Oder bleib ich – klatsch, klatsch – ein kleiner Samen?

Tatsächlich ist es kein Zufall, was aus dem kleinen Samen einmal wird. Viele Merkmale seiner Erscheinung stehen bereits am Anfang fest: die ungefähre Form seiner Krone und seiner Blätter, das Aussehen seiner Rinde, wann er blüht und welche Früchte er trägt usw. Ob aus ihm ein Apfelbaum, eine Linde oder eine Tanne wird. Das gilt natürlich nicht nur für Bäume, sondern auch für alle anderen Samen z. B. von Gemüsepflanzen und Zierblumen.

SPIELREGELN FÜR DAS RENNEN

Beim Sonnenblumen-Wettwachsen wird ausprobiert, welche Sonnenblume am besten gedeiht und am schnellsten wächst. Dazu pflanzen wir mehrere Samen derselben Sonnenblumensorte in ein Beet oder in Töpfe [→ a]. Entweder treten dabei verschiedene Gärtner gegeneinander an und schauen, wer nach ein paar Monaten die größte Sonnenblume hat, oder man testet, wie sich verschiedene Ausgangsbedingungen auf die Entwicklung und das Wachstum des Samens auswirken. So können z. B. Samen in der Sonne und im Schatten ausgesät oder mit viel oder wenig Wasser und Nährstoffen versorgt werden.

Was Sonnenblumen brauchen

Über Sonnenblumen sollten kleine und große Gärtner vor allem wissen, dass sie besonders viel Wasser und Nährstoffe benötigen und, wie der Name schon sagt, Sonne! Je nach Sorte können sie bis zu 3 m hoch werden. Meistens blühen sie gelb, es gibt aber auch orange, rote und zweifarbige Sorten. Ab April können sie direkt im Freiland ausgesät werden. Am Ende des Sommers heißt es dann: Spieglein, Spieglein an der Wand, wer hat die größte Sonnenblume im ganzen Land?

DIE SONNENBLUMEN DREHEN SICH MIT IHREN BLÜTENKÖPFEN UND -BLÄTTERN im Tagesverlauf immer in Richtung Sonne. Besonders beeindruckend wirkt es, wenn wir mehrere in einem kleinen Beet anpflanzen.

ZIERGARTEN

DAS IST *wirklich* WICHTIG

[a] **EINE GROSSE SCHALE ODER EIN KÜBEL** wird an einem vollsonnigen Platz im Garten platziert und mit Lehm oder Sand aufgefüllt. Ein gerader Stock als Schattenwerfer wird genau in die Mitte gesteckt.

[b] **MITHILFE EINES KOMPASSES** wird die Schale so ausgerichtet, dass sie genau in der Nord-Süd-Achse steht.

[c] **ZU JEDER VOLLEN STUNDE** könnt ihr einen Strich am Rand des Gefäßes ziehen, um die Zeiten einzustellen.

[d] **KLEINE MUSCHELN** sind liebevolle und dazu praktische Ziffernblätter.

SONNENUHR
Naturzeit für Gartenkinder

Sonnenuhren zählen zu den ältesten Zeitmessern, die wir kennen. Auch in unserem Garten können wir sie mit wenigen Mitteln und etwas Geschick nachbauen – und so auf ganz natürliche Weise die Zeit ablesen.

Alles, was wir dazu brauchen, ist etwas Spielsand oder Lehm, ein sehr gerader Stock, z. B. aus Bambus, eventuell zwölf schöne große Muscheln, ein großer Blumentopf, eine Uhr mit korrekter Zeitangabe und einen Kompass.

DIE SONNE ALS ZEITMESSER

Sonnenuhren gehören zu den ersten Zeitmessern der Menschheit. Sie zeigen uns die Zeit mithilfe des Sonnenlichts an. Dabei wirft ein Stab o. Ä. einen Schatten auf ein Ziffernblatt, von dem nun die Zeit abgelesen werden kann.

Der Stand der Sonne am Himmel ändert sich mit der Tages- und Jahreszeit. Daher wandert im Tageslauf auch der Schatten auf dem Ziffernblatt.

Wer eine minutengenaue Sonnenuhr bauen möchte, muss rechnen und braucht astronomische Kenntnisse. Wir bauen hier eine sehr einfache Form der Sonnenuhr, von der man die Zeit ungefähr ablesen kann. Sie hat ein horizontales, d. h. liegendes Ziffernblatt. Es gibt aber auch vertikale, also hängende Sonnenuhren.

ANLEITUNG

Als Erstes füllen wir den Sand in einen Blumentopf und stellen ihn an einen Platz im Garten, an den ganztägig Sonne kommt. Genau in die Mitte des Topfes stecken wir jetzt einen hohen Stab. Das ist der Schattenwerfer. Wer kein Lineal zur Hand hat, um die Mitte zu finden, kann auch ein Stück Schnur nehmen. Zuerst muss dafür die Mittelachse des Gefäßes bestimmt werden. Dazu nimmt man die Schnur und zieht sie von einem Rand zum etwa gegenüberliegenden Punkt am anderen Topfrand. Dort, wo die Schnur am längsten ist, befindet sich die Mittelachse. Halbiert man die Schnur auf dieser Linie, indem man die Schnurenden zusammenführt, findet man den Mittelpunkt.

Nun muss die Sonnenuhr mithilfe des Kompasses ausgerichtet werden. Dazu malen wir auf der einen Seite des Topfes zuerst ein S für Süden und auf dem genau gegenüber liegenden Punkt ein N für Norden an. Dann drehen wir den Topf so lange, bis die Angabe der Himmelsrichtung der Kompassnadel mit der Nord-Süd-Achse des Topfes übereinstimmt.

Jetzt brauchen wir noch die Ziffern, von denen wir die Stunden ablesen können. Dazu beobachtet man seine Armbanduhr genau und zeichnet zu jeder vollen Stunde einen Strich am Rand des Gefäßes ein, und zwar genau da, wo der Schatten des Stabes hinfällt. Und, funktioniert die Uhr?

ZIERGARTEN

DAS IST *wirklich* WICHTIG

[a] DAS SEIL WIRD ALS ZIRKEL VERWENDET und die Außenlinie des Beetes mit Spielsand vorgezeichnet.

[b] FALLS NÖTIG, könnt ihr nun den Rasen abstechen.

[c] IHR MARKIERT die fünf Tortenstücke mit dem Seil. Ordnet die Pflanzentöpfe auf dem vorbereiteten Beet danach so lange, bis ein schöner Gesamteindruck entsteht.

[d] EIN BEET FÜR DIE SINNE – auch für Barfüße

BEET FÜR DIE SINNE

Wie lege ich ein kreisrundes Beet an?

Mithilfe unserer Sinne wie Sehen, Hören, Riechen, Schmecken und Tasten, nehmen wir unsere Umwelt war. Hier bauen wir ein Erlebnisbeet für Augen, Ohren, Nase, Mund und Hände.

MATERIAL FÜR EIN KREISBEET

Ein langer gerader Stock, fünf kurze Stöcke, ein Metermaß, ein langes, ca. 1 cm starkes Seil aus Naturfaser, etwas Spielsand, ein Spaten bei Bedarf

ANLEITUNG

Natürlich kann ein Beet jede erdenkliche Form haben. Hier wurde eine runde Form gewählt, weil sie besonders sinnesfreundlich ist (siehe auch Seite 48 bis 49).

Als Erstes nimmt man den langen Stock und steckt ihn ungefähr in die Mitte des Ortes, an dem das Beet angelegt werden soll. Dann wird das Seil am Stock festgeknotet. Beides verwenden wir wie eine Art Zirkel: Das Seil wird an der Stelle festgehalten, die ungefähr der Hälfte des gewünschten Beetmaßes entspricht (bei 1 m Beetdurchmesser also 50 cm). Nun geht man mit stets gespanntem Seil einmal im Kreis um den Stock und lässt dabei eine Spur aus Spielsand aus der Hand auf den Boden rieseln. Diese kreisförmige Spur ist der Beetumfang. Falls vorhanden, kann jetzt der Rasen mit einem Spaten abgestochen werden und das Beet zur Bepflanzung vorbereitet werden, siehe Seite 49.

Nun wird das Beet in etwa fünf gleich große Tortenstücke eingeteilt. Jeder Sinn bekommt seine eigene Abteilung. Wer exakt gleich große Teile haben möchte, muss dazu etwas rechnen oder aber einfach nach Augenmaß vorgehen. Dazu wird das Seil so auf die Erde gelegt, dass man etwa fünf gleich große Tortenstücke erhält.

BEETEINTEILUNG FÜR KLEINE UND GROSSE RECHNER

Wer lieber rechnen möchte, benutzt die Formel: U = π x d.
U ist der Kreisumfang, also hier die Außenlinie des Beetes.
π ist die so genannte Kreiszahl (Pi), sie beträgt 3,14159,
d ist der Durchmesser des Kreises. Das ist die gerade Strecke, die durch den Mittelpunkt von einem Ende zum anderen des Kreises führt.

Bei einem Durchmesser von 1 m rechnet man beispielsweise: 3,14159 x 1 m = 3,14159 m. Dies ist der Gesamtbeetumfang. Da es fünf Tortenstücke sind, wird das Ergebnis durch 5 geteilt: 3,14159 m : 5 Teile = 0,628318 m.

Ein Teilstück ist bei einem Beetdurchmesser von 1 m an der Außenlinie also etwa 63 cm lang.

Diese 63 cm können wir jetzt von dem Metermaß auf das Seil übertragen. Es wird einfach mit einem Strich markiert.

Nun wird das Seil als Maßeinheit genutzt und die Länge auf die Beetaußenlinie übertragen: Man startet an einem beliebigen Punkt des Beetes, markiert ihn mit einem kurzen Stock und führt das Seil weiter an der Außenlinie. An dem Punkt, wo die Seilmarkierung von 63 cm auftaucht, wird das Beet erneut mit einem Stöckchen markiert. Dies wiederholen wir noch vier weitere Male, bis wir wieder am Ausgangspunkt ankommen. Nun werden die Tortenstücke mit dem Seil, das auf der Erde liegt, markiert.

WER KEIN RUNDES BEET MÖCHTE, sondern eine andere Form bevorzugt, sollte folgende Faustregel berücksichtigen: Kein Punkt im Beet ist weiter als eine Armlänge vom Rand oder einem Weg entfernt. Die passende Beetbreite richtet sich also immer nach Größe und Alter des Gärtners.
Bei größeren Beetflächen werden einfach zusätzliche Wege z. B. aus Ziegeln, Rindenmulch oder Holzplanken eingeplant.
Eine Beeteinfassung ist nicht nur praktisch, sondern sieht auch hübsch aus. Geeignet sind z. B. Holzbretter, größere Steine oder Ziegel.

ZIERGARTEN

DAS IST
wirklich
WICHTIG

[a] STELLT DIE TÖPFE IN EINEN WASSEREIMER und grabt ein Pflanzloch, das etwa doppelt so breit und tief, wie der Ballen ist.
Sobald keine Blasen mehr aufsteigen, hat sich der Wurzelballen mit Wasser voll gesogen. Nun reißt ihr ihn vorsichtig mit den Händen auf. So können sich die Wurzeln besser ausbreiten.

[b] SETZT DIE PFLANZE EIN UND FÜLLT MIT ERDE AUF. Der Ballen sollte auf der gleichen Höhe wie das Beet liegen.

[c] WÄHREND UND NACH DEM PFLANZEN GIESST IHR ausgiebig mit Wasser. Das ist auch in den Tagen danach noch wichtig.

BEET FÜR DIE SINNE

Wie bepflanze ich richtig?

Unser Beet hat nun schon richtig Form angenommen, fehlen nur noch die passenden Pflanzen. In einem gut vorbereiteten Beet können sie prima gedeihen und dann geht's los mit Tasten, Schmecken, Riechen ...

GRUNDREGELN FÜR DIE PFLANZENAUSWAHL

Wer erinnert sich noch an das Rezept für üppiges Grün aus dem ersten Kapitel, Seite 15? Genau: Setze die Pflanze an den für sie geeigneten Platz!

Die beiden wichtigsten Fragen bei der Pflanzenwahl lauten: Was für einen Boden haben wir? Wie viel Sonne scheint auf das Beet?

Die hier ausgewählten Pflanzen eignen sich für einen möglichst sonnigen Standort. Nährstoff- und Wasserbedarf dieser Pflanzen sind aber unterschiedlich.

PFLANZEN IM BEET DER SINNE

Bereich Auge
Bunte Sommerblumen wie Sonnenblume, Islandmohn, Löwenmäulchen, Schmuckkörbchen

Bereich Nase
Geranie in den Duftrichtungen, Apfel, Zitrone, Schoko und Minze. Alternativ: verschiedene Minze- und Salbeiarten.

Bereich Ohren
Verschiedene Pflanzen, deren Blätter im Wind rauschen, wie Zittergras und Taglilie

Bereich Hände
Pflanzen mit einer interessanten Oberfläche: Kronen-Lichtnelke und Woll-Ziest mit samtig weichen Blättern. Glattfleischige Sukkulenten. Löwenmäulchen, das beim Aufdrücken der Blüte seine „Zähnchen" zeigt.

Bereich Mund
Verschiedene Gemüsepflanzen und Beeren wie Zucker-Mais, Minigurke, Erdbeeren

ANLEITUNG

Bevor es ans Bepflanzen geht, bereiten wir das Beet noch gut für die Pflanzen vor. Dazu graben wir die Fläche mit einem Spaten um und befreien sie von Pflanzenresten, Steinen etc. So ist die Erde schön locker und die Wurzeln der Beetneulinge können sich leicht ausbreiten. Als Nächstes wird die Fläche glatt gerecht. Dann sorgen wir für eine gute Nährstoffversorgung und breiten reife (also schon gut zersetzte, feinkrümelige) Komposterde auf dem Beet aus; abschließend wird es nochmals glatt geharkt.

Beim Platzieren der Pflanzen achten wir darauf, dass sonnenhungrige Pflanzen nicht von anderen verschattet werden und ausreichend Platz zum Wachsen haben. Große Pflanzen setzt man meist in den Beethintergrund oder bei runden Beeten in die Mitte, kleinere an den Rand nach vorne.

ZIERGARTEN

NUR REIFE SAMEN VON DEN PFLANZEN ABERNTEN.

[a]

[b]

[c]

DAS IST *wirklich* WICHTIG

[a] BASTELT EINEN KLEINEN PAPIERUMSCHLAG und bemalt und/oder beschriftet ihn mit dem Namen der Pflanzensamen.

[b] BEI SONNIGEM WETTER könnt ihr die reifen Samen ernten. Schneidet sie mit einem scharfen Messer oder einer Schere ab.

[c] TROCKNET DIE SAMEN einige Tage auf einem Papier und füllt sie dann in die vorbereiteten Umschläge.

SAMENSAMMLER
Vielfalt für den Garten

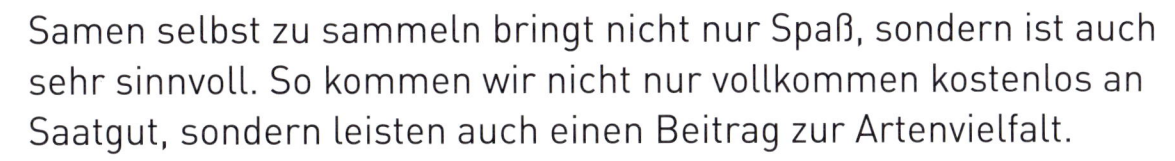

Samen selbst zu sammeln bringt nicht nur Spaß, sondern ist auch sehr sinnvoll. So kommen wir nicht nur vollkommen kostenlos an Saatgut, sondern leisten auch einen Beitrag zur Artenvielfalt.

Obwohl die Artenvielfalt eine sehr hohe Bedeutung für das Leben auf der Erde hat, ist sie heute bedroht. Denn Samen werden heute überwiegend in speziellen Gärtnereien, so genannten Sämereien, gewonnen. Diese vermehren jedoch möglichst einheitliche Sorten mit guten Eigenschaften. In der Natur hingegen entsteht per Zufall eine sehr große Artenvielfalt. Indem wir Samen sammeln und anbauen, helfen wir, die Pflanzen zu verbreiten und zu bewahren.

WIE SEHEN SAMEN ÜBERHAUPT AUS?
Samen können sehr unterschiedlich aussehen. Auf dem Foto oben sind Samen einer Mohnblume, einer Sonnenblume, der Kapuzinerkresse, der Tomate, einer Erdbeere, eines Kürbisses, einer Haselnuss, einer Kirsche, eines Apfels, einer Erbse/Bohne und einer Weizenähre abgebildet. Welche Größe und Form die Samen haben, hängt damit zusammen, wie sie sich in der Welt verbreiten (siehe Seite 36/37).

WO KÖNNEN WIR SAMEN FINDEN?
Samen entstehen nach der Befruchtung einer Blüte (siehe Seite 36). Deshalb bilden sie sich auch genau dort, wo einmal die Pflanzenblüte saß. So wird z. B. aus einer Apfelblüte ein Apfel, in dem seine Kerne bzw. Samen versteckt sind. Bei einer Sonnenblume sitzen die Samen in der Mitte der ehemaligen Blüte, bei einer Mohnblume in der Kapsel der verblühten Blume. Möchten wir die Samen sammeln, halten wir im Sommer und Herbst nach verblühten Blumen, reifem Obst, Beeren oder Gemüse Ausschau.

WAS MÜSSEN WIR BEIM SAMMELN VON SAMEN BEACHTEN?
Geerntet werden am besten nur reife Samen bei sonnigem Wetter. Reife Samen erkennt man z. B. daran, dass sie braun und trocken sind oder einfach von der Pflanze fallen. Trockenheit ist wichtig, damit das Saatgut nicht fault.
Nicht alle Samen sind jedoch zur Aussaat geeignet. Damit sich die Samensuche lohnt und wir im nächsten Jahr möglichst schöne, gesunde Pflanzen heranziehen, werden am besten die Samen kräftiger gesunder Pflanzen geerntet.
Daneben gibt es noch Samen, die aus speziellen Kreuzungen – also der geschlechtlichen Vermehrung – stammen. Sie werden als F1-Hybriden bezeichnet. Ziel dabei ist es, die guten Eigenschaften der Eltern in der ersten Kindergeneration, der so genannten F1, zu vereinen. Leider treten jedoch, den Gesetzen der Mendel'schen Vererbungslehre folgend, die schlechten Eigenschaften in der darauffolgenden Generation unkontrolliert wieder auf. Deshalb sind Samen von F1-Hybriden weniger zur Aussaat geeignet. Möchte man später Samen gewinnen, sollte man beim Kauf auf Hybridsaatgut verzichten (ist auf der Packung direkt oder mit einem x für Kreuzung vermerkt). Gut geeignet zum Sammeln sind daneben auch Wildblumen und -kräuter.
Was beim Aussäen zu beachten ist und wie ganz einfach kleine Anzuchttöpfe für die Samen selbst gebastelt werden können, steht auf Seite 30/31 geschrieben.

ZIERGARTEN

DUFTE PFLANZEN
Schnuppernasen aufgepasst!

Kräuter und viele Zierpflanzen verströmen einen besonderen Duft, der bei Mensch und Tier beliebt ist. Manche öffnen ihre Blüten sogar erst in den Abendstunden.

FRUCHTSALBEI [1.]
Salvia spec.
Es gibt eine große Vielfalt an Salbeiarten und -sorten mit sehr vielen Duftrichtungen wie Ananas oder Muskat.
Pflanzenfamilie: Lippenblütler
Wuchs: aufrecht buschig, bis 45 cm hoch
Blüte: rot. Juli bis August.
Standort: halbschattig bis schattig. Mittlerer Nährstoffbedarf.
Vermehrung: Aussaat im Frühjahr, Stecklinge
Pflege: im Frühjahr Rückschnitt bis zum alten Holz, verträgt keinen Frost, daher am besten in Topf setzen
Hinweis: junge Blätter und Triebe u. a. zum Verfeinern von Speisen verwenden

SCHMETTERLINGSFLIEDER [2.]
Buddleja davidii
Die im Sommer blühenden und herb duftenden Blütenrispen sind ein echter Magnet für Schmetterlinge. Er wird auch Schmetterlingsstrauch oder Sommerflieder genannt, ist aber nicht verwandt mit dem Gemeinem Flieder (*Syringa vulgaris*), der im Frühling blüht.
Pflanzenfamilie: Braunwurzgewächse
Wuchs: aufrecht, trichterförmig wachsender Strauch mit bis zu 3 m Höhe
Blüte: lange, teils überhängende Blütenrispen von Juni bis September in Weiß, Rosa, Rot und diversen Violetttönen
Standort: sonnig. Kalkreich, eher trocken.
Vermehrung: Von Februar bis Juni können Stecklinge genommen werden.
Pflege: im zeitigen Frühjahr auf Stock, d. h. etwa auf Kniehöhe, zurückschneiden. Der Strauch verkahlt sonst von unten.
Hinweis: Alle Pflanzenteile sind schwach giftig.

VANILLEBLUME [3.]
Heliotropium arborescens
Auch diese Blume betört mit ihrem leckeren Duft, diesmal dem nach Vanille.
Pflanzenfamilie: Borretschgewächse
Wuchs: bis 80 cm hoch
Blüte: lila. Mai bis September.
Standort: sonnig. Eher kleiner Nährstoffappetit, aber großer Wasserdurst.
Vermehrung: Aussaat ab Februar/März. Auch Vermehrung durch Stecklinge möglich.
Pflege: mehrjährig, jedoch nicht winterhart

MINZE [4.]
Mentha-Arten und -Sorten
Sehr große Arten-, Sorten- und Geruchsvielfalt. Von Ananas bis hin zu Orange.
Pflanzenfamilie: Lippenblütler

Wuchs: unterscheidet sich je nach Sorte. Aber meist aufrechte Triebe bis zu 80 cm hoch, mehrjährig.
Blüte: weiß bis lilafarben. Juli bis September.
Standort: sonnig. Hoher Wasserbedarf.
Vermehrung: Pflanzenteilung
Pflege: bildet stark wuchernde, unterirdische Ausläufer, daher am besten im Topf ins Beet setzen
Hinweis: lecker als Tee, einfach einige Blätter frisch mit heißem Wasser überbrühen

SCHOKOLADEN-KOSMEE [5.]
Cosmos atrosanguineus
Der vielversprechende Name deutet es an: Sie duftet intensiv nach Schokolade.
Pflanzenfamilie: Korbblütler
Wuchs: bis 80 cm hoch, einjährig
Blüte: burgunderfarben. Mai bis August. Auch Sorten in Weiß, Rosa und Rot.
Standort: sonnig. Mittlerer Nährstoff- und Wasserbedarf.
Vermehrung: Aussaat ab Mai ins Freiland
Hinweis: Auch die Schokoladenblume *(Berlandiera lyrata)* duftet, wie der Name schon sagt, stark nach Schokolade.

DUFTGERANIE [6.]
Pelargonium-Arten und -Sorten
Verschiedene Arten und Sorten, deren Blätter nach dem Reiben z. B. stark nach Apfel, Zitrone, Rose oder Schoko duften. Sie dienen auch zur Herstellung von ätherischen Ölen.
Pflanzenfamilie: Storchschnabelgewächse
Wuchs: buschig aufrecht bis hängend, bis 1 m
Blüte: Farbe und Größe der Blüten unterscheiden sich je nach Sorte (gilt auch für die Blätter), meist aber weiß, rosa, violett oder mehrfarbig. Mai bis Oktober.
Standort: sonnig bis halbschattig. Großer Wasser- und Nährstoffbedarf zur Blütenbildung, dann wöchentlich einmal düngen.
Vermehrung: 5 bis 10 cm lange Stecklinge im Sommer aus weichen Trieben, die noch nicht geblüht haben, schneiden

Pflege: Verblühtes regelmäßig entfernen. Mehrjährige Sorten im Herbst ausgraben und an einem kühlen dunklen Ort wie z. B. im Keller lagern. Gelegentlich gießen. Ab Februar umtopfen und auf einer kühlen Fensterbank langsam umgewöhnen.
Hinweis: Fruchtige Sorten lassen sich zum Verfeinern von Süßspeisen, Eingemachtem, Kaltgetränken und Tees verwenden.

DUFTWICKE [7.]
Lathyrus odoratus
Auch Edelwicke genannt. Besonders pflegeleicht und blühfreudig, wenn Verblühtes regelmäßig entfernt wird.
Pflanzenfamilie: Hülsenfrüchtler
Wuchs: ranken an Spalieren und Zäunen bis 2,5 m hoch, einjährig
Blüte: weiß, rosa, lachsfarben, rot, violett, blau, auch mehrfarbig. Juni bis September.
Standort: sonnig und geschützt. Hoher Nährstoff- und Wasserbedarf. Eignet sich sehr gut für Balkonkästen.
Vermehrung: vorziehen ab März/April oder im April Aussaat direkt ins Freiland. Neigt an passenden Standorten zur Selbstaussaat.
Hinweis: alle Pflanzenteile leicht giftig, insbesondere die Samen

NACHTKERZE [8.]
Oenothera biennis
Sie blühen nachts und entfalten dann ihren intensiven süßlichen Geruch.
Pflanzenfamilie: Nachtkerzengewächse
Wuchs: aufrecht, bis 1 m hoch, zweijährig
Blüte: gelb. Juni bis September. Öffnet sich in den späten Abendstunden und blüht etwa bis zum nächsten Mittag.
Standort: sonnig. Mittlerer Nährstoff- und Wasserbedarf.
Vermehrung: Aussaat im Frühjahr. Sät sich leicht selbst aus.
Hinweis: Wer in der Abenddämmerung das Aufblühen beobachtet, kann sehen, wie sich innerhalb weniger Minuten die gesamte Blüte in einer fast fließenden Bewegung öffnet.

[5.]

[6.]

[7.]

[8.]

ZIERGARTEN

PFLANZEN ERLEBEN
Fühlen, hören, schmecken, sehen

Pflanzen lassen sich auf unterschiedliche Weise erkennen. Hier einige besondere Vertreter, die uns über unsere unterschiedlichen Sinne verraten, wer sie sind.

LÖWENMÄULCHEN [1.]
Antirrhinum majus
Sinn Tasten: Bei sanftem seitlichem Druck auf die Blüte öffnet sich das „Maul" und kleine „Zähnchen" werden sichtbar. Die zarte Schönheit hat dank ihrer „großen Klappe" übrigens auch in anderen Sprachen interessante Namen: Im Englischen wird sie Snapdragon, also Schnappender Drachen genannt, auf französisch Gueule-de-loup, also Wolfsmaul.
Pflanzenfamilie: Wegerichgewächse
Wuchs: 25 cm bis 1 m hoch, einjährig
Blüte: weiß, gelb, orange, rosa, rot. Juli bis September.
Standort: normaler bis großer Nährstoffhunger, kleiner bis normaler Wasserdurst
Vermehrung: von Januar bis April unter Glas aussäen, Jungpflanzen dürfen ab Mitte Mai dauerhaft ins Freie. Säen sich auch leicht selbst aus.

WOLL-ZIEST [2.]
Stachys byzantina
Sinn Tasten: Auf Grund seiner flauschigen Oberfläche und der Form der Blätter auch bekannt als Esels- oder Hasenohr. Die Engländer nennen ihn liebevoll Lamb's Ear – also Lammohr.
Pflanzenfamilie: Lippenblütler
Wuchs: mehrjähriger Bodendecker, der dichte Teppiche bildet. Im Juni wachsen kräftige behaarte Stängel, an denen sich die Blütenstände entwickeln.
Blüte: kleine rosa bis lila Blüten. Juni bis September.
Standort: sonnig, geringer Nährstoff- und Wasserbedarf, bevorzugt daher durchlässige bzw. sandige Böden
Vermehrung: im Frühjahr durch Teilung
Pflege: Verblühtes abschneiden
Hinweis: ideal zur Bepflanzung von Kiesgärten und als Beeteinfassung

STROHBLUME [3.]
Helichrysum-Cultivars
Sinn Tasten: Die strohigen Blüten sind gut zum Basteln geeignet. So lassen sich z. B. die Blüten als Perlen auf Band ziehen.
Pflanzenfamilie: Korbblütler
Wuchs: je nach Sorte 30 bis 80 cm hoch, ein- oder mehrjährig
Blüte: viele zum Teil sehr leuchtende Farben wie Gelb, Orange, Pink oder Blau; auch mehrfarbige Blüte. Mai bis Oktober.
Standort: sonnig, mittlerer Nährstoffhunger, normaler bis großer Wasserdurst
Vermehrung: Aussaat ins Freiland ab Ende April

TULPEN-MAGNOLIE [4.]
Magnolia x soulangeana
Sinn Sehen: tulpenähnliche Blüten
Pflanzenfamilie: Magnoliengewächse
Wuchs: großer Strauch oder Baum mit 4 bis 8 m Höhe

Blüte: in Weiß und diversen Rosatönen. April bis Mai.
Standort: sonnig und geschützt. Hoher Nährstoffbedarf.
Hinweis: blüht vor dem Laubaustrieb, daher spätfrostgefährdet

KAPUZINERKRESSE [5.]
Tropaoelum majus in Sorten
Sinne Sehen und Schmecken: Auf den Blättern lässt sich der so genannte Lotuseffekt beobachten, dabei perlt das Wasser von der speziell strukturierten Oberfläche einfach ab. Außerdem ist die gesamte Pflanze inklusive Samen essbar.
Pflanzenfamilie: Kreuzblütler
Wuchs: variiert. Als Beeteinfassung eignen sich vor allem nicht rankende, bodendeckende Sorten. Zur schnellen Begrünung von Zäunen die kletternden Sorten.
Blüte: knallig in Gelb, Orange und Rot, auch zweifarbig. April bis September.
Standort: sonnig bis halbschattig. Normaler Nährstoffhunger bei großem Durst.
Vermehrung: frostempfindlich, Aussaat ins Freiland daher erst ab Mitte Mai, Voranzucht möglich. Ein- und zweijährig, häufig Selbstaussaat.
Hinweis: Kaum eine andere Pflanze lässt sich im Garten so vielseitig einsetzen wie die Kapuzinerkresse. Sehr schön als Umrandung in Zier- und Gemüsebeeten, als Unterpflanzung von Obstbäumen, aber auch im Topf. Absolut pflegeleicht!

FEDERBORSTENGRAS [6.]
Pennisetum
Ideales Beetgras, das auch unter dem Namen Lampenputzergras bekannt ist.
Sinn Hören: Fährt der Wind in die Gräser, erzeugen sie ein sanftes Rauschen.
Pflanzenfamilie: Süßgräser
Wuchs: bis etwa 80 cm Höhe
Blüte: gelb-braun. Juli bis Oktober.
Standort: sonnig
Vermehrung: Teilung im Frühjahr
Kulturzeit: mehrjährig

SAUERAMPFER [7.]
Rumex
Sinn Schmecken: unterschieden werden die Wildform, die z. B. auf Wiesen vorkommt und die gezüchtete Kulturform, die im Gemüse- und Kräutergarten gepflanzt wird. Sie enthält sehr viel Vitamin C.
Pflanzenfamilie: Knöterichgewächse
Wuchs: 30 cm bis 1,2 m hoch, mehrjährig
Blüte: grünlich und unscheinbar, später rötlich. Mai bis August.
Standort: sonnig bis schattig. Feuchte und nährstoffreiche Lehm- oder Tonböden.
Vermehrung: ins Freiland ab Mitte März oder ab Ende August aussäen. Lichtkeimer.
Hinweis: Am schmackhaftesten sind Blätter ohne die typischen rostbraunen Löcher. Nur in kleinen Mengen verzehren, da Sauerampfer einen hohen Anteil an Oxalsäure enthält, die insbesondere für Kinder in größeren Mengen unbekömmlich ist.

SÜSSKRAUT [8.]
Stevia rebaudiana
Sinn Schmecken: Auf Grund ihres extrem süßen Geschmacks wird die Pflanze in Südamerika und Asien seit Jahrhunderten als natürlicher Süßstoff verwendet – sie ist 300-mal süßer als gewöhnlicher Zucker. Dabei kann sie weder Karies noch Diabetes auslösen. In Europa ist sie bislang in den meisten Ländern nicht offiziell als Lebensmittel zugelassen.
Pflanzenfamilie: Korbblütler
Wuchs: strauchartiger Wuchs zwischen 50 cm und 1 m Höhe, mehrjährig
Blüte: fünf bis sechs winzige weiße oder rosafarbene Blüten, die in einem Körbchen zusammenstehen. September bis Oktober.
Standort: sonnig bis halbschattig. Trockenheit vermeiden.
Vermehrung: ab April im Haus aussäen, auspflanzen ab Ende Mai. Lichtkeimer.
Pflege: nicht frosthart, wird deshalb meist jährlich wieder ausgesät. Rückschnitt nach der Blüte.

ZIERGARTEN

ESSBARE BLÜTEN
Buntes zum Reinbeißen

Die Blüten folgender Pflanzen sehen nicht nur schön aus, man kann sie sogar verspeisen. Guten Appetit!

GÄNSEBLÜMCHEN [1.]
Bellis perennis
Ist unter zahlreichen Namen bekannt wie Maßliebchen, Maiblume, Regenblume. Die frischen Blütenblättchen und Frühlingsblätter schmecken sehr lecker auf Salaten sowie in Quark und sehen auf diversen Speisen als Garnierung hübsch aus.
Pflanzenfamilie: Korbblütler
Wuchs: Blattrosette, aus der die Blüte samt Stängel emporwächst, bis etwa 15 cm Höhe, mehrjährig
Blüte: weiß mit rosa Maserung. März bis November.
Standort: auf fast jeder Rasenfläche zu finden, die nicht ständig gemäht wird
Vermehrung: sät sich an geeigneten Standorten selbst aus. Die Gräser sollten dabei nicht zu hoch stehen.
Tipp: richtet den Blütenkopf immer nach der Sonne aus. Schließt sich abends und bei Regen.

RINGELBLUME [2.]
Calendula officinalis
Alte Heilpflanze. Junge frische Blütenblätter und Blättchen werden gerne zur Verzierung von diversen Speisen verwendet, insbesondere Salate und Kräuterbutter.
Pflanzenfamilie: Korbblütler
Wuchs: 30 bis 50 cm hoch, aufrecht, teils buschig wachsend
Blüte: gelb und orange, von Mai bis September. Es gibt gefüllte und ungefüllte Sorten.
Standort: sonnig, mittlerer Nährstoffbedarf
Vermehrung: ab April direkt ins Freiland aussäen. Behauptet sich an manchen Standorten wie eine Mehrjährige, da sie sich leicht selbst aussät. Ihrem ringelförmigen Samen verdankt sie ihren Namen.
Pflege: um die Blütezeit zu verlängern und einen kompakten Wuchs zu fördern, Verblühtes regelmäßig entfernen
Tipp: typische robuste Bauerngartenpflanze. Dort werden Gemüsepflanzen mit hübschen einjährigen Sommerblumen gemischt.

SCHNITTLAUCH [3.]
Allium schoenoprasum
Die Blüten am besten ungekocht zum Würzen verwenden, auch als essbare Dekoration. Zudem gut für die Verdauung.
Pflanzenfamilie: Zwiebelgewächse
Wuchs: aufrecht, bis 40 cm hoch
Blüte: hübsche lila Kugelblüten. Juni bis Juli.
Standort: halbschattig bis sonnig, nahrhafte, aber nicht zu feuchte Böden, mehrjährig
Vermehrung: ab April ins Freiland aussäen, Teilung im Herbst
Pflege: regelmäßig gießen und düngen
Tipp: Blattröhren bis in den Spätsommer ernten

HORN-VEILCHEN [4.]
Viola cornuta in Sorten
Pflanzenfamilie: Hülsenfrüchtler
Wuchs: 10 bis 20 cm hoch, aufrecht
Blüte: sortenabhängig in Weiß, Gelb, Rot, Blau, Violett, auch mehrfarbig. Mai bis Juli.
Standort: sonnig bis halbschattig, anspruchslos, mehrjährig
Vermehrung: Aussaat im Sommer oder Teilung
Tipp: schön in Töpfen und Kübeln

ROSE [5.]
Rosa
Wegen ihrer Blütenfülle und des Duftes, den sie verströmen kann, wird sie schon seit Jahrtausenden in aller Welt als „Königin der Blumen" geschätzt. Die frischen Blütenblättchen sind eine hübsche Garnierung für diverse Gerichte und Zutat für Sirup sowie Marmeladen.
Pflanzenfamilie: Rosengewächse
Wuchs: je nach Klasse und Sorte von klein bis groß, kletternd oder buschig
Blüte: Farbe, Form, Blühdauer und -häufigkeit unterscheiden sich nach Klassen und Sorten
Standort: sonnig. Möglichst gleichmäßige Nährstoffgabe, z. B. über mineralischen Langzeitdünger.
Pflege: regelmäßig Verblühtes entfernen, dann blühen viele Sorten ein zweites Mal
Tipp: Die meisten Sorten können im Frühjahr um etwa ein Drittel zurückgeschnitten werden.

INDIANERNESSEL [6.]
Monarde
Duftet angenehm nach Zitrone, daher werden die frischen Blüten gerne für Salate oder Süßspeisen verwendet. Wird auch Goldmelisse oder Monarde genannt.
Pflanzenfamilie: Lippenblütler
Wuchs: 80 cm bis 1,5 m hoch, mehrjährig
Blüte: scharlachrot. Juni bis September.
Standort: hoher Nährstoffbedarf
Vermehrung: im Frühjahr aussäen oder im Herbst teilen

KORNBLUME [7.]
Centaurea
Pflanzenfamilie: Korbblütler
Wuchs: 20 bis 80 cm hoch
Blüte: leuchtend blau. Juni bis September.
Standort: sonnig, gerne sandiger, trockener Untergrund
Vermehrung: sät sich an geeigneten Standorten selbst aus
Tipp: Schon die römische Göttin Ceres trug sie als Zierde im Haar. In Deutschland seit etwa 1800 eine beliebte Schmuckpflanze, vor allem auf Grund ihrer tollen Blütenfarbe. Schöne Nachbarn sind Kamille und Klatsch-Mohn.

SCHWARZER HOLUNDER [8.]
Sambucus nigra
Sowohl weiße Blüten als auch dunkelviolette Beeren lassen sich sehr schmackhaft verarbeiten zu Limonade, Sirup, Saft oder Suppe. Die Beeren sind besonders Vitamin-C-haltig, jedoch ungekocht giftig! Dies gilt nicht für die Blüten.
Pflanzenfamilie: Geißblattgewächse
Wuchs: sommergrün. Breit aufrecht oder schirmförmig, Höhe 3 bis 8 m. Sehr schnellwüchsig.
Blüte: weiße Dolden im Mai/Juni. Ernte der reifen dunkelvioletten Beeren im Spätsommer.
Standort/Pflege: sehr anpassungsfähig, alle vier bis fünf Jahre stärkerer Rückschnitt empfehlenswert
Tipp: Das Holz ist gut zum Basteln oder für Insektenhotels geeignet, da es einen weichen Kern besitzt. Hat eine große ökologische Bedeutung z. B. für Insekten und Vögel.

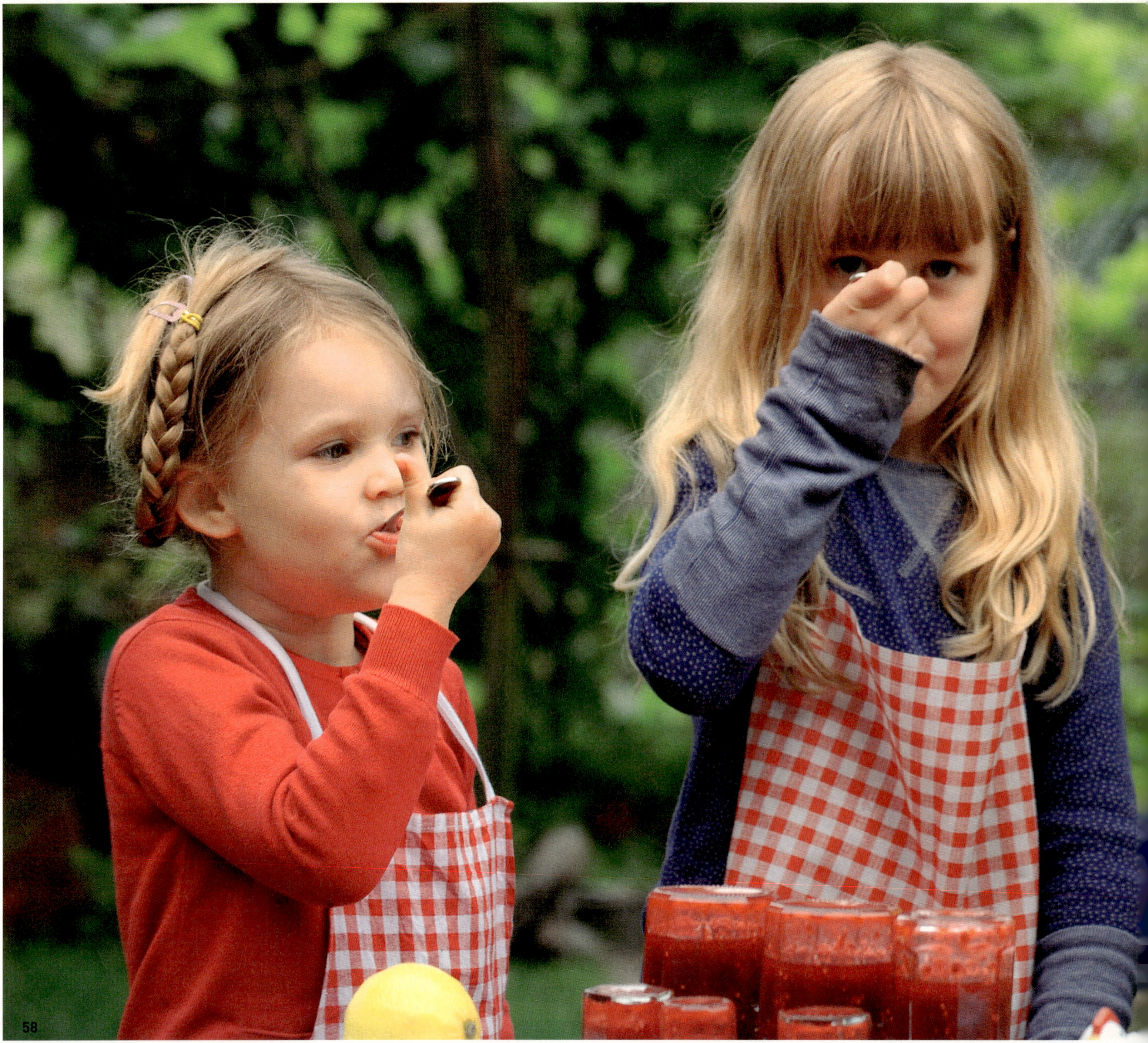

NASCHGARTEN
Tischlein deck dich

JETZT WIRD ES KÖSTLICH! HIER ERFAHT IHR, WIE MAN LEICHT EIGENES GEMÜSE, OBST UND BEEREN ZIEHEN UND ERNTEN KANN. DIESE VITAMINBOMBEN SCHMECKEN UND SEHEN AUCH NOCH TOLL AUS.

NASCHGARTEN

DAS IST
wirklich
WICHTIG

[a] **FÜLLT DEN SACK ETWA ZUR HÄLFTE** mit nährstoffreicher Erde auf.

[b] **SETZT DREI BIS FÜNF KNOLLEN** mit den Keimen nach oben in etwa 5 cm Tiefe ein. Gebt etwas Holzasche und Hornspäne in das Pflanzloch, so sind die Kartoffeln gut mit Stickstoff versorgt. Gießt die Säcke bei Trockenheit regelmäßig und nicht nur nach dem anpflanzen.

[c] **SOBALD SICH DAS ERSTE GRÜN ZEIGT,** häufelt ihr die Triebe mit neuer Erde an. Dies wiederholt ihr einige Male und schüttet den Sack schließlich bis zum oberen Rand auf.

[d] **NACH EINIGEN WOCHEN** beginnen die Pflänzchen zu welken. Dann heißt es: Kartoffeln aus dem Sack!

KARTOFFELN IM SACK GUT MIT ERDE ANHÄUFELN.

KNOLLEN ANBAUEN
Kartoffeln aus dem Sack

Die Kartoffelsorte 'Linda' kennen viele. Aber wer möchte Bekanntschaft machen mit 'Bamberger Hörnchen', der 'Roten Emma' oder dem 'Blauen Schweden'? Allesamt lassen sich leicht und platzschonend in einem Sack anbauen.

VIELFALT BEWAHREN
Viele alte Sorten überzeugen mit gutem Geschmack, ungewöhnlichen Formen und Farben. Diese Vielfalt bekommen wir meist nur auf den Tisch, wenn wir sie selbst anbauen. In vielen Läden bekommt man oft nur eine Auswahl mit wenigen und neu gezüchteten Sorten zu kaufen. Aber das muss uns jetzt nicht mehr stören, denn Kartoffeln selbst anzubauen ist ganz leicht!

GRUNDREGELN FÜR KARTOFFELN
Normalerweise werden Kartoffeln im Beet angebaut. Man muss dazu aber keine große Fläche reservieren. Häufig kann man die Saatkartoffeln zwischen andere Pflanzen setzen.
Drei Dinge sollten dabei allerdings beachtet werden:
1. Nicht neben Erbsen, Gurken, Kürbisse, Rote Bete, Sellerie, Sonnenblumen, Tomaten oder Zwiebeln setzen, weil sich diese im Pflanzenwachstum behindern (siehe Seite 66).
2. Kartoffeln nicht auf das gleiche Beet wie im Vorjahr pflanzen, da sonst der Befall und die Ausbreitung möglicher Pflanzenkrankheiten gefördert werden.
3. Einen möglichst sonnigen Standort mit lockerer durchlässiger Erde auswählen.

KNOLLEN FÜR DIE ERDE
Als Saatkartoffeln eignen sich vor allem Sorten aus dem Bioladen, am besten wählt man Demeterware. Andere Kartoffeln werden teilweise vor dem Verkauf gewaschen. Sie sind ungeeignet zur Anzucht, da ihre Schale für eine bessere Haltbarkeit mit keim- und schimmelhemmenden Mitteln behandelt wird. Ab Ende März lassen wir die Knollen an einem hellen trockenen, aber kühlen Ort vorkeimen. Sobald die Erde warm genug ist, können sie gegen Ende April mit dem Keim nach oben in die Erde gesetzt werden.

GEEIGNETE SÄCKE UND GEFÄSSE
Auch in Säcken sollten die Kartoffeln natürlich sonnig stehen. Säcke und Gefäße, die wir zum Kartoffelanbau verwenden, müssen vor allem eins sein: wasserdurchlässig. Das Wasser darf sich also nicht stauen, sondern muss ungehindert ablaufen können. Auf den Fotos haben wir u. a. alte Reissäcke verwendet. Sie sind aus gewebter Kunststoffplane und werden am besten noch mit zusätzlichen Ablauflöchern versehen. Einfach in einem asiatischen Restaurant danach fragen. Ansonsten kann man auch gewöhnliche Plastiksäcke nehmen, sie mit Löchern versehen und dann in Jutesäcke stecken. Oder die Kartoffeln werden einfach in große Kübel mit Abflusslöchern gepflanzt.

MATERIAL
- Vorgekeimte Biokartoffeln
- Reissack oder Ähnliches
- Nährstoffreiche Erde, z. B. reifer Kompost
- Gartenerde
- Etwas Hornspäne und feine Holzasche

NASCHGARTEN

DAS IST
wirklich
WICHTIG

[a] EINE KEGELIGE FORM AUS MASCHENDRAHT bildet den Körper der Figur.

[b] DER KOPF wird aus einem Kranz aus biegsamen Zweigen geformt. Dazu drückt ihr die Weide kräftig mit beiden Daumen. Beginnt am dicken Ende und wickelt den Zweig immer um sich selbst.

[c] BEFESTIGT DEN KOPF MIT ZWEI STÖCKERN an der Kegelform. Weitere Stöcker bilden die Arme, etwas Sisal die Haare. Fertig ist die kleine Gartenfreundin fürs Gemüsebeet.

62

RANKGITTER BAUEN
Eine Prinzessin für die Erbse

Einige Gemüsesorten brauchen eine Rankhilfe, an der sie emporwachsen können. Dazu gehören z. B. Erbsen, Bohnen, Gurken … Sie erobern dabei sehr schnell die kleine Rankfigur, die wir hier bauen.

RANKEN UND SCHLINGEN
Auf welche Weise, sich die Pflanzen ihren Weg nach oben bahnen, ist unterschiedlich. Schlinger wie Feuer- und Stangenbohnen sowie Kiwi winden sich schraubenförmig um eine senkrechte Kletterhilfe nach oben. Sie brauchen daher eine gerade, aufrechte Stütze. Toll sehen sie z. B. an einem Tipi aus langen geraden Haselruten aus, die an der Spitze zusammengebunden werden.
Bei Rankern winden sich die vielen Seitentriebe der Pflanze um die Kletterhilfe. Die Winderichtung ist dabei genetisch festgelegt und bei den meisten Pflänzchen linksherum. Eine besondere Gruppe unter den Rankern sind die so genannten Blattstielranker, die sich mit Blattstielen wie kleine Korkenzieher um die Kletterhilfe winden. Zu ihnen zählen Kürbisgewächse, Zuckerschoten und Erbsen.
Ein passendes Gerüst aus Maschendraht lässt sich für unsere Ranker sehr einfach bauen.

MATERIAL
- Etwas Maschendraht oder eine Form zum Beschneiden von Buchs
- Draht, Sisalschnur
- Bambusstöcke, Weiden
- Gartenschere, Drahtzange
- Einen wasserfesten Stift bei Bedarf

Wer wie auf den Fotos links eine kleine Figur bauen möchte, braucht zusätzlich nur noch zwei bis drei biegsame Zweige, z. B. aus Weide, Hasel oder Forsythie, und ein Stück Sisalschnur für Kopf, Arme und Haare der Figur.
Statt eines einfachen Maschendrahts kann auch eine kegelige Form zum Beschneiden von Buchsfiguren verwendet werden [→ a]. Es gibt sie in den meisten Gartenmärkten.

ANLEITUNG: KEGELFORM AUS MASCHENDRAHT
Mit der Drahtzange wird ein etwa 50 x 80 cm großes Stück Maschendraht abgetrennt. Dieses Teil muss nun halbkreisförmig zugeschnitten werden. Zum Anzeichnen bastelt man einen einfachen Zirkel mit einem Stück Stock, etwas Schnur und einem wasserfesten Stift:
1. Mitte finden: Die Außenkanten genau übereinander legen und dann falten. Wieder aufklappen und flach auf den Rasen legen.
2. Halbkreis anzeichnen: Schnur am Stöckchen festknoten und Stöckchen am oberen Ende der Faltkante in den Boden stecken. Den Stift an der Stelle festknoten, an der die Schnur im rechten Winkel auf die Außenkante trifft. Nun den Halbkreis im großen Bogen anzeichnen. Die Schnur dazu immer straff halten. Dann an der Schnittkante entlang ausschneiden.
3. Kegel biegen: Der halbkreisförmige Maschendraht wird nun zu einem Kegel gebogen. Wer möchte, kann die Spitze mit der Drahtzange noch etwas kürzen. Weiter geht es auf der Fotoseite.

NASCHGARTEN

MIT STÖCKCHEN UND SCHNUR DIE FIGUR IM BEET VORMALEN.

DAS IST *wirklich* WICHTIG

[a] MIT EINEM STÖCKCHEN ODER DEM FINGER malen wir die Form einer Schnecke in die Erde. Schafft ihr es, die Schnecke mit einem einzigen Strich zu malen?

[b] NUN STECKEN WIR etwa bleistiftlange Hölzchen in die Schneckenspur. Wir knoten eine Schnur in der Gehäusemitte fest und führen sie an den Stöckchen entlang.

[c] IN DIE SAATRILLE SÄEN WIR Kresse, Salat und Radies aus und bedecken alles mit etwas Erde.

[d] VORSICHTIG GIESSEN WIR die Schnecke an, damit die Saat nicht aufschwemmt. Bis zum Keimen darf sie nun nicht durstig werden.

MALEN MIT GEMÜSE

Kresseschnecke und Zuckerfee

Ein besonderer Spaß ist das Aussäen von essbaren Pflanzen. Dieses Vergnügen kann sogar noch gesteigert werden, wenn einfache Bilder von Häusern, Menschen oder Tieren im Beet heranwachsen.

VERTIKALE BEETE – FIGUREN IN DER HÖHE

Das Rankgitter von der vorigen Seite ist nun bereit zum „Begrünen" mit Gemüse. Dazu suchen wir einfach einen schönen sonnigen Platz im Beet und stellen es auf.

Die Hülsenfrüchte, wie Erbsen oder Zuckerschoten, werden vor dem Säen am besten über Nacht in einem Schälchen mit Wasser eingeweicht. So keimen sie in der Erde schneller.

In einem Abstand von etwa 3 bis 4 cm werden jeweils zwei bis drei Erbsen daumentief eingepflanzt und anschließend gründlich gewässert. Bis sie keimen, sollte das Saatgut nicht austrocknen. Und auch danach sind die Erbsen noch sehr durstig. Wenn sich nach einiger Zeit kleine Pflänzchen daraus gebildet haben, können wir die beiden Schwächeren entfernen und lassen nur die kräftigste Jungpflanze stehen. Auf diese Weise zieht man besonders gut entwickelte Pflanzen heran.

Die Pflänzchen suchen sich mit ihren Ranken dann selbst den in Weg in die Höhe und bemalen die Figur mit üppigem Grün (siehe Foto oben) und bunten Blüten. Wer sie dabei unterstützen möchte, kann sie mit einer weichen Schnur vorsichtig lose am Gitter festbinden.

SCHNECKEN ZUM ESSEN

Gemüsesamen eignen sich aber nicht nur, um hohe Figuren in den Garten zu zaubern. Es lassen sich damit auch einfache Bilder und Muster ins Beet malen. Wir säen hier z. B. eine kleine Gemüseschnecke in Ivas Beet aus (siehe Fotoseite). Dazu verwenden wir nur Samen, die besonders schnell – innerhalb von zwei bis drei Tagen – keimen. Kresse, Radies und Salat strapazieren die Geduld der Nachwuchsgärtner nicht über. Der hoch aufschießende Salat eignet sich besonders für das Gehäuse, die mittelgroßen Radies für Kopf und Fühler und die kleine, schnell keimende Kresse zum Vorzeichnen des gesamten Körpers.

Die Nachwuchsgärtner möchten aber noch ein anderes Bild ins Beet malen? Kein Problem. Wie wäre es z. B. mit einer Sonne, einem Mond, einem Haus oder einem Strichmännchen? Selbst ein einfaches Auto ist schon durch unser Beet gefahren. Man muss dabei lediglich darauf achten, dass das Bild aus einer einfachen Umrisslinie besteht. Wie es genau geht, wird auf der Fotoseite beschrieben.

DIE VORGESTELLTEN SAMEN können den ganzen Sommer über ausgesät werden. Allerdings sollte es dazu nicht zu warm sein. Denn bei Temperaturen weit über 20° C keimen einige Gemüsesamen nicht mehr.

ANBAUTIPPS FÜR GEMÜSE

Gute und schlechte Partner

Wer möchte mehr als eine Gemüsesorte in seinem Garten anbauen? Gute Idee, denn selbst gezogenes Gemüse schmeckt unsagbar lecker. Damit es auch eine reiche Ernte gibt, hier die wichtigsten Tipps und Regeln.

Viele Gemüsepflanzen sind sehr pflegeleicht und sehen zudem noch hübsch aus im Beet. Heimische Arten gedeihen dabei meist besser in unseren Gärten als exotische, die an andere klimatische Bedingungen gewöhnt sind. Entscheiden wir uns für Gemüse, das eigentlich in wärmeren und trockeneren südlichen Ländern beheimatet ist, wie z. B. Tomate, Aubergine und Paprika, müssen wir uns etwas intensiver um das Wohl unserer Schützlinge kümmern (siehe auch Seite 70, Pflanzenbeschreibungen). Eine genaue Planung sowie eine gute Bodenvorbereitung sind daher als Starthilfe besonders wichtig.

WELCHES GEMÜSE HAT DEN GRÖSSTEN HUNGER?

Die wichtigste Information beim Anbau von Gemüse ist für einen Gärtner, wie viele Nährstoffe eine Sorte braucht. Unterschieden wird in Gemüse mit kleinem, mittlerem und großen Appetit. Man nennt sie Schwach-, Mittel- und Starkzehrer, da sie dem Boden unterschiedliche Mengen Nährstoffe entziehen. Der genaue Nährstoffbedarf einzelner Gemüsearten und weitere Anbautipps können bei den Pflanzenbeschreibungen ab Seite 68 nachgeschlagen werden. Aber einen einfachen Hinweis auf ihren Appetit geben die Gemüsepflanzen selbst. Denn als grobe Faustregel gilt: Je mehr Blattmasse und je größer oder mehr Früchte eine Pflanze entwickelt, desto größer ist auch ihr Nährstoffhunger. Gute Beispiele dafür sind Kürbis, Zucchini, Kartoffel und Kohl. Am besten düngen wir den Boden für diese Pflanzen bereits im Herbst. Dazu werden Komposterde, Hornspäne und Pferde- oder Rindermist leicht in die Erde eingeharkt. Die organischen Materialien werden während frostfreier Phasen im Winter weiter zersetzt und die Erde ist zum Saisonstart im nächsten Jahr gut mit Nährstoffen versorgt.

MISCHKULTUR: GUTE NACHBARN, SCHLECHTE NACHBARN

Gemüsepflanzen haben nicht nur unterschiedliche Nährstoffansprüche, es „vertragen" sich auch nicht alle Arten untereinander. Möchte man verschiedene Gemüsearten auf engem Raum bzw. einem Beet anbauen, sollte man daher wissen, welche Gemüse einen günstigen Einfluss aufeinander haben und welche sich eher behindern. Gute Partnerschaften sind bei den Pflanzenbeschreibungen ab Seite 68 vermerkt.
Der Vorteil von gemischten Beeten besteht darin, dass dem Boden nicht einseitig Nährstoffe entzogen werden. Zudem können Krankheits- und Schädlingsbefall eingedämmt werden, da in der Regel nicht alle Pflanzenarten auf dem Beet befallen werden. Der Duft der Zwiebel soll z. B. die empfindlichen Möhren vor Fliegen und Schnecken bewahren. Auch der gleichzeiti-

GUTER MIST sollte am besten von einem Biohof kommen. Er enthält kaum Zusätze von Stroh und Sägespänen, zudem werden die Tiere nicht oder sehr eingeschränkt mit umweltschädlichen Medikamenten behandelt. Bevor der Mist ausgebracht wird, sollte er einen Sommer auf dem Kompost ablagern.

ge Anbau von Kürbis, Zucker-Mais und Bohnen hat sich bewährt. Die Kürbispflanzen werden vom hohen Mais geschützt und können an ihm emporranken. Die schwachzehrenden Bohnen versorgen den Boden für die beiden Starkzehrer mit Stickstoff, den sie an ihren Wurzeln über so genannte Knöllchenbakterien sammeln. Die großen Blätter des Kürbisses schützen den Boden zudem vor Erosion durch Wind und der Auswaschung von Nährstoffen.

FRUCHTFOLGE: DER JÄHRLICHE WECHSEL MACHT'S

Auch bei Fruchtfolge oder -wechsel geht es darum, über eine Anbauvielfalt einen einseitigen Nährstoffabbau zu vermeiden.

Zudem lassen sich die Gefahren von Krankheits- und Schädlingsbefall verringern. Denn manche Erreger können sich im Boden ansammeln und im nächsten Jahr die gleiche Gemüseart wieder befallen. Daher werden die Gemüsepflanzen im jährlichen Wechsel auf verschiedenen Beeten angebaut. Für einen sinnvollen Wechsel sind mindestens vier Beete erforderlich. Auf einen Starkzehrer folgt im nächsten Jahr ein Mittel- und im übernächsten Jahr ein Schwachzehrer. Im vierten Jahr sät man so genannte Gründünger an gleicher Stelle. Das sind Pflanzen wie z. B. Bienenfreund und Lupine, die dem Boden keine Nährstoffe entziehen, sondern ihn sogar noch damit anreichern.

FRUCHTFOLGE: EIN BEISPIEL

	BEET 1	BEET 2	BEET 3	BEET 4
1. JAHR	Starkzehrer wie Kartoffel	Mittelzehrer wie Kohlrabi	Schwachzehrer wie Erbse	Gründünger wie Bienenfreund
2. JAHR	Mittelzehrer wie Kohlrabi	Schwachzehrer wie Erbse	Gründünger wie Bienenfreund	Starkzehrer wie Kartoffel
3. JAHR	Schwachzehrer wie Erbse	Gründünger wie Bienenfreund	Starkzehrer wie Kartoffel	Mittelzehrer wie Kohlrabi
4. JAHR	Gründünger wie Bienenfreund	Starkzehrer wie Kartoffel	Mittelzehrer wie Kohlrabi	Schwachzehrer wie Erbse

BIENENFREUND IST DER IDEALE GRÜNDÜNGER. Er ist mit keiner unserer Gemüsekulturen verwandt und lässt sich daher prima in jede Fruchtfolge integrieren, ohne Krankheiten zu übertragen. Zudem sehen seine lila Blüten im Sommer einfach wunderschön aus und sind eine Weide für Bienen und viele andere Insekten.

NASCHGARTEN

[1.]

[2.]

[3.]

REKORD-GEMÜSE
Schnelles und Riesiges fürs Beet

Hier alles Wichtige rund um Gemüsearten, die entweder sehr schnell wachsen oder besonders riesig werden.

RIESEN-KÜRBIS [1.]
Cucurbita maxima
Das Wachstumswunder
Pflanzenfamilie: Kürbisgewächse
Sorten: extreme Vielfalt
Boden/Düngen: Starkzehrer. Sehr hoher Nährstoffbedarf. Viel Kompost und abgelagerten Stallmist einarbeiten.
Aussaat: ab Mitte April im Topf aussäen. Ende Mai Jungpflanzen ins Freiland auspflanzen.
Platz: 150 qcm und mehr
Pflege: braucht regelmäßig extrem viel Wasser, um Früchte zu entwickeln. Mit Kompost mulchen. Damit Früchte nicht faulen, Stroh, Brett oder Ähnliches unterlegen.
Gute Nachbarn: Bohne, Erbse, Zwiebel
Schlechte Nachbarn: Gurke
Vor-/Nachkultur: Kohlrabi/Buschbohnen, Spinat, Feldsalat
Ernte: im Frühherbst
Besonderheiten: kann auch am sonnigen Kompost gezogen werden

RHABARBER [2.]
Rheum rhabarbarum
Auch wenn er meist gesüßt bei uns verzehrt wird, ist Rhabarber doch ein Gemüse. Die großen Pflanzen mit ihren vielen roten, auffälligen Stängeln und großen Blättern bekommen meist einen Einzelplatz im Garten.
Pflanzenfamilie: Knöterichgewächse
Sorten: Unterschiede in Stielfarbe und Größe
Boden/Düngen: Starkzehrer. Boden anreichern mit Kompost, Pflanzenjauche, Hornmehl, Stallmist.
Aussaat: gehört zu den wenigen mehrjährigen Gemüsesorten. Leicht zu vermehren über Teilung im Herbst.
Platz: etwa 1 qm
Pflege: pflegeleicht, mag aber feuchte Böden. Mulchschicht aus Komposterde ausbringen.
Ernte: von April bis Juni. Es hat sich eingebürgert, auf Grund der Oxalsäure nach dem 24. Juni nicht mehr zu ernten. Die Stängel zum Ernten am Schaft herausdrehen.
Besonderheiten: Rhabarber schmeckt nicht jedem. Und das ist auch gut so, da nicht jeder den hohen Oxalsäuregehalt verträgt.

ZUCKER-ERBSE [3.]
Pisum sativum ssp. *sativum* Macrocarpon-Gruppe
Endlich ein Gemüse, das zuckersüß schmeckt und auch noch gleich an Ort und Stelle verzehrt werden kann! Auch die Schale ist essbar und lecker. In Frankreich heißen sie deshalb „Mange-tous"– iss alles.
Pflanzenfamilie: Hülsenfrüchtler
Boden/Düngen: Schwachzehrer
Aussaat: damit sie schneller keimen, vor der Aussaat einen Tag lang in Wasser einweichen. Erbsen, die sofort aufschwimmen, entfernen.

Platz: Pflanzenabstand 3 bis 5 cm, Reihenabstand 40 cm
Pflege: brauchen ein Rankgitter (siehe Seite 65). Regelmäßig gießen und rechtzeitig ernten, da sie sonst bitter werden.
Gute Nachbarn: Borretsch, Dill, Fenchel, Gurke, Kohlarten, Kohlrabi, Kopf-Salat, Mais, Möhre, Radies, Rettich, Sellerie, Spinat, Zucchini
Schlechte Nachbarn: Bohne, Kartoffel, Knoblauch, Lauch, Tomate, Zwiebel

RADIES [4.]
Raphanus sativus
Wachstumssprinter
Pflanzenfamilie: Kreuzblütler
Sorten: Form- und Farbenvielfalt
Boden/Düngen: Schwachzehrer. Locker, humos, feucht. Keinen frischen Dünger geben.
Aussaat: im Freiland von März bis August
Platz: Reihenabstand 15 cm, Pflanzenabstand 3 bis 5 cm
Pflege: bei Trockenheit gießen
Gute Nachbarn: Bohne, Erbse, Kapuzinerkresse, Kartoffel, Kohl, Mangold, Möhre, Petersilie, Salat, Spinat, Tomate
Schlechte Nachbarn: Gurke, Chinakohl
Vor-/Nachkultur: alle Gemüse, die vor Mitte August geerntet werden wie Fenchel, Kartoffel, Mais, Tomate
Ernte: ca. vier Wochen nach der Aussaat, von April bis Oktober
Besonderheiten: mag kühlere Temperaturen, bei Sommerkultur daher Anbau im Halbschatten

SALAT [5.]
Lactuca sativa
Schnell, unkompliziert und vielseitig. Zudem guter Lückenfüller.
Pflanzenfamilie: Korbblütler
Sorten: diverse Formen, Farben und Geschmacksrichtungen
Boden/Düngen: Mittelzehrer. Liebt feuchten Boden mit mittlerem Nährstoffgehalt.
Aussaat: im Frühbeet ab März, im Freiland von April bis August. Für eine regelmäßige Ernte alle zwei Wochen neu aussäen.
Platz: ca. 25 bis 30 qcm pro Pflanze
Pflege: viel gießen, aber mäßig düngen
Gute Nachbarn: Buschbohne, Fenchel, Kohlarten, Radies, Rote Bete, Stangenbohne, Pastinake
Vor-/Nachkultur: Bohne, Erbse, Kohlrabi/Bohne, Brokkoli, Lauch, Rosenkohl, Zucchini
Ernte: 35 bis 60 Tage nach der Aussaat
Besonderheiten: Beim Pflücksalat erntet man, wie der Name schon sagt, nur die äußeren Blätter und wartet dann, bis der Salat nachgewachsen ist.

GARTEN-KRESSE [6.]
Lepidium sativum
Das wohl schnellste Gemüse der Welt. Zumindest was die Keimzeit betrifft. Schon nach zwei bis drei Tagen zeigt sich das erste Grün. Ideal daher, um Stellen mit langsam keimendem Gemüse wie Möhren zu markieren.
Pflanzenfamilie: Kreuzblütler
Boden/Düngen: Schwachzehrer
Aussaat: Lichtkeimer, also Saat nur leicht andrücken. Im Haus und unter Glas das ganze Jahr möglich.
Platz: einfach per Streusaat ausbringen, vereinzeln ist nicht notwendig
Gute Nachbarn: Möhre, Radies, Salat, Salbei
Schlechte Nachbarn: Dill, Fenchel, Kerbel, Koriander, Petersilie, Rucola, Schnittlauch
Vor-/Nachkultur: gut geeignet auf Grund kurzer Keimzeit
Ernte: Nach etwa einer Woche können die Keimlinge abgeschnitten werden. Reich an vielen Vitaminen und Folsäure.
Besonderheiten: Mit Kresse lässt sich feststellen, ob die Komposterde schon reif ist. Dazu einfach etwas Kressesamen auf den Kompost schütten und schauen, ob sie keimt. Falls nein, muss der Kompost noch etwas lagern.

NASCHGARTEN

BUNTES GEMÜSE
Farbenpracht für Beet und Teller

Hier lernen wir einige wohlbekannte Gemüse im neuen Gewand kennen. Denn warum orangefarbene Möhren essen, wenn die lila Verwandten viel süßer schmecken?

AUBERGINE [1.]
Solanum melongena
Wärmeliebhaberin in vielen Formen und Farben
Pflanzenfamilie: Kürbisgewächse
Sorten: von rund bis länglich, von weiß bis violett gestreift.
Boden/Düngen: Starkzehrer. Nährstoffreich, locker.
Aussaat: Kübelsaat oder geschützter Standort den gesamten Sommer über ratsam. Jungpflanzen ab Mitte Mai ins Freiland setzen.
Platz: Pflanzenabstand ca. 80 cm, Reihenabstand 60 cm
Pflege: anbinden (Stütze), gut gießen
Mischkultur: Weiße Bohnen
Vorkultur: Radies, Spinat, Salat
Ernte: August bis Oktober
Besonderheiten: wunderschöne lila Blüten

TOMATE [2.]
Lycopersicon esculentum
Die gestreiften Zebrasorten [→ 2.] sind ganz besonders schön und sehr süß im Geschmack.
Pflanzenfamilie: Nachtschattengewächse
Sorten: großes Sortenspektrum mit Farben in Gelb, Rot, gestreift, von mini bis groß
Boden/Düngen: Starkzehrer. Kalkliebend. Auch gut im Kübel.
Aussaat: im Haus ab März vorziehen, ab Mitte Mai ins Freiland umsiedeln
Platz: Pflanzen- und Reihenabstand bei Stabtomaten ca. 50 bis 70 cm
Pflege: Regenschutz empfehlenswert (am besten Regendach), um Braunfäule zu vermeiden. Regelmäßig gießen, dabei die Blätter nicht benetzen. Ausgeizen.
Guter Nachbar: Buschbohne, Chicorée, Knoblauch, Kohlrabi, Lauch, Möhre, Pastinake, Petersilie, Radies, Ringelblume, Salat, Sellerie, Spinat, Zwiebel
Schlechte Nachbarn: Erbse, Fenchel, Gurke, Kartoffel, Rote Bete, Rot-Kohl
Ernte: Juli bis Oktober
Besonderheiten: reifen nach der Ernte stark nach

KARTOFFEL [3.]
Solanum tuberosum
Unschlagbar lecker aus Eigenanbau. Warum nicht einmal eine blauschalige Sorte [→ 3.] für den Kinderteller ausprobieren.
Pflanzenfamilie: Nachtschattengewächse
Sorten: unendliche Vielfalt in Geschmack, Farben (gelb, braun, rot, blau, violett, Farbkombinationen) und Formen. Frühe, mittlere oder späte Sorten.
Boden/Düngen: Starkzehrer. Liebt lockeren humosen Boden, Staunässe vermeiden. Im Herbst Rinder- oder Pferdemist spatentief

einarbeiten. Beim Setzen etwas Hornspäne und Holzasche beigeben.
Aussaat: ab Ende März an hellem, aber trockenem und kühlem Ort vorkeimen. Vorgekeimte Kartoffeln ab Ende April setzen. Vorsicht: Erde darf nicht zu kalt sein.
Platz: ca. 10 bis 15 cm tief, Reihenabstand 30 bis 50 cm, Knollenabstand 35 bis 40 cm
Pflege: Wenn die Triebe 30 cm hoch sind, noch einmal ein bis zwei Handbreit mit Erde anhäufeln. Bei Trockenheit regelmäßig und gründlich wässern.
Gute Nachbarn: Buschbohne, Dicke Bohne, Kapuzinerkresse, Kohlrabi, Kümmel, Mais, Meerrettich, Minze, Radies, Spinat, Tagetes
Schlechte Nachbarn: Erbse, Gurke, Kürbis, Rote Bete, Sellerie, Sonnenblume, Tomate, Zwiebel
Vor-/Nachkultur: Radies, Spinat/Erdbeeren, Salat, Zwiebeln, Blumen-, Rosen- oder Grünkohl
Ernte: Juli bis Oktober

MAIS [4.]
Zea mays
Der Kinderklassiker ist Zucker-Mais!
Pflanzenfamilie: Süßgräser
Sorten: neben klassisch gelben gibt es auch weiße, rote und sogar blaue Sorten. Zucker-Mais ist besonders süß.
Boden/Düngen: Starkzehrer. Nährstoffreich, locker. Mit Kompost düngen.
Aussaat: ab Mitte April aussäen. Ab Mitte Mai ins Freiland. Zur leichteren Befruchtung und für bessere Standfestigkeit immer mehrere Pflanzen setzen.
Platz: Reihenabstand 70 cm, Pflanzenabstand 20 cm
Pflege: feucht halten, Seitentriebe entfernen
Gute Nachbarn: Bohne, Gurke, Kartoffel, Kopfsalat, Kürbis, Tomate, Zucchini
Schlechte Nachbarn: Rote Bete, Sellerie
Vorkultur: Radies, Spinat
Ernte: im Herbst

MANGOLD [5.]
Beta vulgaris var. *cicla*
Geschmack ähnelt Spinat. Überzeugende innere und äußere Werte.
Pflanzenfamilie: Gänsefußgewächse
Sorten: Stiele variieren in der Farbe von Weiß, Gelb bis Rot, auch mehrfarbige Sorten
Boden/Düngen: Mittelzehrer. Humos, nährstoffreich, tiefgründig wegen langer Wurzeln (bis zu 1 m Länge). Mit Kompost, Steinmehl, Brennnessel- oder Beinwelljauche düngen.
Aussaat: im Topf oder Freiland von März/April bei einer Mindestbodentemperatur von 10° C bis Juli
Platz: Pflanzabstand für Stielmangold ca. 40 cm, für Schnittmangold 15 bis 20 cm
Pflege: für zarte Blätter den Boden feucht halten. Mulchen mit Brennnesseln.
Mischkultur: Borretsch, Salat, Buschbohne, Erdbeere, Kapuzinerkresse, Möhre, Radies
Vor-/Nachkultur: Erbse, Bohne/Buschbohne, Kohlrabi, Radies, Salat
Ernte: Juni bis September

MÖHRE [6.]
Daucus carota ssp. *sativus*
Dekorativ und lecker
Pflanzenfamilie: Doldenblütler
Sorten: von rund bis bunt. Die lila Urmöhre ist besonders süß.
Boden/Düngen: Mittelzehrer. Lockerer, humoser, leicht kalkhaltiger Boden. Mindestens einen Monat vor Aussaat düngen.
Aussaat: im Freiland von Mitte April bis Ende Juni. Lange Keimzeit, zum Markieren Radies säen. Gegebenenfalls vereinzeln.
Platz: Reihenabstand 15 bis 25 cm, Pflanzenabstand zwischen 3 bis 7 cm
Pflege: Gegen Möhrenfliege und Schnecken helfen Vliese und Insektenschutznetze.
Gute Nachbarn: Chicorée, Dill, Erbse, Erdbeere, Knoblauch, (Schnitt-)Lauch, Mangold, Radies, Rettich, Salat, Schwarzwurzel, Spinat, Tomate, Zwiebel
Schlechte Nachbarn: Rote Bete, Minze
Vor-/Nachkultur: Erbse/Blumenkohl, Endivie, Kohlrabi
Ernte: Juli bis Oktober

NASCHGARTEN

DAS IST *wirklich* WICHTIG

[a] **DIE AUSGEHOBENE ERDE** wird mit reifem Kompost gemischt.

[b] **MIT EINER HOLZLATTE** o. Ä. könnt ihr kontrollieren, ob die Veredlungsstelle wirklich über der Erde liegt. Steht der Baum gerade?

[c] **DIE ERDE WIRD GUT ANGEDRÜCKT,** dabei könnt ihr gerne die Füße zu Hilfe nehmen.

[d] **BEIM GRÜNDLICHEN ANGIESSEN** wird die Erde an die Wurzeln geschwemmt. Wer ist wohl in ein paar Jahren größer: Kind oder Baum?

DIE BAUMVEREDELUNG LIEGT IMMER ÜBER DER ERDE.

OBSTBAUM PFLANZEN

Zum Geburtstag viel Glück

Hier pflanzen wir zum Geburtstag einen besonderen Baum. So können kleine und große Gärtner jedes Jahr vergleichen, wer schneller gewachsen ist: Baum oder Kind?

OBSTBÄUME FÜR KINDER

Obstbäume unterscheiden sich je nach Sorte und Art der Züchtung. Es lohnt also, genau zu überlegen, wie der passende Obstpartner aussieht. Hier ein paar Tipps für eine gute Wahl:

1. Welches Obst mögen die kleinen Gärtner am liebsten? Es wäre ja Schade, wenn das Geburtstagskind die Ernte später gar nicht vernascht. Zur Auswahl stehen Apfel, Birne, Süß- oder Sauerkirsche, Pflaume, Zwetschge. Je nach Obstsorte werden verschiedene Wuchsformen mit unterschiedlichen Eigenschaften angeboten. Am besten lässt man sich bei seiner Wahl in einer Baumschule beraten.

2. Gibt es benachbarte Bäume der gleichen Obstart? Dies ist wichtig für die Befruchtung der Bäume. Soll der Baum Früchte tragen, muss sich entweder ein passender Baumpartner in der näheren Umgebung befinden oder man wählt eine selbstbefruchtende Sorte aus. Diese kann sich mit ihren eigenen Pollen selbst bestäuben und somit befruchten.

3. Wo soll der Baum stehen und wie groß darf er dort werden? Verschattet er eventuell Gemüse- und Zierbeete? Obstbäume werden in verschiedenen Wuchsformen angeboten. An der Bezeichnung Buschbaum, Halb- oder Hochstamm kann man z. B. ablesen, welche Stammhöhe der Baum etwa entwickelt (zwischen 50 cm und 2 m) und in welcher Höhe das Kronenwachstum beginnt. Je niedriger der Stamm bleibt, desto erntefreundlicher ist der Baum. Die Kronenform wird hingegen zum großen Teil durch den Schnitt bestimmt.

4. Wann soll der Baum gepflanzt werden? Wurzelnackte Pflanzen werden entweder im zeitigen Frühjahr oder im Herbst gesetzt. Bäume mit einem Erdballen können in frostfreien Zeiten das ganze Jahr gepflanzt werden.

PFLANZANLEITUNG

1. Den Baum an den Pflanzplatz stellen und dann einmal um ihn herumgehen. Hat er auch in ein paar Jahren überall noch genügend Platz? Sieht er schön aus an dieser Stelle? Wenn alle mit der Wahl zufrieden sind, geht es jetzt weiter mit dem Pflanzen – am besten arbeiten wir zu zweit oder zu dritt.

2. Der Baum wird in einen gefüllten Wassereimer gestellt. Besonders wurzelnackte Pflanzen sollten mindestens drei Stunden ziehen.

3. Die Wässerungszeit wird genutzt, um das Pflanzloch zu graben. Es sollte ungefähr doppelt so groß sein wie das Wurzelwerk bzw. der Ballen.

4. Die Erde aus dem Loch wird mit reifem Kompost vermischt. Zusätzlich fügen wir noch etwas Hornspäne hinzu. Bei wurzelnackten Bäumen werden die Wurzeln mit einer scharfen Gartenschere etwas zurückgeschnitten. Dann stellen wir den Baum in das Pflanzloch. Die Veredlungsstelle (Verdickung am unteren Stamm) muss später über der Erde liegen.
Wer ein balliertes Bäumchen einpflanzt, löst vorher noch das Ballentuch, damit die Pflanze ungehindert wachsen kann. Bei Bedarf wird ein Stützpfosten eingelassen.

5. Während einer das Bäumchen gerade hält, befüllt der andere das Pflanzloch zur Hälfte mit dem Komposterdgemisch. Zwischendurch wird der Baum leicht geschüttelt, sodass die Erde zwischen die Wurzeln fällt. Wir drücken nun die Erde leicht fest und kontrollieren, ob der Baum noch geradesteht. Dann wird das erste Mal angegossen.

6. Zum Abschluss füllen wir das Loch auf, bis es auf Bodenniveau abschließt und gießen noch einmal gut an. Daran sollten wir auch in den nächsten Wochen denken.

NASCHGARTEN

[a]

[e]

DAS IST *wirklich* WICHTIG

[a] ALS ERSTES WERDEN DIE FRÜCHTE gewaschen und ggf. entkernt und klein geschnitten. Damit das Mengenverhältnis mit dem Zucker stimmt, wird das Obst erst danach gewogen.

[b] WER KEINE STÜCKE in seiner Marmelade mag, püriert das Obst einfach ...

[c] ... UND GIBT ANSCHLIESSEND DEN GELIERZUCKER in die Masse.

[d] UNTER STÄNDIGEM RÜHREN wird die Masse zum sprudelnden Kochen gebracht. Dann noch etwa drei bis vier Minuten weiterkochen.

[e] MIT DER GELIERPROBE kontrollieren wir, ob die Masse schon fest genug ist. Dazu einfach einen kleinen Klecks auf einen sauberen Teller geben. Die heiße Masse wird schnell in die vorbereiteten Gläser gefüllt, die danach fest verschlossen und fünf Minuten auf den Kopf gestellt werden.

[b]

[d]

[c]

MARMELADE EINKOCHEN

Süßes für Schleckermäulchen

Wer den Sommer länger genießen möchte als nur zur Haupterntezeit, kocht Beeren und Obst einfach ein – auch im Garten kein Problem! Geeignet sind vor allem Erdbeeren, Himbeeren, Johannisbeeren, Pfirsiche und Zwetschgen.

ZUCKER ZUM KLEBEN

Mithilfe von Gelierzucker können wir einfach und schnell einen süßen Frühstücksaufstrich zaubern. Der heute gebräuchliche Gelierzucker kam erst 1965 auf den Markt. Vorher musste Eingemachtes wesentlich länger gekocht werden. Gelierzucker besteht dabei, wie der Name schon verrät, aus einer Mischung aus Zuckerraffinade und dem Geliermittel Pektin. Dazu kommen noch Säuerungsmittel wie Zitronen- oder Weinsäure, gehärtete pflanzliche Fette und manchmal zusätzliche Konservierungsstoffe wie Sorbinsäure. Je nachdem, in welchem Mischverhältnis Zucker und Zusatzstoffe enthalten sind, werden verschiedene Gelierzucker unterschieden: Der klassische Gelierzucker 1:1 wird zu gleichen Teilen mit Früchten gemischt, Gelierzucker 2:1 enthält mehr Zusatzstoffe. Auf einen Teil Gelierzucker kommen hier zwei Teile Früchte. Den geringsten Zuckeranteil und damit höchsten Anteil an Zusatzstoffen enthält der Gelierzucker 3:1. Auf einen Teil Gelierzucker kommen hier drei Teile Früchte.

DIE WICHTIGSTEN TIPPS RUND UMS EINKOCHEN

1. Früchtewahl: Am besten frisch geerntete reife, aber nicht faule Früchte ohne Stellen verwenden. So erhält man das beste Aroma und die Marmelade ist länger haltbar.
2. Gelierzucker: Immer frisch kaufen, da die enthaltenen Geliermittel mit der Zeit ihre Bindefähigkeit verlieren. Wer beim Einkochen nicht das ganze Paket Gelierzucker verbraucht, sollte ihn vor dem späteren Gebrauch gut durchmischen, damit Zucker und alle Zusatzstoffe gleichmäßig verteilt sind.
3. Wiegen: Hier ist große Genauigkeit gefragt, damit die Masse auch geliert! Gewogen werden die geschnittenen und ggf. entkernten Früchte.
4. Sauberkeit: Das ist das A und O beim Einkochen! Kontrollieren Sie, ob die Schraubdeckel der Einmachgläser fest schließen und kochen Sie diese vor der Benutzung samt Deckeln gründlich aus.
5. Große Töpfe: Nach dem Einfüllen von Früchten und Zucker sollte der Topf etwa zur Hälfte gefüllt sein. So wird später ein Überkochen der sprudelnden Masse verhindert.
6. Fruchtstücke: Größere Früchte wie Erdbeeren werden in kleine Stückchen geschnitten. Wer überhaupt keine Stückchen in der Marmelade mag, püriert die gewaschenen Früchte vor dem Kochen durch.
7. Gelierprobe: So überprüft man, ob die Masse schon fest genug ist. Dazu einen Klecks der heißen Masse auf einen Teller geben. Verläuft er noch, wird Zitronensaft oder ein Päckchen Zitronensäure hinzugefügt und das Ganze ein/zwei Minuten weitergeköchelt, dann abermals überprüfen.
8. Einfüllen: Jetzt muss es schnell gehen. Ein ausreichend großer Trichter kann das Einfüllen erleichtern. Ggf. den Glasrand mit einem sterilen Tuch sauber wischen.

ZUTATEN UND AUSRÜSTUNG
- Ausgekochte Gläser mit fest verschließbaren Schraubdeckeln (so genannten Twist-off-Deckeln)
- Küchenwaage
- Großer Kochtopf und Kochlöffel
- Brett, Messerchen, Küchensieb, eventuell Pürierstab
- 1 kg Beeren für 500 g Gelierzucker 2:1
- Zitronensaft
- Nach Geschmack etwas Vanille(zucker) oder Zimt
- Standfester Campingkocher mit größerem Topf

NASCHGARTEN

[1.]

[2.]

[3.]

BEEREN
Echte Vitamine naschen

Es kann ein Hochgenuss sein, von der Hand in den Mund zu leben! Auch bei Beeren ist das Farben-, Formen- und Geschmacksangebot im eigenen Garten sehr viel größer, als auf dem Markt.

HIMBEERE [1.]
Rubus idaeus
Beliebtes Wald- und Rosengewächs
Sorten: 'Golden Queen'® (gelb, herbsttragend). Herbstsorten tragen im Sommer an den zweijährigen Ruten, im Herbst an den einjährigen Ruten.
Wuchsform: rankend, gut am Spalier
Standort: Sommertragende Sorten können auch im Halbschatten gepflanzt werden.
Befruchtung: selbstfruchtbar
Platzbedarf: 1 qm, Pflanzabstand 40 bis 50 cm
Boden: locker, nährstoffreich. Verträgt keine Staunässe und verdichteten Boden, pH-Wert zwischen 5,5 und 6,5.
Pflege: Flachwurzler, deshalb lieber Mulchschicht anlegen als jäten. Aufbinden der Triebe notwendig. Wird schnell von Pilzkrankheiten wie Wurzelfäule und Rutenkrankheit befallen. Betroffene Pflanzen oder -teile schnellstmöglich entfernen.
Schnitt: Bei Herbstsorten zweijährige Ruten nach Ernte auf ca. 30 cm einkürzen. Jungruten der Sommersorten im Frühjahr auf vier Augen zurückschneiden. Ausschneiden der Altruten nach der Ernte.
Ernte: je nach Sorte Juni bis Oktober. Vorsicht, die Beeren sind extrem empfindlich. Deshalb am besten gleich vernaschen oder einmachen.

ERDBEERE [2.]
Fragaria x ananassa
Fast drei Kilo essen die Deutschen im Schnitt pro Jahr.
Sorten: große Vielfalt, z. B. Monats-, Kletter- oder Hänge-Erdbeeren
Wuchsform: niedrig buschig. Kletternde Sorten können bis 1,5 m hoch werden.
Standort: sonnig
Befruchtung: Fremdbestäubung über Insekten oder Wind
Platzbedarf: Pflanzabstand 20 bis 30 cm, Reihenabstand 40 bis 60 cm
Boden: humushaltiger, leicht saurer Boden
Pflege: düngen mit Kompost bei Pflanzung und nach der Ernte. Nicht im Frühjahr, da Pflanze sonst schießt! Vor der Ernte mit Stroh mulchen.
Schnitt: Alte Blätter können nach der Ernte zurückgeschnitten werden. Dabei das Herz, also die Mitte der Pflanze, nicht verletzen!
Ernte: je nach Sorte vom Frühsommer bis in den Herbst. Aroma morgens stärker.

HEIDELBEERE [3.]
Vaccinium myrtillus
Auch als Blaubeere bekannt. Moorbeetpflanze mit sehr speziellen Ansprüchen.
Sorten: 'Bluecrop', 'Goldtraube', 'Patriot'

Wuchsform: aufrecht buschig, bis 1,8 m hoch und breit
Standort: sonnig bis halbschattig, windgeschützte Lage. Hitze wird jedoch schlecht vertragen.
Befruchtung: selbstfruchtbar
Platzbedarf: Pflanzabstand 1 bis 2 m, Reihenabstand etwa 2 bis 3 m
Boden: locker, sandig, eher nährstoffarm. Gedeiht und trägt nur in saurer Erde mit pH-Wert zwischen 4,5 und maximal 5,5. Falls nötig, Pflanzloch mit Rhododendronerde, Sand, Rindenmulch auffüllen. Ebenfalls sinnvoll: Kübelpflanzung.
Pflege: regelmäßige und gleichmäßige Wasserversorgung, Staunässe vermeiden
Schnitt: jährlich leicht auslichten, alle paar Jahre leicht zurückschneiden
Ernte: Juni bis September

JOHANNISBEERE [4.]
Ribes rubrum
Pflegeleicht und lecker sauer
Sorten: neben dem roten Klassiker auch in Weiß erhältlich. Die Schwarze Johannisbeere *(R. nigrum)* ist in Wuchs, Pflege und Ernte der Roten und Weißen sehr ähnlich.
Wuchsform: Strauch oder Hochstämmchen
Standort: sonnig bis halbschattig
Befruchtung: selbstfruchtbar
Platzbedarf: 2 qm, Pflanzabstand 1,5 bis 2 m
Boden: ideal lehmhaltig und nährstoffreich, pH-Wert zwischen 5,5 und 7
Pflege: pflegeleicht, gelegentlich zu dicht stehende Triebe von der Mitte her ausschneiden
Schnitt: Fruchtholz sollte maximal vier Jahre alt sein. Kann an der Basis entfernt werden.
Ernte: Juni bis August

JOSTABEERE [5.]
Ribes x *nidigrolaria*
Pflegeleichte Kreuzung aus Stachel- und Johannisbeere. Hoher Vitamin-C-Gehalt.
Sorten: 'Jocheline', 'Josta', 'Rikö'
Wuchsform: Strauch, auch als Hochstämmchen
Standort: sonnig bis halbschattig
Befruchtung: selbstfruchtbar
Platzbedarf: 4 qm, Pflanzabstand 1,5 bis 1,8 m
Boden: ideal lehmhaltig und nährstoffreich
Pflege: mulchen vorteilhaft
Schnitt: fruchtet am ein- und mehrjährigen Holz. Ab dem dritten Standjahr Auslichtungsschnitt. Triebe, die älter als sechs Jahre sind, werden an der Basis entfernt.
Ernte: Juni bis Juli

STACHELBEERE [6.]
Ribes uva-crispa
Wie Johannis- und Jostabeere pflegeleicht
Sorten: mit grünen, gelben, rötlichen Beeren
Wuchsform: Strauch oder Stämmchen
Standort: sonnig bis halbschattig
Befruchtung: selbstfruchtbar
Platzbedarf: 1,5 qm, Pflanzabstand 1,5 m
Boden: ideal lehmhaltige, nährstoffreiche Böden, pH-Wert zwischen 5,5 und 7
Pflege: mulchen günstig
Schnitt: nach der Ernte. Fruchtet am einjährigen Holz und an vorjährigen Seitentrieben. Triebe, die älter als vier bis fünf Jahre sind, können an der Basis zurückgeschnitten werden.
Ernte: Juli bis August

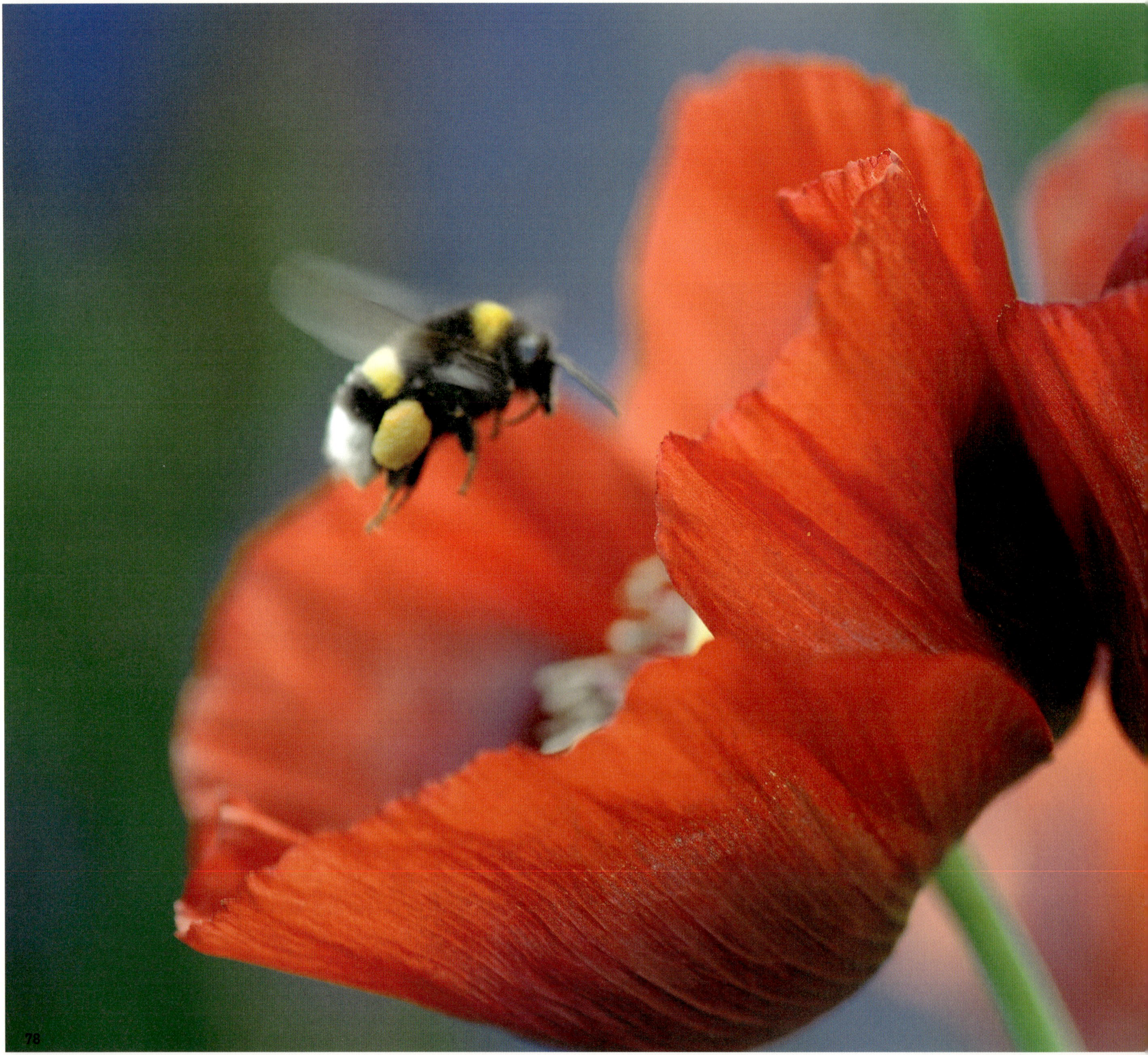

TIERE IM GARTEN
Beobachten und behüten

WAS KREUCHT UND FLEUCHT DENN DA? GÄRTEN SIND NICHT NUR HERVORRAGENDE SPIELPLÄTZE, SONDERN FÜR VIELE TIERE EIN WICHTIGER LEBENSRAUM. WER SICH ALLES IM GARTEN TUMMELT UND WAS MAN MACHEN KANN, UM NOCH MEHR TIERISCHE UNTERMIETER ANZULOCKEN, ZEIGEN WIR AUF DEN NÄCHSTEN SEITEN.

TIERE IM GARTEN

[b]

[a]

DAS IST
wirklich
WICHTIG

[a] IN EINER BECHERLUPE könnt ihr die Insekten gleichzeitig während der Insektensuche verwahren und später ausgiebig untersuchen.

[b] IST DER REGENWURM hier wirklich ein Insekt? Um das zu überprüfen, zählt die Anzahl der Beine am Brustteil. Fühler und andere Extremitäten werden nicht mitgezählt!

[c] WER LUST HAT, kann die kleinen Krabbler auch zeichnen.

[c]

INSEKTEN UNTER DER LUPE
Beobachten für kleine Forscher

Klein, aber oho! Das sind Insekten. Weit über 80 % aller bekannten Tierarten gehören zu dieser Gruppe. Unter einer Becherlupe lassen sie sich genau beobachten und auch feine Besonderheiten der Sechsbeiner feststellen.

KLEINE LEBEWESEN MIT GROSSER AUFGABE
Manch einer ekelt sich vielleicht etwas vor ihnen und fragt sich, warum es diese kleinen Krabbler geben muss. Tatsächlich übernehmen Insekten viele wichtige Aufgaben in der Natur: Manche zersetzen Pflanzenreste, andere sorgen über die Bestäubung für die Vermehrung vieler Pflanzen. Und nicht zuletzt sind viele auch eine wichtige Nahrungsquelle für andere Tiere wie Vögel.

INSEKTEN-STECKBRIEF
Wichtiges Merkmal aller Insekten ist ihr dreigeteilter Körperaufbau aus Kopf (Caput), Brust (Thorax) und Hinterleib (Abdomen). Auf diese Eigenart bezieht sich auch ihr Name, der sich von dem lateinischen Wort für „eingeschnitten" ableiten lässt. Neben der Körperdreiteilung haben alle Insekten einen so genannten Chitinpanzer und drei Beinpaare, die am Thorax sitzen. Viele haben hier auch noch ein paar Flügel. Daneben können sie noch andere Extremitäten, also Körperteile wie Fühler, Fangwerkzeuge oder Stachel, besitzen.
Außerdem haben Insekten am Kopf so genannte Facettenaugen, die sich aus vielen Einzelaugen zusammensetzen.
Zu den Insekten zählen danach z. B. Ameisen, Bienen, Flöhe, Käfer, Libellen, Ohrwürmer, Schmetterlinge und Wanzen.

VERWANDLUNGSKÜNSTLER
Insekten haben kein inneres Skelett, sondern gewissermaßen ein äußeres. Dies ist der Chitinpanzer, der dem Körper Halt gibt und ihn zugleich vor Austrocknung schützt. Da er während der Entwicklung vom kleinen bis zum erwachsenen Insekt nicht automatisch mitwächst, muss er abgeworfen werden. Dabei ändert sich häufig auch das Äußere der Tierchen – sie machen eine Verwandlung durch.
Im Garten können wir viele Larven (Jugendstadien) der Insekten finden. Beim Schmetterling heißen sie Raupen, bei Maikäfern sind es die Engerlinge, und Maden sind die Jungstadien der Fliegen. Verwandeln sich diese Larven in erwachsene Insekten, lässt sich ihre ursprüngliche Gestalt kaum noch erkennen. Oder wer erkennt, dass der Schmetterling einmal eine Raupe war?
Aber nicht alle Insekten verwandeln sich. Wir können auch kleine Insekten wie Heuschrecken oder Blattläuse im Garten entdecken, die den Erwachsenen bereits sehr ähnlich sind.

INSEKTEN-SAFARI
Wer unter den kleinen Lesern und Zuhörern jetzt Lust auf eine Entdeckungstour hat, schaut einmal nach, ob er bereits Insekten von anderen Krabblern unterscheiden kann. Gehören Spinnen z. B. auch zu den Insekten und wenn ja bzw. nein warum? Dazu einfach ein paar Tierchen einsammeln und unter einer Becherlupe untersuchen. Das ist eine Lupe, die praktischerweise direkt auf einen durchsichtigen Becher geschraubt wird. Nach der Untersuchung werden die Tiere dann wieder freigelassen.

TIERE IM GARTEN

IN HOHLRÄUMEN DER STÄNGEL KÖNNEN INSEKTEN NISTEN

[a]

DAS IST
wirklich
WICHTIG

[a] HOHLE PFLANZENSTÄNGEL sind ein gutes Material für die Füllung. Sie werden etwa auf 10 cm Länge gekürzt und mit Draht oder Schnur gebündelt. Mit einer Stricknadel wird überprüft, ob die Hohlräume groß genug sind.

[b] GROSSE UND DICKE TEILE werden als erstes in den Rahmen eingesetzt. Hartholzscheiben werden dafür vorher in etwa 2 cm Abstand mit tiefen, aber nicht durchstoßenden Bohrlöchern im Durchmesser von 2 bis 10 mm versehen.

[c] ZWISCHENRÄUME werden u. a. mit Stöckchen aufgefüllt. Ecken und Rückseite des Hotels werden noch mit Lehm verklebt.

[d] HIER IST ES GUT ZU SEHEN: Für den Bau eines dreieckigen Rahmens muss man die Bretter auf Gehrung schneiden.

INSEKTENHOTEL
Ein Heim für Vielflieger

Insekten wie Bienen und Hummeln sind wichtig, weil sie auf der Suche nach Nektar viele Pflanzen bestäuben und für deren Vermehrung sorgen. Gut also, diese fleißigen Arbeiter im eigenen Garten zu beherbergen!

Hier gibt es deshalb die Anleitung für ein kleines, aber feines Insektenhotel. Der beste Standort für die wärmeliebenden Besucher ist sonnig und geschützt.

MATERIAL
- Ein einfacher Rahmen wie z. B. eine alte Schublade oder ein Vogelhäuschen aus unbehandeltem Holz
- Hohle Pflanzenstängel z. B. von Holunder, Schilf, Binsen, Königskerzen in etwa 10 cm Länge
- Lehm sowie Ziegel mit Löchern
- 12 bis 15 cm dicke Klötze aus Hartholz wie Eiche, Buche, Esche, Ahorn, Apfel und Robinie
- Bohrmaschine mit Bohraufsätzen für Holz
- Gartenschere
- Draht oder Schnur

ANLEITUNG
Als Erstes brauchen wir einen passenden Rahmen für das Hotel. Er bildet das Gerüst für das gesammelte Naturmaterial und schützt die wasserempfindlichen Bewohner später vor Regen. Hier haben wir einen einfachen Dreiecksrahmen aus witterungsbeständigem Lärchenholz gefertigt.
Bei einem dreieckigen Rahmen werden die Bretter am besten auf Gehrung geschnitten. So nennen Tischler die Eckverbindung zweier im Winkel zugeschnittener Bretter, die so aufeinanderstoßen, dass nur eine fast nicht sichtbare Stoßfuge an der Eckkante entsteht. Dazu braucht man eine spezielle Gehrungssäge, bei der man das Brett in eine Führung mit verstellbarem Winkelgrad einlegen kann. Im eingestellten Winkel wird das Brett dann beschnitten.
In der Mitte des Bodenbrettes ist noch eine kreisrunde Öffnung, um das Häuschen später auf einen einfachen Holzstiel stecken zu können.
Wer die Gehrungsschnitte nicht selbst machen möchte, fragt bei dem Händler, bei dem die Bretter gekauft wurden, oder bei einem Tischler nach einem Zuschnitt.
Noch ein Tipp: Am besten wird die Konstruktion verschraubt und nicht genagelt. Denn genagelte Verbindungen springen bei Regen schnell auf, da das Holz dann quillt. Mit alten Dachziegeln, Schieferplatten oder Dachpappe lässt sich ein einfaches Dach bauen, um den Rahmen noch besser vor Regen zu schützen.

DIE FÜLLUNG
Für die Füllung muss erst einmal kräftig Material gesammelt werden. Das kann einige Zeit dauern. Es dürfen nur Naturstoffe gesucht werden, die nicht mit Chemikalien wie z. B. Pflanzenschutzmitteln behandelt wurden. Weiter geht es mit der Anleitung auf der Fotoseite.

LIEBER MIT DEM BAU EINES KLEINEN HOTELS ANFANGEN: Man unterschätzt schnell, wie viel Material schon in einen kleinen Rahmen passt. Wer sehr viel angesammelt hat, kann sich z. B. an das Füllen eines alten Holzregals machen. Auf jeden Fall sollte unbehandeltes Holz verwendet werden, damit die Insekten keinen Schaden nehmen.

TIERE IM GARTEN

[1.]

[2.]

[3.]

INSEKTEN

Sechsbeiner in unserem Garten

Die hier vorgestellten Insekten gehören fast alle zu den Nützlingen. Das sind Tiere, die aus menschlicher Sicht der Natur Gutes tun, indem sie z. B. Schädlinge fressen oder Blumen bestäuben.

SCHMETTERLING [1.]
Arten: weltweit über 18.000. Lassen sich anhand der unterschiedlichen Flügelmuster und -farben unterscheiden.
Merkmale: Am auffälligsten sind ihre z. T. wunderschön gezeichneten vier Flügel.
Entwicklung: Die meiste Zeit ihres Lebens verbringen sie nicht als schöner Falter, sondern im Larvenstadium. Die Raupen fressen sich durch viele frische Blätter, Blüten und Samen. Da ihre Außenhaut nicht automatisch mitwächst, müssen sie sich mehrmals häuten. Die meisten Arten verpuppen sich mithilfe einer Spinndrüse in einem Kokon und hängen sich kopfüber an ein Blatt, bis nach einiger Zeit der fertige Falter aus dieser Hülle schlüpft.
Falter werden meist nur einige Tage oder Wochen alt. In dieser Zeit legt das Weibchen Hunderte von Eiern auf Blätter, aus denen dann die Raupen schlüpfen.
Lebensraum/Ökologie: Wichtige Nahrungspflanzen sind Brennnessel, Eiche, Sal-Weide, Schlehe, Brombeere, Himbeere und Rose. Schmetterlinge werden von Mäusen, Vögeln und Spinnen gefressen, der größte Feind ist aber leider der Mensch.
Die Raupen können in der Landwirtschaft große wirtschaftliche Schäden anrichten. Schmetterlinge zählen aber andererseits zu den Nützlingen, da sie mit ihrem langen Rüssel viele Pflanzen bestäuben.

BIENE [2]
Arten: Die meisten Menschen denken, wenn von der Biene die Rede ist, sicherlich an die Honigbiene (*Apis mellifera*). Sie ist aber letztendlich nur eine Art unter vielen. In Deutschland gibt es derzeit etwa 500 Arten, darunter auch viele Wildbienen.
Merkmale: bei den Honigbienen gelbbrauner Brustkorb mit graubraunen Hinterleibsringen, filzig
Entwicklung: Viele Wildbienen bilden keine großen Gemeinschaften (siehe Hummeln), sondern leben als Solitärbienen. Dazu baut das Weibchen nach der Paarung an geeigneten Stellen, wie z. B. einem Insektenhotel, eine Brutzelle, in die es die Eier ablegt.
Lebensraum/Ökologie: Bienen zählen wohl zu den wichtigsten Pflanzenbestäubern. Während die Bienen Pollen für ihre Brut sammeln, heftet sich Blütenstaub an sie.

FLORFLIEGE [3.]
Arten: Der Name Fliege ist eher irreführend, da sie im Gegensatz zu echten Fliegen vier und nicht zwei Flügel besitzt. Die Gemeine Florfliege (*Chrysoperla carnea*) ist die bei uns häufigste Art.
Merkmale: zarte, durchsichtige, florartige Flügel, die mit einer feinen Netzstruktur aus Adern versehen sind und grünlich

schimmern. Auffällig sind ihre metallisch glänzenden Facettenaugen. Die Gemeine Florfliege wird etwa 7 bis 15 mm lang.
Entwicklung: Die Eier werden bevorzugt auf der Unterseite von Blättern abgelegt. Die einzelnen Eier hängen dabei wie kleine Blumen an langen Stielen mit den Köpfen nach unten. Die ausgewachsenen, geschlechtsreifen Insekten (Imago) entstehen dabei in vier Stadien. Vom Ei über die Larve zur Puppe und schließlich zur Florfliege.
Lebensraum/Ökologie: Die nachtaktiven Florfliegen sind sehr nützlich im Garten, da sie vor allem im Larvenstadium große Mengen an Blattläusen verspeisen.

HUMMEL [4.]

Arten: Hummeln sind eine eigenständige, zu den Bienen gehörende Gattung, die in Deutschland derzeit 36 Arten umfasst. Viele Arten sind leider vom Aussterben bedroht.
Merkmale: Hummeln sehen viel kräftiger als Bienen aus, was sicherlich an ihrem ungewöhnlichen pelzartigen Haarwuchs liegt. Meist sind sie schwarzgelb gestreift.
Entwicklung: Die meisten Arten bilden Völker bzw. Staaten. Manche Arten siedeln sich im Erdreich an, andere in verlassenen Vogelnestern oder hohlen Baumstämmen. Ein Volk umfasst eine Königin, einige Jungköniginnen, Arbeiterinnen sowie Drohnen. Insgesamt besteht es aus etwa 50 bis 700 Tieren. Die Jungköniginnen überwintern und gründen im Frühjahr ein neues Volk.
Lebensraum/Ökologie: Sie spielen eine wichtige Rolle bei der Bestäubung von Pflanzen. Auf Grund ihres „Pelzes" können sie im Unterschied zu Bienen schon bei niedrigen Temperaturen um 6° C ausschwirren, die Königin wird sogar schon ab 2° C aktiv. An einem Tag kann eine fleißige Arbeiterin bis zu 1.000 Blüten aufsuchen!

MARIENKÄFER [5.]

Arten: Sie unterscheiden sich u. a. in der Färbung ihres Chitinpanzers sowie in der Anzahl und Farbe der darauf befindlichen Punkte. Die bekannteste einheimische Art ist der dunkelrote Siebenpunkt-Marienkäfer (*Coccinella septempunctata*).
Merkmale: Er hat einen leuchtend roten Chitinpanzer mit sieben schwarzen Punkten. Er wird bis zu 8 mm lang und hat eine halbkugelige Statur. Marienkäfer besitzen vier Flügel, zwei äußere Deckflügel und darunterliegende Hautflügel.
Entwicklung: Die Weibchen können zweimal im Jahr Eier legen, die sich über verschiedene Larvenstadien schließlich zum Käfer entwickeln.
Lebensraum/Ökologie: Sowohl Larve als auch Käfer fressen große Mengen an Blatt- und Schildläusen. Marienkäfer werden vor allem von Vögeln gefressen. Bei Gefahr können die Käfer einen gelblich bitter schmeckenden Saft absondern, der einige Feinde abschreckt.

LIBELLE [6.]

Arten: in unseren Breiten gibt es gut 80
Merkmale: hat einen langgestreckten, metallisch glänzenden Körper. Die Königslibelle, die größte bei uns lebende Art, hat eine Körperlänge von etwa 8 cm bei einer Flügelspanne von 10 bis 11 cm. Die zwei Flügelpaare sind meist durchsichtig, manchmal z. T. gefleckt und mit einer netzartigen Aderstruktur versehen.
Entwicklung: Die Eiablage erfolgt in Gewässern. Hier reifen die Eier zu Larven heran, die sich erst kurz vor der Verpuppung und der Verwandlung zum Flieger ans Ufer begeben. Wie Schmetterlinge, durchlaufen Libellen damit vier Entwicklungsstufen der Verwandlung.
Lebensraum/Ökologie: Ihr alter Name Wasserjungfer weist auf ihren Lebensraum hin. Die meisten Arten bevorzugen dabei stehende Gewässer.
Libellen zählen zu den geschicktesten Fliegern in der Insektenwelt. Ihre Beute, wie Mücken, Fliegen, Käfer und Schmetterlinge, fangen sie im Flug. Selbst die Paarung vollziehen sie auf akrobatische Weise in der Luft. Sie sind Beutetiere z. B. für Frösche, Vögel und Fledermäuse.

TIERE IM GARTEN

DAS IST *wirklich* WICHTIG

[a] AUS DIESEN TEILEN wird bald ein gemütliches Vogelheim.

[b] NACHDEM DIE INNENSEITEN mit einer Raspel angeraut wurden, werden Rück- und Seitenwand mit dem Boden verschraubt.

[c] DIE KLAPPBARE VORDERWAND wird nur oben mit zwei Schrauben von den Seiten befestigt.

[d] EIN STÜCK SCHIEFER bildet hier das Dach.

[e] EIN NAGEL WIRD ALS SCHLOSS für die Vorderwand umgehauen. Den Kasten hängen wir an einer geschützten Stelle in etwa 2 bis 3 m Höhe in östlicher Richtung auf.

NISTHILFE FÜR VÖGEL
Bauen für Kleinfamilien

Wer möchte einer Vogelfamilie eine Heimat bieten? Vielleicht lassen sich die zukünftigen Eltern mit einer Nisthilfe in den Garten locken. Die beste Zeit zum Bauen und Anbringen des Kastens ist der Herbst.

Je nach Art des Kastens und Größe des Einflugloches werden sich unterschiedliche Vogelarten angesprochen fühlen. Wir bauen hier einen Nistkasten für so genannte Höhlenbrüter. Sie brüten gern in weitestgehend geschlossenen Nistplätzen.

GRÖSSE DER EINFLUGLÖCHER
Diese Größen sollten die Einfluglöcher für die angegebenen Vogelarten mindestens haben:
Blau-, Tannen-, Hauben-, Sumpf-, Weidenmeise: 26 bis 28 mm
Kohlmeise und Kleiber: 32 mm
Trauerschnäpper, Haussperling, Feldsperling: 35 mm
Star: 45 mm
Gartenrotschwanz: oval, 48 mm hoch, 32 mm breit
Tipp: Einfach den größten Radius wählen und abwarten, welche Vogelart sich einfindet!

MATERIAL
- Holzbretter aus witterungsbeständigem Holz wie Lärche oder Buche. Maße in cm: Boden 13 x 13, Dach 20 x 23, Seiten 24/28 x 15 (15°), Rückwand 17 x 28 (Oberseite abgeschrägt 15°)
- Leiste 5 x 60 cm
- Dach, z. B. aus Schiefer oder etwas Dachpappe
- Schrauben, Nägel
- Eventuell Stichsäge, Akkuschrauber mit Holzaufsatz
- Zum Aufhängen: rostfreie Alunägel und Leiter

ANLEITUNG
1. Als Erstes die Bretter probeweise zum Kasten zusammensetzen, um zu überprüfen, ob alles passt. Innen liegende Seiten markieren. Ggf. mit Säge oder Schleifpapier nachbessern.
2. Innen liegendes Holz mit einer Raspel aufrauen. So finden die Bewohner einen besseren Halt.
3. Das Einflugloch anzeichnen und zuschneiden. Dazu entweder ein kleines Loch vorbohren und mit einer Stichsäge aussägen. Oder entlang der Linie viele aneinanderliegende Löcher bohren und das innere Stück mit einem Hammer ausschlagen.
4. Das Bodenbrett nacheinander mit der Rückwand, den beiden Seitenbrettern und dem Dach verschrauben.
5. Vorderbrett mit zwei Schrauben befestigen: Sie werden jeweils von außen nach innen am oberen Ende der Seitenwände eingebohrt. Überprüfen, ob die Klappe nach oben aufklappbar ist.
6. Leiste zum Aufhängen mit der Kastenrückseite verschrauben. Kontrollieren, dass keine Spitzen ins Kasteninnere ragen.
7. Zum Schutz der Vögel ein einfaches Drehschloss machen: dazu einen Nagel an der Seitenwand neben der Vorderseite einschlagen und im rechten Winkel umschlagen.
8. Zur Belüftung vier bis fünf 5 mm starke Löcher in den Boden des Hauses bohren. Das Dach mit etwas Schiefer und Dachpappe regenfest machen.
9. Auf den Boden des fertigen Kastens ein Stück Wellpappe legen, das bei der jährlichen Reinigung im Herbst gegen ein neues Stückchen ausgetauscht wird.
10. Zum Aufhängen den Nagel in 2 bis 3 m Höhe in östlicher bis südöstlicher Richtung in den Baumstamm schlagen. Der Kasten ist so weder dem Wetter (Westen) noch der Sonne (Süden) zu stark ausgeliefert.

TIERE IM GARTEN

DAS IST *wirklich* WICHTIG

[a] **DER GARTENROTSCHWANZ** beginnt um 4:00 Uhr mit hüit- oder hüit-teck-teck-Rufen.
[b] **DAS ROTKEHLCHEN** folgt um 4:10 Uhr mit zick (scharf und oft in schneller Folge).
[c] **DIE AMSEL** ruft gegen 4:15 Uhr schnelle tix-tix-tix- oder duk-duk-duk-Folgen.
[d] **DER ZAUNKÖNIG** meldet sich gegen 4:20 Uhr mit teck-teck-teck oder tserrrr.
[e] **DIE KOHLMEISE** singt sehr variabel, beispielsweise zipe-zipe-zipe gegen 4:40 Uhr.
[f] **DER ZILPZALP** singt ab 4:50 Uhr ständig seinen Namen: zilp zalp zelp zilp zalp.
[g] **DER BUCHFINK** ruft gegen 5:00 Uhr pink, wrütt oder djüp-djüp (je nach Aktion).

88

VOGELUHR
Wer singt denn da?

Wer ein echter Frühaufsteher ist, kann sich als Vogelstimmendetektiv betätigen. Denn die verschiedenen Vogelarten singen im Sommer jeden Morgen kurz vor Sonnenaufgang in einer bestimmten Reihenfolge ihr Tirili.

TRICKS FÜR DETEKTIVE

Als Vogeldetektive sollten wir uns vor allem ruhig verhalten und uns am besten nicht oder nur langsam bewegen. Hilfreich sind ein Notizblock mit Stift, ein Fernglas und ein Aufnahmegerät für die Vogelgesänge. Später können wir die aufgenommenen Gesänge dann mit einer Bestimmungs-CD oder -DVD für Vögel vergleichen. Am Vortag sollten sich die kleinen oder großen Detektive z. B. per Internet noch über die genaue Zeit des Sonnenaufgangs am Standort erkundigen. Denn die variiert nach geografischer Lage und Datum gewaltig.

Die folgenden angegebenen Zeiten der Vogelgesänge beziehen sich auf einen Sonnenaufgang um 5:30 Uhr. Dies entspricht in Deutschland etwa einem Kalenderdatum von Mitte Mai:

4:00 Gartenrotschwanz
4:10 Rotkehlchen
4:15 Amsel
4:20 Zaunkönig
4:30 Kuckuck
4:40 Kohlmeise
4:50 Zilpzalp
5:00 Buchfink
5:20 Haussperling
5:30 – Sonnenaufgang –
5:40 Star

Neben der Zeit und der Art des Gesanges sind weitere Hinweise zur Vogelbestimmung interessant: sein Lebensraum, seine Größe und Statur, sein Gefieder und die Form und Farbe seines Schnabels. Je mehr Merkmale wir auf unserem Notizblock zu dem entsprechenden Vogel notiert haben, desto genauer wird später seine Bestimmung.

WICHTIGE FRAGEN BEI DER VOGEL-BEOBACHTUNG
- Um welche Zeit begann der Vogel zu singen?
- Wo hielt sich der Vogel auf? Z. B. im Gras, unter Sträuchern, auf Bäumen etc.
- Wie groß war der Vogel? Z. B. kleiner als ein Spatz, eine Amsel oder eine Taube.
- Welche Farben hatte sein Gefieder?
- Welche Form hatte sein Schnabel?

Auf diese Weise lässt sich nun ein Steckbrief über den Vogel erstellen. Mithilfe eines Bestimmungsbuches für Vögel oder des Internets (z. B. Naturschutzbund) können wir dann die Identität des Sängers klären.

TIERE IM GARTEN

WILDTIERE IM GARTEN
Kommen und bleiben

Zu den Tieren, die wir im Garten entdecken können, zählen z. B. Insekten und Spinnen, Lurche und Reptilien, kleinere oder sogar größere Säugetiere (siehe Seite 92). Einige von ihnen werden nur auf Besuch vorbeischauen, andere siedeln sich vielleicht dauerhaft an. Ein Garten in ländlicher Umgebung wird andere und wahrscheinlich auch mehr Tiere anziehen als ein Garten in der Stadt. Wollen wir wilde Tiere in unsere Gärten locken und ihr Vorkommen fördern, müssen wir ihnen einen passenden Lebensraum bieten. Die Ansprüche verschiedener Tierarten sind dabei häufig gar nicht so unterschiedlich. Naturnah gestaltete Gärten bieten gute Bedingungen für die meisten Tiere. Hier finden sie genügend Nahrungsquellen sowie Brut- und Unterschlupfmöglichkeiten. Im Folgenden sind wichtige Elemente in so einem Garten aufgeführt:

BEPFLANZUNG MIT HEIMISCHEN ARTEN

Nicht alle exotischen Pflanzen werden von den hiesigen Tieren angenommen bzw. bieten ihnen ausreichend Nahrung. Je größer die Vielfalt an heimischen gepflanzten Arten ist, desto mehr Tierarten finden über das Jahr ein reiches geeignetes Nahrungsangebot. So schätzen Vögel und andere Kleintiere besonders Hecken mit heimischen Gehölzen wie Holunder, Felsenbirne, Sal-Weide und Hainbuche. Koniferen und Kirschlorbeer werden hingegen verschmäht. Auch Wildkräuter wie Brennnesseln haben eine wichtige ökologische Bedeutung, z. B. zur Eiablage mancher Schmetterlingsarten, und sollten in begrenztem Maße im Garten wachsen dürfen.

EINE KLEINE WASSERSTELLE

Es muss nicht gleich ein großer Teich sein, ein Miniteich, z. B. in einem halben Weinfass, reicht schon aus, um Tieren neue Lebensräume zu erschließen. Lurche und Insekten nutzen die Wasserstelle zur Eiablage. Vögeln und anderen Tieren dient sie als Trinkquelle. Beim Anlegen darauf achten, dass Kleintiere z. B. über flache Steine am Rand aus dem Gefäß krabbeln können. Spielen Kleinkinder in dem Garten, sollte das Ganze zudem mit einem stabilen Gitter o. Ä. gesichert werden.

TROCKENMAUER

Sie ist ein wichtiger Lebensraum für Kleintiere wie Lurcharten, z. B. die Zauneidechse. Wichtig ist vor allem ein sonniger Standort der Mauer.

VERMEIDUNG VON PFLANZENSCHUTZMITTELN

Um eine Artenvielfalt im Garten zu ermöglichen, sollte man so wenig wie möglich in das Ökosystem eingreifen. Pflanzenschutzmittel werden beispielsweise von Insekten aufgenommen und können zu deren Tod führen – nicht alle, die vernichtet werden, zählen dabei zu den Schadinsekten im Garten. Daher besser vorbeugen mit dem Pflanzen widerstandsfähiger heimischer Arten sowie nützlingsschonende, biologische Pflanzenstärkungsmittel einsetzen.

VERBLÜHTES UND VERWELKTES STEHEN LASSEN

Im Winter dienen abgestorbene Pflanzenreste als Nahrungsquelle und/oder Unterschlupf. So legen manche Wildbienenarten ihre Larven in die verdorrten Stängel, z. B. der Königskerze.
Wer es etwas aufgeräumter im Garten mag, kann den Insekten auch Nisthilfen bauen (siehe Seite 82/83). Eine einfache und schnelle Variante ist das Bündeln von hohlen Stängeln, z. B. von Schilf, die dann an einem sonnigen Platz aufgestellt oder aufgehängt werden.
Ohrenkneifer suchen gerne Unterschlupf in umgedrehten mit Stroh gefüllten Tontöpfen, die an einen Ast gesteckt werden.

LAUB- UND REISIGBERGE IM WINTER

Sie sind das ideale Winterquartier z. B. für Igel. Lurche fühlen sich besonders wohl, wenn man ihnen noch eine kleine Grube aushebt, in die etwas Sand, Steine, Holzscheite, Laub und Reisig eingefüllt wird.

KEINE UNDURCHDRINGLICHEN ZÄUNE AUFSTELLEN

Viele Kleintiere können nur den Weg in den Garten finden, wenn wir sie auch lassen. Für die kurzbeinigen Igel stellen beispielsweise dichte Maschendrahtzäune ein unüberwindbares Hindernis da.

Im Unterschied zu unseren Haustieren leben Wildtiere in der freien Natur. Mit etwas Geduld und Glück können wir einige von ihnen im Garten beobachten.

TIERE IM GARTEN

SÄUGETIERE
und Lurche

Das wichtigste Merkmal der Säugetiere ist, dass die Weibchen die Jungen säugen. Lurche leben typischerweise sowohl an Land als auch im Wasser.

MAULWURF [1.]
Arten: gehört zur Familie der Säugetiere und dort zu der Untergruppe der Insektenfresser. In Mitteleuropa ist er der einzige Vertreter seiner Art.
Entwicklung: Nur in der Paarungszeit im Frühling finden sich die Einzelgänger zusammen. Nach etwa vier Wochen Tragezeit gebärt das Weibchen durchschnittlich drei bis vier Junge. Maulwürfe werden maximal fünf Jahre alt, sterben aber meist wesentlich eher. Erbeutet werden sie z. B. von Greifvögeln, Störchen, Mardern und Katzen.
Lebensraum/Ökologie: Die Gänge sind längsoval und liegen genau mittig unter dem eher kugeligen hohen Erdhaufen. Mit ihren breiten Grabehänden schaufeln Maulwürfe ein weit vernetztes Gangsystem in höchstens 1 m Tiefe. Sobald sie Nahrung wittern, durchlaufen sie ihr etwa 2.000 qm großes Revier. Sie ernähren sich von Insekten und vor allem im Winter auch von Regenwürmern. Dazu müssen sie täglich mindestens das Doppelte ihres Körpergewichtes fressen. Das Vorhandensein von Maulwürfen weist daher auf ein reges Bodenleben hin.
Wissenswertes: Er ist durch die Bundesartenschutzverordnung geschützt und darf aus Gärten zwar vertrieben, nicht jedoch gefangen oder gar getötet werden.

WÜHLMAUS [2.]
Arten: Wühlmäuse gehören in der Familie der Säugetiere zu der größten Untergruppe der Nagetiere.
Merkmale: je zwei nachwachsende lange Nagezähne in Ober- und Unterkiefer. Darüber hinaus besitzt die Mehrzahl vier kurze Beine und ist eher klein. Wühlmäuse sind zwischen 7 und 23 cm lang.
Lebensraum/Ökologie: Obwohl sie sowohl tag- als auch nachtaktiv sind, bekommt man die meisten Arten kaum zu Gesicht. Denn sie leben überwiegend unterirdisch in Gängen. Beim Bau des Tunnelsystems und auf der Suche nach Nahrung werfen sie, ähnlich wie der Maulwurf, Erde aus. Ihre Hügel sind jedoch eher länglich flach und nicht so kugelig. Das Loch ist hochoval und befindet sich seitlich am Hügel. Wühlmäuse sind bei Gärtnern häufig unbeliebt, da viele Arten sich von Wurzeln, Zwiebeln und Knollen ernähren. Drahtkörbe, z. B. aus Maschendraht, bieten hier Schutz.

IGEL [3.]
Arten: gehört zur Familie der Säugetiere
Merkmale: Nachtaktive Einzelgänger, die sehr gut riechen und hören können
Entwicklung: Ein Weibchen kann pro Jahr zwei Würfe mit je vier bis fünf Jungen zur Welt bringen.
Lebensraum/Ökologie: Bei Gärtnern sind sie oft gern gesehen, da sie als Nützlinge einiges fressen, was in zu großer Anzahl Schaden im Garten anrichten kann. Zu ihren Beutetieren gehören z. B. Käfer, Würmer, Schnecken und Raupen. Droht ihnen selbst Gefahr, rollen sie sich zu einer piksenden Kugel zusammen.

Wissenswertes: Wer einen Igel beheimaten möchte, sollte dran denken, dem Bodentier mit den kurzen Beinen auch den Zutritt zu ermöglichen. Lückenlos umzäunte Gärten sind dann ein Tabu. Igel halten etwa von Ende November bis Ende März Winterschlaf. Dazu verkriechen sie sich am liebsten in großen Laub- und Reisighaufen. Also im Herbst ruhig mal was liegen lassen.

EICHHÖRNCHEN [4.]

Arten: zählt ebenfalls zur Untergruppe der Nagetiere bei den Säugetieren
Merkmale: Der Körperbau ist perfekt dem Lebensraum auf Bäumen angepasst. Eichhörnchen sind mit ihren kurzen kräftigen Beinen hervorragende Kletterer. Ihren puscheligen Schwanz nutzen sie z. B. als Balancierhilfe beim Klettern, als Steuerruder bei bis zu 5 m langen Sprüngen oder zum Wärmen im Winter.
Entwicklung: Ein Weibchen kann zweimal im Jahr bis zu fünf Junge werfen. Sie werden etwa drei Jahre alt und sind Beutetiere von Greifvögeln und Mardern.
Lebensraum/Ökologie: In kugelförmigen Nestern, in die sie von unten hineinklettern, ruhen sich die Hörnchen aus und schlafen. Auch bei extremen Temperaturen ziehen sie sich hierhin zurück. Einen richtigen Winterschlaf halten sie jedoch nicht. Im Winter ernähren sie sich von den Vorräten (z. B. Nüsse, Eicheln), die sie im Herbst angelegt haben. Meist werden diese dazu in Erdlöchern vergraben. Nicht gehobene Vorräte beginnen häufig im Frühjahr zu keimen.

FROSCH [5.]

Arten: gehört ebenso wie die Kröten zur Familie der Lurche. In Deutschland leben derzeit sieben verschiedene Arten.
Merkmale: Ihre Größe variiert von etwa 3 bis zu 14 cm. Ein Unterscheidungsmerkmal zwischen den Arten ist die Farbe und Maserung der Haut. Im Unterschied zu Kröten haben Frösche eine glatte Haut und keine Warzen.
Lebensraum/Ökologie: Viele Lurcharten leben überwiegend an Land und suchen nur gelegentlich (Laich- bzw. Eiablage) nahe Gewässer auf. Nach dem Larvenstadium (Kaulquappen) verlassen die meisten Arten dann das Wasser. Auf Grund dieses Wechsels des Lebensschwerpunktes werden Lurche auch Amphibien genannt. Dies ist altgriechisch und bedeutet so viel wie „auf beiden Seiten des Lebens".
Alle Lurche und damit auch Frösche sind wechselwarm, d. h., dass sie selbst keine gleichbleibende Körpertemperatur haben, sondern sich stark der Umgebungstemperatur anpassen.
Bedroht sind die Bestände im Frühjahr, wenn die Frösche häufig in Massen Straßen überqueren, um nahe Gewässer zu erreichen. Zudem werden häufig bestehende Gewässer durch Dünger, Umweltgifte oder schlicht Müll verunreinigt oder ganz vernichtet bzw. zugeschüttet.

MOLCH [6.]

Arten: Auch Molche gehören zur Familie der Lurche. In Deutschland leben derzeit vier Arten, wie Berg-, Faden-, Kamm- und Teichmolch.
Merkmale: In Größe und Statur ähneln sie Eidechsen. Die größte hier lebende Molchart ist der Kammmolch, der bis zu 18 cm Länge erreichen kann. Die Hautfarbe variiert nach Art zwischen bräunlich (Faden- und Teichmolch) und schwarz mit z. T. gelber oder roter Bauchseite (Kamm- und Bergmolch).
Entwicklung: Die Weibchen legen im Frühjahr zwischen 100 und 450 Eier ab, bis zur Verwandlung in einen ausgewachsenen Molch vergehen einige Monate.
Lebensraum/Ökologie: Berg- und Fadenmolch leben überwiegend an Land in baumreichen Gegenden. Kamm- und Teichmolch sind hauptsächlich im Wasser zu finden.
Wissenswertes: Molche zählen zu geschützten Arten und dürfen auf Grund ihrer Bestandsgefährdung nicht gefangen, verletzt oder gar getötet werden.

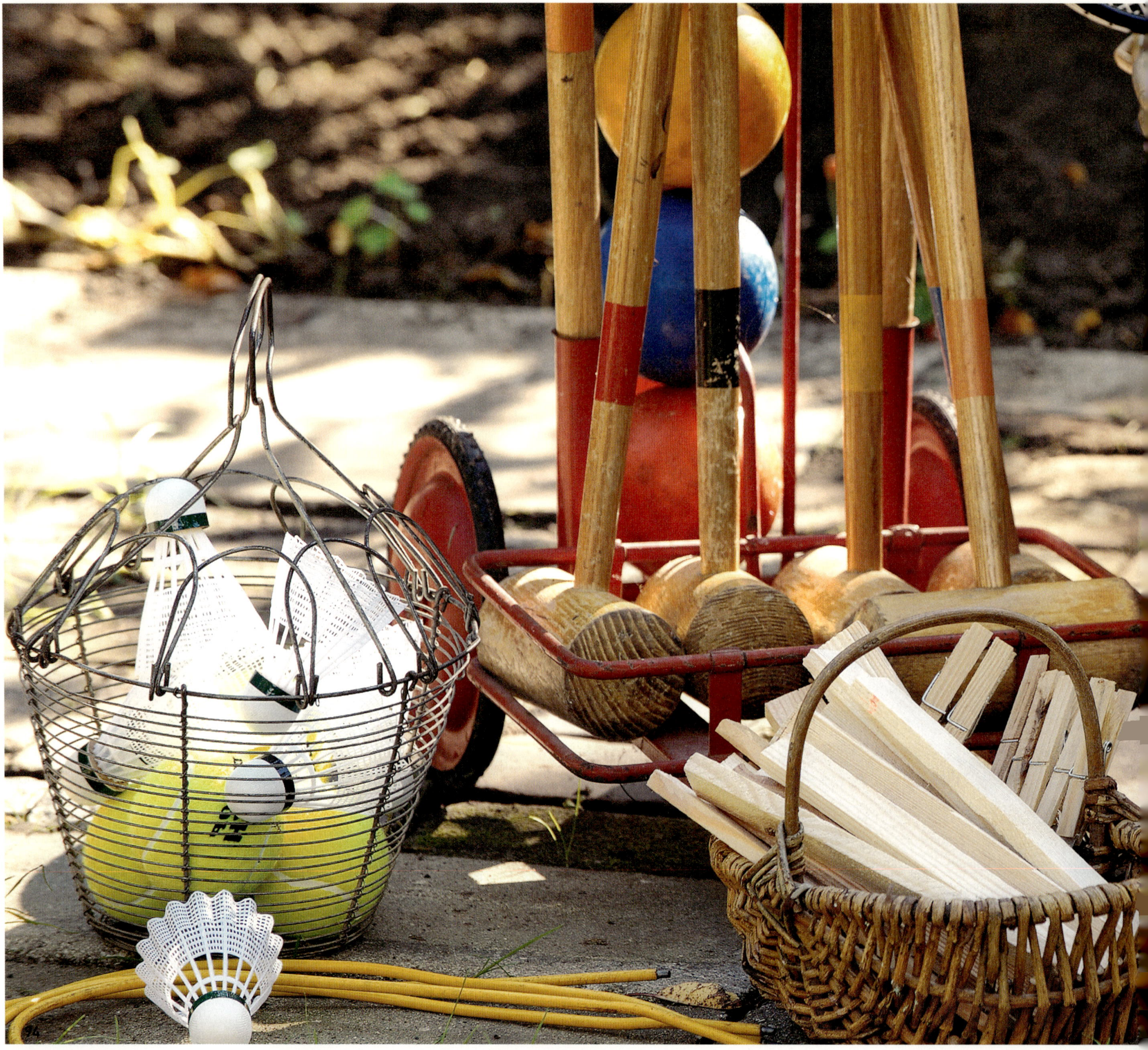

SPIELEN, MALEN, FEIERN

Den Garten genießen

SPIELEN IST WOHL DIE SCHÖNSTE ART, ZU LERNEN. DER GARTEN BIETET DAFÜR GROSSE FREIHEITEN. HIER KANN KLEIN UND GROSS DIE ELEMENTE WASSER, ERDE, FEUER ERFAHREN. UND AUCH EIN GARTENFEST BIETET MEHR ALS NUR TOBESPASS.

SPIELEN, MALEN, FEIERN

LEHM IST GUT ZUM VERKLEBEN DER ZIEGEL.

DAS IST *wirklich* WICHTIG

[a] DIE FIRSTPFANNEN WERDEN AUF TÜRMEN aus alten Mauersteinen ineinandergefächert.

[b] MIT ETWAS LEHM können die kleinen Baumeister die Pfannen verkleben.

[c] BEIM WASSERSPIEL haben Groß und Klein ihren Spaß!

SPIELEN MIT WASSER
Eine Baustelle aus Fundstücken

Wasser übt nicht nur auf Kinder eine große Faszination aus. Besonders für Kleine ist eine Wasserbaustelle ein riesiger Spaß und dabei auch noch sehr lehrreich.

BAUMATERIAL
Das Material für diese Matschecke besteht überwiegend aus recycelten, also wiederverwertbaren Dingen wie Firstpfannen und alten Mauersteinen. Wer diese selbst nicht auf Lager hat, fragt bei einem Handwerker um die Ecke nach. Der wird sich wahrscheinlich freuen, dass er nun etwas weniger Abfall hat! Statt der Firstpfannen (Ziegelsteine, die zum Abdecken eines Spitzdaches dienen), können auch alte Regenrinnen oder Rohre verwendet werden. Aber Vorsicht, sie haben zum Teil sehr scharfe Kanten und sind deshalb für sehr kleine Kinder weniger geeignet!

ANLEITUNG
Damit das Wasser gut von der Rinne in das Weinfass fließen kann, braucht man etwas Gefälle. Der Beginn der Bahn muss deshalb immer der höchste, das Fass der niedrigste Punkt sein. Statt eines Weinfasses kann natürlich auch ein anderes Gefäß verwendet werden oder das Wasser versickert einfach direkt im Untergrund.

Die Wasserrinne bilden wir mit den ineinandergelegten Firstpfannen, die mit der hohlen Seite nach oben zeigen. Wie bei einer Brücke liegen sie auf den unterschiedlich hoch gestapelten Mauerziegeln auf. Außerdem achten wir darauf, dass unter jeder Pfanne eine Stütze ist! Um die abgerundeten Pfannen auf dem Pfeiler etwas zu stabilisieren, können wir sie mit ein wenig Ton oder Lehm vorübergehend „verkleben". Je mehr Material zur Verfügung steht, desto länger und kurvenreicher kann der Wasserparcours gebaut werden. Wer Lust hat, fügt am Ende noch ein kleines Wasserrädchen oder eine Stauwand hinzu.
Da die hier abgebildete Wasserecke unter einem Baum liegt, kann das Wasser mit einer Gießkanne, die an einem langen Seil mit Flaschenzug befestigt ist, eingelassen werden.

WASSER MARSCH!
Am Ende noch eine kurze Quizfrage für die kleinen Gärtner: Was meint ihr wohl, wann das Wasser am schnellsten fließt?
A) Wenn ihr ein sehr steiles, also großes Gefälle habt.
B) Wenn ihr ein sehr flaches, also wenig Gefälle habt.
Wisst ihr die Antwort schon? Probiert es doch einfach mal aus!
Viel Spaß beim Bauen und Planschen!

MIT EINFACHEN MITTELN LÄSST SICH EIN WASSERRÄDCHEN für die Rinne bauen: einen dicken Sektkorken z. B. mit einem Schaschlikspieß der Länge nach durchbohren. Mit einem Messer den Korken für die Schaufelräder längs mittig anritzen. Schaufelräder in die Ritze stecken und an zwei Astgabeln über der Rinne einhängen. Als Schaufeln eignen sich z. B. längs geteilte Pflanzenstängel, Eisstiele aus Holz oder kleine Löffel.

SPIELEN, MALEN, FEIERN

DER LEHM DARF NICHT ZU FEUCHT SEIN, DESHALB VORHER TESTEN.

[a]

[b]

DAS IST *wirklich* WICHTIG

[a] **DIE LEHMPROBE:** Fällt der Lehmklumpen wieder von der Wand, wenn ihr ihn dagegen schmeißt, ist er trocken.

[b] **DER LEHM WIRD MIT ETWAS STROH** in die vorbereitete Form gefüllt.

[c] **DER LEHM WIRD AUF RAHMENHÖHE** glatt gestrichen, damit wir später gleich große Lehmziegel zum Bauen haben.

[d] **DAMIT DER LEHM NICHT RISSIG WIRD,** trocknet er bei Hitze am besten im Schatten.

[c]

[d]

98

SPIELEN MIT ERDE
Lehmziegel selbst gemacht

Lehm ist einer der ältesten Baustoffe der Welt: Seit über 9.000 Jahren verwenden Menschen das Naturmaterial. Aber was ist Lehm überhaupt und wie lässt er sich im Garten verwenden?

NATURSTOFF MIT VIELEN TALENTEN

Lehm ist ein Verwitterungsprodukt von Gesteinen, die man nach ihrer ungefähren Korngröße unterscheidet. Der feine Sand, der mittelgrobe Schluff und der grobe Ton ergeben zusammen eine formbare Mischung, den Lehm. Trocknet das eingeschlossene Wasser, wird die Masse fest und es entstehen winzige Hohlräume. Darin können Wärme und in der Luft befindliche winzige Teilchen wie Staub oder Feuchtigkeit gespeichert werden. Deswegen schafft Lehm ein besonders angenehmes Raumklima. In Gegenden, in denen viel Niederschlag, d. h. Regen oder Schnee fällt, wie z. B. in Deutschland, ist die Speicherfähigkeit des Lehms aber auch ein Nachteil. Denn unter der Einwirkung von Wasser wird er wieder weich und formbar. Ein Bauwerk fällt dann in sich zusammen. In sehr heißen und regenarmen Gebieten unserer Erde können aber riesige Gebäude aus Lehm geschaffen werden, die mit der richtigen Pflege Jahrhunderte alt werden. So gibt es in Sanaa, einer Stadt im Jemen in Vorderasien, bis zu neunstöckige Hochhäuser aus Lehm.

VERARBEITUNG

Wir fangen bescheiden an und machen erst einmal einige Lehmziegel selber. Gebaut wird am besten während eines stabilen Hochs im Sommer, dann bleibt die Masse am längsten in Form. Ähnlich wie beim Backen braucht man für die Herstellung der Ziegel eine einfache Form. Dies kann z. B. eine kleine Schublade sein, aus der man den Boden entfernt, oder man verschraubt vier kurze Holzbretter. Wichtig ist, dass der Lehm bei der Verarbeitung nicht zu feucht ist. Um dies zu testen, wirft man einfach eine kleine Kugel des Baustoffs gegen eine Wand [→ b]. Bleibt sie kleben, ist der Lehm noch zu feucht und wird mit etwas Sand oder Stroh gestreckt. Die Masse sollte aber geschmeidig bleiben. Stroh eignet sich allgemein gut zum Aussteifen des weichen Materials und gibt ihm mehr Festigkeit.

MATERIAL FÜR LEHMZIEGEL
- Lehm, etwa eine große Schaufel je Ziegel
- Stroh zum Aussteifen
- Ein einfacher rechteckiger Rahmen, etwa 10 × 20 cm Innenmaß

Wer keinen lehmigen Boden im Garten oder in der Umgebung hat, kann ersatzweise Ton mit etwas Sand mischen. Im Internet gibt es zudem einige Anbieter für Lehm.
Oder kleine Gärtner gehen selbst auf die Suche! Lehmboden findet man häufig an Bachläufen in waldigen Gegenden vor.

DIE LEHMZIEGEL KANN MAN NICHT NUR ZUM SPIELEN VERWENDEN, sondern auch als Füllmaterial für ein Insektenhaus. Dafür werden einfach ein paar Löcher in den getrockneten Ziegel gebohrt.

SPIELEN, MALEN, FEIERN

DAS IST *wirklich* WICHTIG

DIE KARTEN ALLE GLEICH GROSS AUSSCHNEIDEN.

[a] **DAMIT MAN SIE VERDECKT NICHT UNTERSCHEIDEN KANN,** müssen die Pappen exakt gleich groß sein und gleich aussehen.

[b] **DIE GEPRESSTEN BLÄTTER** und die Baumfotos werden auf Pappen geklebt. Wenn ihr sichergehen wollt, tragt die passenden Baumnamen noch auf die beklebten Pappen.

[c] **WELCHER BAUMEXPERTE** hat hier das beste Gedächtnis?

SPIELEN MIT PFLANZEN
Ein Blatt für jeden Baum

Wer Lust hat, sein Gedächtnis zu trainieren und nebenbei einige Baumarten kennenzulernen, für den ist diese Anleitung das Richtige. Das Spiel zu basteln ist dabei der halbe Spaß.

1. PHASE: BÄUME UND BLÄTTER AUFSPÜREN
Zuerst machen die kleinen Baumdetektive einen Streifzug durch eine grüne Ecke der Umgebung. Ziel dabei ist es, möglichst viele verschiedene Baumarten zu finden. Zur Ausrüstung gehören eine Fotokamera, ein Stift, einige Blatt Papier sowie entweder eine Pflanzenpresse oder ein großes altes Buch (Anleitung Pflanzenpresse siehe Seite 103). Wer eine neue Art entdeckt, darf ein Foto von dem Baum machen und ein möglichst schönes Blatt von ihm pflücken. Dies wird zwischen zwei Papierblätter in die Presse oder das Buch gelegt. Damit die Fotos den Baumblättern zweifelsfrei zugeordnet werden können, werden die Papiere am besten nummeriert. Oder weiß eine der Baumspürnasen bereits den Namen des Baumes? Super, dann kann er direkt notiert werden! Je mehr Bäume und Blätter gefunden werden, desto größer wird später das Spiel.
Am Ende darf das jeweils schönste Foto von den verschiedenen Bäumen ausgesucht und ein Abzug davon gemacht werden.

2. PHASE: DIE SPIELKARTEN BASTELN
Sobald die gepressten Blätter nicht mehr feucht sind, kann das eigentliche Spiel gebastelt werden. Dazu werden je ein Foto von einem Baum und dem dazugehörigen Blatt auf die Pappkarten aufgeklebt. Damit die Karten später verdeckt nicht zu unterscheiden sind, müssen sie unbedingt genau gleich aussehen. Wer möchte, kann sie deshalb z. B. in einer Druckerei zuschneiden lassen. Als Nächstes können nun mithilfe eines Baumbestimmungsbuches die Namen der noch unbekannten Bäume herausgefunden werden. Die Namen werden jeweils auf der Karte mit dem Baumfoto und dem Blatt vermerkt. So lassen sich später die Paare sicher identifizieren.

3. PHASE: SPIELEND PAARE FINDEN
Die Karten verdecken und mischen, dann in übereinander liegenden Reihen auslegen. Der jüngste Spieler deckt als Erster zwei beliebige Karten auf. Dann geht es im Uhrzeigersinn weiter. Wer ein Baumpaar findet, darf die Karten behalten und noch einmal aufdecken. Gewonnen hat derjenige, der am Ende die meisten Baumpaare gefunden hat.

MATERIAL
- Verschiedene genau gleiche Pappkarten in ausreichender Größe für die Baumblätter und Fotos
- Kleber für Baumblätter und Fotos
- Fotokamera
- Pflanzenpresse oder Buch
- Stift
- Baumbestimmungsbuch

SPIELEN, MALEN, FEIERN

DAS IST *wirklich* WICHTIG

[a] **DIE SCHÖNSTEN BLÜTEN UND BLÄTTER** werden auf eine Pappe oder ein Stück Papier gelegt.

[b] **DANN WIRD DIE PFLANZE** mit einer zweiten Pappe vorsichtig abgedeckt.

[c] **MEHRERE PAPPEN** können übereinandergestapelt werden. Bevor die Pflanzenpresse geschlossen wird, werden sie vorsichtig festgedrückt.

PFLANZEN SAMMELN
Ein Herbarium anlegen

Wer seine Pflanzen nicht nur einen Sommer bewundern möchte, für den ist ein Herbarium genau das Richtige. Es ist eine Sammlung gepresster und getrockneter Pflanzen. Der Name ist abgeleitet vom lateinischen Wort für Kraut *herba*.

VOR- UND NACHNAMEN FÜR PFLANZEN
Geprägt wurde der Name Herbarium von dem schwedischen Naturforscher Carl von Linné (1707 bis 1778). Er gilt als Begründer der Pflanzensystematik und arbeitete daran, Pflanzen und Tiere zu beschreiben und in Gruppen zu ordnen. Seine wissenschaftliche Benennung der Pflanzen mit botanischen Namen hat bis heute internationale Gültigkeit und ermöglicht eine genaue Bezeichnung.
Bei der Anwendung des zweigeteilten, wissenschaftlichen Namens werden einer Pflanze gewissermaßen ein Vor- und ein Nachname gegeben. Da sich die Gelehrten früher vorwiegend auf Latein und Altgriechisch verständigten, sind die Namen auch heute noch in diesen Sprachen. Der erste Name steht für die Gattung und wird stets als Hauptwort angegeben. Der zweite Name – immer kleingeschrieben – beschreibt die Pflanze näher. Der botanische Name der Sonnenblume lautet *Helianthus annuus*. Das ist griechisch und heißt übersetzt Sonnenblume jährlich.
So verrät der Name schon einige Eigenschaften der Pflanze, z. B. dass die Blume Sonne mag und jedes Jahr neu gepflanzt werden muss.

ANLEITUNG
Wer selbst ein Herbarium anlegen möchte, macht sich erst einmal auf die Pflanzensuche. Geeignet sind möglichst gesunde und schöne Exemplare. Wer später die Pflanze genauer untersuchen möchte, um sie mit anderen zu vergleichen, gräbt am besten die Wurzeln mit aus. Damit die Pflanze sich gut pressen lässt, sollte sie nicht zu dick und zu groß sein. Eine Sonnenblume ist beispielsweise weniger geeignet. Besser wäre z. B. ein Gänseblümchen, *Bellis perennis* (übersetzt: Schöne, ausdauernd bzw. mehrjährig) genannt. Wichtig ist, dass die Pflanze sofort, also bevor sie welkt, gepresst wird. Dazu legt man sie vorsichtig auf ein Blatt Papier und breitet sie hübsch aus. Zu bedenken ist dabei, dass die Position getrocknet nicht mehr verändert werden kann! Dann wird die Pflanze mit einem weiteren Papier abgedeckt und die Presse geschlossen.

PRESSEN EINFACH SELBER MACHEN
Wer noch keine Pflanzenpresse hat oder keine kaufen möchte, kann sie sehr leicht selbst machen. Die einfachste Art der Presse besteht dabei aus zwei schweren Büchern, zwischen die man die Pflanzen legt. Damit diese nicht festkleben, die Papiere regelmäßig bewegen.
Eine etwas komfortablere Pflanzenpresse kann aus zwei einfachen Brettstücken entstehen. Die Bretter sollten vollkommen plan, d. h. eben sein. Als Einlage wird Pappe in der Größe der Bretter zugeschnitten. Zum Pressen eignen sich entweder Schraubzwingen, die von außen festgeschraubt werden, oder einige Schrauben mit passender Mutter. Für Letztere müssen dann noch je vier Löcher in die Ecken der Bretter gebohrt werden.

SPIELEN, MALEN, FEIERN

DAS IST
wirklich
WICHTIG

[a] HIER MACHEN WIR GELBE FARBE aus Blüten der Studentenblume (auch Tagetes genannt), von denen als Erstes die Samen entfernt werden müssen.

[b] DIE BLÜTEN MIT ETWAS WASSER und Alaunpulver ca. 15 Minuten leicht köcheln lassen. Rühren dabei nicht vergessen.

[c] DIE PFLANZENBRÜHE wird durch ein altes Sieb abgeseiht und kann danach in alte Marmeladengläser umgefüllt werden.

[d] JE NACH BLÜTE, die zur Herstellung diente, unterscheidet sich der Farbton beim Malen.

DIE ZUGABE EINES BINDE-MITTELS ERHÖHT DIE DECKKRAFT

DER NATUR-MALKASTEN

Farben aus Blüten, Blättern und Früchten

Malen mit bunten Farben macht einfach Spaß. Das gilt besonders, wenn man sie vorher selbst hergestellt hat. Wir zaubern hier aus Blüten, Blättern und Früchten ganz besondere Farbtöne.

PFLANZENFARBEN DAMALS UND HEUTE
Pflanzen sind neben Erde und Mineralien die wichtigste natürliche Quelle zur Gewinnung von Farben. Heute fast unglaublich: Wollten die Menschen früher zeichnen oder färben, mussten sie erst einmal geeignete Materialien finden und die Farbe selbst herstellen. Daher waren bunte Farben bzw. gefärbte Materialien wie Stoffe und Papiere etwas äußerst Kostbares und eher selten. Erst, als es im 19. Jahrhundert gelang, Farben in großen Mengen auf künstliche Weise herzustellen, wurde die Welt sehr viel bunter. Denn seitdem stehen diese Pigmente – das sind winzige Farbteilchen – den meisten Menschen zu jeder Zeit zur Verfügung. Zudem sind synthetische Farben in der Regel sehr viel haltbarer und besitzen eine größere Deckkraft. Dennoch strahlen Naturfarben bis heute eine besondere Anziehung aus. Das erleben wir beispielsweise jedes Jahr im Frühling, wenn die Natur langsam wieder erblüht.

AUF DIE PINSEL, FERTIG, LOS
Pflanzenfarben können sowohl zum Zeichnen als auch zum Färben von Stoffen und Papier verwendet werden. Besonders schön sind sie für Lasuren. Das sind zarte, farbige Anstriche, bei denen der Untergrund durchschimmert.
Je nach Pflanze unterscheidet sich nicht nur der Farbton, sondern auch die Herstellungsweise. Auch welcher Teil der Pflanze verwendet wird, variiert. Neben den Blüten können auch Blätter, Stängel, Zweige, Früchte und Wurzeln geeignet sein. Interessant ist, dass viele Pflanzenfarben ihren Farbton verändern, wenn man entweder ein paar Tropfen Essig oder Seifenlauge hinzugibt. Das gilt z. B. für Rot-Kohl, Klatsch-Mohn und Holunder. Möchte man die Farbe zum Zeichnen verwenden, ist die Zugabe eines Bindemittels wie z. B. Hühnerei, Glucoselösungen (Zucker) und Öl hilfreich. Wie bei einer Art Klebstoff werden die winzigen Farbpigmente dabei sowohl miteinander als auch mit dem Untergrund verklebt. Dies erhöht die Deckkraft und die Farbe bleibt besser haften.
Ein weiterer gebräuchlicher Zusatzstoff für Pflanzenfarben ist ein Salz, das so genannte Alaun. Unter seiner chemischen Bezeichnung Kalium-Aluminium-Sulfat kann man es als Pulver z. B. in der Apotheke kaufen. Der wasserlösliche Stoff kristallisiert im getrockneten Zustand und wird durchscheinend. Zudem hilft er den Farbstoff aus der Pflanze zu extrahieren, d. h. herauszulösen.
Seht selbst, welche schönen Farben sich ganz leicht aus Pflanzen herstellen lassen.

EINIGE PFLANZEN FÄRBEN BESONDERS INTENSIV. Zur Herstellung trägt man daher besser unempfindliche Kleider sowie ein paar Einweghandschuhe.

SPIELEN, MALEN, FEIERN

FÄRBENDE PFLANZEN
Natürliche Farbenspender

Pflanzenfarben können sehr intensiv färben. Je nach Pflanze unterscheidet sich nicht nur der Farbton, sondern auch welcher Teil der Pflanze verwendet wird.

KLATSCH-MOHN [1.]
Farbe: je nach Zusatz rot, weinrot, blau
Pflanzenteil: Blütenblätter
Farbgewinnung: Im Mörser werden die roten Blüten mit dem Stößel zerrieben, sodass ein weinroter Saft entsteht. Bei Zugabe einiger Tropfen Seifenlauge wird der Saft blau, Essigsäure erzeugt einen roten Farbton.
Verwendung: am besten direkt verwenden
Andere rot färbende Pflanzen: Himbeere und Johannisbeere (reife Beeren), Rhabarber (Wurzel), Sauerampfer (Wurzel), Rose (rote Blütenblätter)

SCHWARZE STOCKROSE [2.]
Farbe: dunkles Lila bis Blauschwarz
Pflanzenteil: Blütenblätter
Farbgewinnung: einfach zusammen mit etwas Alaunlösung etwa 20 bis 30 Minuten aufkochen
Verwendung: eignet sich gut für Aquarellmalerei
Andere violettblau färbende Pflanzen: Holunder, dazu Saft der reifen Beeren zerstampfen, mit etwas Wasser aufkochen und durch ein Sieb passieren. Beigabe von Essig ergibt Rot. Bei Zugabe von Soda oder Kaisernatron entsteht Blau.

BLAUE SCHWERTLILIE [3.]
Farbe: grün
Pflanzenteil: blaue Blüten
Farbgewinnung: Blüten mit Alaunpulver und Wasser etwa fünf bis zehn Minuten kochen lassen, danach abseihen
Andere grün färbende Pflanzen: Schwarze Johannisbeere (unreife Beeren), Brennnessel (ganze Pflanze, gelbgrün) gelber Sonnenhut (ganze Blüte, olivgrün), Ysop (blühende Teile), Spinat (mörsern und dann die Masse durch ein Baumwolltuch oder Teesieb pressen)

STUDENTENBLUME [4.]
Farbe: gelb bis orange je nach Sorte
Pflanzenteil: Blüte ohne Samen
Farbgewinnung: siehe Seite 104/105, Studentenblume (mit Wasser etwa 15 Minuten köcheln), Goldrute (Blüten mit Wasser oder Alaunlösung aufkochen)

APFELBAUM [5.]
Farbe: hellgelb
Pflanzenteil: Rinde von frischen Zweigen
Farbgewinnung: Rinde mit Messer abschälen, mit etwas Wasser 20 bis 25 Minuten köcheln lassen, etwas Alaunpulver hinzufügen und durch ein Sieb geben
Verwendung: z. B. für Wolle

Andere gelb färbende Pflanzen: Frauenmantel (Blätter mit Alaunlösung aufkochen), Löwenzahn (Blütenblätter mit Alaunlösung aufkochen oder frisch zermösern), Tagetes

WALNUSS [6.]
Farbe: braun
Pflanzenteil: äußere Schale
Farbgewinnung: Schalen mit Hammer oder Stein zermahlen, über Nacht in Wasser einweichen, etwa eine Stunde mit Alaunlösung aufkochen und abseihen
Verwendung: gute Lasur beim Aquarellieren
Andere braun färbende Pflanzen: Schlehe (Rinde), Eibe (Holz, Rinde, Nadeln – Vorsicht giftig!)

FÄRBERKRAPP
Farbe: orange bis hellrot
Pflanzenteil: Wurzel, Farbe variiert nach Alter von Rot bis Blau
Farbgewinnung: Wurzel zerkleinern und mit Mörser fein mahlen, 30 bis 40 Minuten mit Alaunpulver und Wasser köcheln lassen, abseihen
Verwendung: früher eine der meistverwendeten Färberpflanzen
Andere hellrot färbende Pflanzen: Waldmeister (Wurzel)

ROT-KOHL
Farbe: je nach Zusatz blau, türkis, grün, violett oder rot
Pflanzenteil: der Kohlkopf
Farbgewinnung: Einen kleinen halben Rot-Kohlkopf in feine Streifen schneiden, 5 bis 10 EL Wasser hinzufügen, mit Zauberstab pürieren und durch ein altes Baumwolltuch pressen. Die unterschiedlichen Farbtöne entstehen je nach Zusatz von Natronpulver oder Essigessenz: je 2 El Rot-Kohlwasser plus Essigessenz ergibt rot-violett, plus 4 Messerspitzen Natron ergibt grün, plus 2 Messerspitzen Natron ergibt türkis, plus eine Messerspitze Natron ergibt blaugrün, ungemischt blau bis violett.
Spezialtipp: Mithilfe von Rot-Kohl kann man gut bestimmen, welchen Säuregrad die Gartenerde hat. Dazu einfach verschiedene Bodenproben aus dem Garten nehmen, einige frische Rot-Kohlblätter klein schneiden und etwa fünf bis zehn Minuten mit etwas Wasser aufkochen. Ziehen lassen, bis das Kochwasser sich kräftig verfärbt. Dann die verschiedenen Erdproben in ausgekochte Gläser füllen und je etwas Sud hinzugeben und gut verrühren. Rot zeigt einen sauren pH-Wert von 2 an, Violett einen neutralen von etwa 5, Blau einen leicht alkalischen von etwa 7 und Grün einen stark alkalischen von 10.

ROTE BETE
Farbe: rosa bis pink
Pflanzenteil: Knolle
Farbgewinnung: Knolle raspeln und dann mit 1 EL Wasser durch ein altes Baumwolltuch pressen
Andere pink färbende Pflanzen: rote Geranien (Blütenblätter mit etwas Wasser aufkochen und zehn Minuten bei geringer Hitze weiterkochen. Bei Zugabe von Natron entstehen Grün- und Gelbtöne.)

EINEN UMFANGREICHEN EINBLICK in das Herstellen und Verwenden von Pflanzenfarben gibt Helena Arendt in ihrem Buch Werkstatt Pflanzenfarben (siehe Seite 151).

[4.]

[5.]

[6.]

SPIELEN, MALEN, FEIERN

EIN FEUER BRAUCHT LUFT, DEN ZUNDER. DAHER LOCKER AUFBAUEN

[a]

[b]

[c]

DAS IST *wirklich* WICHTIG

[a] FÜR EIN GUTES FEUER BENÖTIGEN WIR etwas Zunder, ein paar Stöckchen, einige Holzscheite und viel Luft. Achtet darauf, dass alle Materialien sehr trocken sind.

[b] DIE STÖCKCHEN werden locker pyramidenförmig über dem Zunder angeordnet.

[c] DARÜBER WERDEN DIE GRÖSSEREN HOLZSCHEITE gestapelt und das Feuer in der Mitte entzündet.

FEIERN IM GARTEN
Ein Lagerfeuer entzünden

Heutzutage sind viele Menschen nicht mehr in der Lage, ein Feuer selber zu entfachen. Dabei ist es sehr einfach, wenn man weiß, wie es geht.

MATERIAL
Alles, was wir für ein Lagerfeuer brauchen, sind ein paar Scheite von möglichst trockenem Hartholz – Buche und Eiche sind besonders geeignet – etwas Zunder wie Papier, weiße Birkenrinde, sehr trockenes Gras und eine geeignete Feuerstelle. Diese steht in sicherer Entfernung zu Bäumen sowie leicht brennbaren Materialien und hat einen Untergrund aus Erde, Sand, Stein oder Metall.
Vor allem wegen der Gefahr des Funkenfluges ist es nicht überall erlaubt, Feuer zu machen. Kleinere Feuer, z. B. in Feuerkörben oder Schalen, sind aber in der Regel kein Problem. Natürlich sollte man immer etwas zum Löschen neben der Feuerstelle bereitstehen haben, wie z. B. Gießkannen mit Wasser oder einen Eimer mit Sand. Auch eine nasse alte Decke kann hilfreich sein. Damit lässt sich das Feuer ersticken. Wird das Feuer auf dem Boden und nicht in einer Feuerschale o. Ä. gemacht, legen wir zuerst einen Kreis aus größeren Steinen.

ANLEITUNG
Der Aufbau des Brennmaterials ist immer locker pyramidenförmig. Als Erstes wird der Zunder luftig in der Mitte aufgestapelt. Um ihn herum die dünnen kleinen Zweige aufbauen, dann die dickeren Scheite. Dabei lassen wir eine Lücke, damit wir den Zunder leicht entzünden können. Mit einem Streichholz oder einem Feuerzeug wird er entfacht und mit einem Stock tiefer in die Mitte der Holzpyramide geschoben.

Das Feuer brennt übrigens leichter, wenn man ihm etwas Luft zufächelt. Denn Feuer braucht unbedingt Sauerstoff, damit es brennen kann. Dies müssen wir auch bedenken, wenn wir das Feuer aufbauen. Liegt das Holz zu dicht, kann sich das Feuer nicht richtig entzünden. Sehr viel Rauch und Qualm sind ein Anzeichen dafür, dass die Flammen zu wenig Luft bekommen.

BROT AM STOCK
Noch mal so viel Spaß bringt ein Lagerfeuer, wenn man hier sein Essen zubereitet. Der Klassiker ist Stockbrot. Dabei wird eine dünne, nicht zu weiche Teigrolle um einen stabilen Zweig gewickelt.
Wer es gern süß mag, sollte unbedingt einen Apfel im Mantel probieren. Dazu wird ein süßer Stockbrotteig gemacht, ein kleiner Apfel auf einen langen Stock gespießt und dünn mit dem Teig ummantelt. Noch etwa 20 bis 30 Minuten von allen Seiten über dem Feuer bräunen und warm verzehren. Besonders gut schmeckt der Apfel übrigens mit Vanillesoße.

Zutaten und Zubereitung
500 g Mehl, 1 Würfel Hefe oder 1 Päckchen Trockenhefe, 1 Prise Salz, 80 g Zucker, 1 Päckchen Vanillezucker, 100 g Butter oder Margarine, 250 ml lauwarmes Wasser oder Milch, 1 Ei. Frische Hefe in etwas Wasser auflösen und alle Zutaten mit dem Knethaken des Rührgerätes lange und kräftig zu einem Teig verkneten. Alles etwa eine halbe Stunde an einem warmen Ort gehen lassen (bis der Teig deutlich an Volumen zugenommen hat). Noch einmal leicht durchkneten, fertig!
→ Für ein würziges Brot den Zucker ersetzen durch: 1 bis 2 TL Salz, nach Geschmack frische Kräuter und/oder eine gepresste Knoblauchzehe.

SPIELEN, MALEN, FEIERN

[a]

[b]

[c]

[d]

DAS IST
wirklich
WICHTIG

[a] GEEIGNETE BLUMEN haben einen möglichst langen und biegsamen Stiel. Der eine Stängel wird kurz unterhalb der Blüte um den nächsten gewickelt, sodass die Stiele dann parallel liegen.

[b] SO WIRD JE EINE BLUME HINZUGEFÜGT, bis die gewünschte Länge erreicht ist.

[c] DER KRANZ KANN GESCHLOSSEN WERDEN, wenn er lang genug ist. Dazu die Stielenden unter die Blüten schieben und mit etwas Draht oder Bindfaden umwickeln.

[d] MIT DEN FERTIGEN KRÄNZEN kann der Tanz um den Baum losgehen.

DIE SONNE FEIERN

Blumenkränze und tanzende Frösche

In vielen Ländern auf der Welt feiern die Menschen zur Sommersonnenwende ein großes Fest. Besonders schön würdigen die Schweden den längsten Tag im Jahr und tanzen blumenbeschmückt um einen Birkenbaum.

MIDSOMMER: SINGEN UND TANZEN

Nach Weihnachten ist Midsommer in Schweden das zweitwichtigste Fest des Landes. Gefeiert wird in großen Gruppen mit Freunden und Verwandten. Ein wichtiges Ritual ist dabei das singende Tanzen um eine Maistange. Das ist ein mit Blumengirlanden, Blättern und Bändern geschmückter Birkenstamm, der auf einer Wiese aufgestellt wird. Besonders gerne wird das Lied von den kleinen Fröschen gesungen. Dazu hüpfen alle im Kreis und halten bei den entsprechenden Textstellen ihre Hände wackelnd an den Steiß oder den Kopf.

Das Tanzlied

Die Fröschelein, die Fröschelein
das ist ein lust'ger Chor.
Sie haben ja, sie haben ja
kein Schwänzchen und kein Ohr.
Quuu-ack, quack, quack, quack.
Quuu-ack, quack, quack, quack.
Quuu-ack, quack, quack, quack, quack, qu-aaack!

*Små grodorna, små grodorna
är lustiga att se.
Ej öron, ej öron,
ej svansar hava de!
Ko-ack-ack-a, ko-ack-ack-a,
Ko-ack-ack-ack-ack-a.*

ESSEN WIE DIE SCHWEDEN

Das traditionelle Essen des Festes besteht aus Frühkartoffeln, eingelegten Heringen, Sauerrahm, Schnittlauch, Dill und Knäckebrot. Als Nachtisch gibt es Erdbeeren mit Schlagsahne. Manche Erwachsene trinken dazu gerne ein Glas *öl* – bei uns besser als Bier bekannt.

BLUMEN FÜR DEN HAARSCHMUCK

Natürlich macht man sich zu so einem Fest auch richtig schick. Dazu gehört u. a. ein schöner Blumenkranz, den man selbst bindet. Allgemein sind dafür robuste Pflanzen wie Löwenzahn (Blütezeit von April bis Juni), Gänseblümchen und die hübschen Blätter des Frauenmantels gut geeignet.
Typische Midsommerblumen in Schweden sind Wiesenblumen wie Butterblumen, Margeriten, Roter Klee, Kornblumen, Glockenblumen, Hornklee, Echtes Labkraut, Schafgarbe und Vergissmeinnicht.

Anleitung

Es gibt viele Möglichkeiten, einen schönen Kranz zu binden. Eine einfache ist, z. B. Blumen mit langen Stängeln zu suchen, unterhalb der Blüte mit dem Fingernagel den Stängel zu spalten und die nächste Blume durch die Öffnung zu führen. Am Ende wird mit den Stängeln der Schlussblumen verknotet.
Mit einer etwas aufwendigeren Methode lassen sich viele verschiedene Blumensorten zu einem dickeren Kranz verbinden. Die dafür geeigneten Blumen haben einen möglichst langen und biegsamen Blütenstiel. Die erste Blume hält man in der Hand, der nächste Stiel wird mit der Blüte beim Blütenkopf angelegt und einmal um den ersten Stängel gewickelt. Die zwei Stiele liegen jetzt parallel, wobei der zweite am Ende über den ersten hinausragt. So macht man weiter, bis die gewünschte Länge erreicht ist. Durch das Anlegen neuer Blüten verlängert man die Stängel, die kurzen Enden verschwinden. Der Kranz wird geschlossen, indem die Stielenden unter die Blüten geschoben werden. Mit Draht oder Bindfaden umwickelt, wird der Verschluss haltbarer.

SPIELEN, MALEN, FEIERN

FESTE UND FEIERN
Ideen für jede Jahreszeit

Feiern im Garten haben einen unwiderstehlichen Charme. Und das nicht nur im Sommer und an Geburtstagen. Hier ein kleiner Einblick in verschiedene regionale Feiern und Bräuche.

BIIKEBRENNEN [1.]
Datum: 21. Februar
Ursprung: nordfriesischer Brauch mit heidnischem Ursprung, bei dem mit einem Feuer der Winter vertrieben werden soll und in früherer Zeit wohl die Walfänger verabschiedet wurden
Bräuche: Bei der Biike, friesisch für Feuerzeichen, werden alte Tannenbäume, Holzschnitt und eine Strohpuppe – das so genannte Petermännchen – verbrannt. Reden, Gesänge und Theateraufführungen im Dialekt sind fester Bestandteil. Nach dem Feuer findet traditionell ein Grünkohlessen statt, am darauffolgenden Petritag Tanzgesellschaften.

WALPURGISNACHT [2.]
Datum: 30. April
Ursprung: Im Mittelalter glaubten die Menschen, dass Hexen sich an diesem Tage auf dem Blocksberg – heute besser bekannt als Brocken im Harz – trafen, um dort ein großes Fest abzuhalten. Benannt wurde die Nacht jedoch nach der heiligen Walpurga, einer aus England stammenden wohltätigen Nonne, die im 8. Jahrhundert lebte.
Bräuche: Den Konflikt zwischen Gut und Böse spiegelt die zeitlos schöne Geschichte von der kleinen Hexe von Otfried Preußler wieder. Hier muss sich die „gute" kleine Hexe unterstützt vom Raben Abraxas gegen die Mehrheit der „bösen" großen Hexen durchsetzen und ein eigenes Wertesystem entwickeln. Inspiriert von der Erzählung können die Kinder sich bei dem Fest als gute oder böse Hexen, Rabe Abraxas oder Teufelchen verkleiden und dabei um ein Feuerchen oder einen Maibaum tanzen. Als typisches Getränk wird dazu eine Maibowle aus Waldmeister gereicht (Waldmeisterkraut mit Zitronenbrause oder Mineralwasser mischen).
In vielen Gegenden Deutschlands ist es zudem Brauch, an diesem Abend den Maibaum aufzustellen, begleitet von traditionellen Umzügen und Musik.

OSTERN [3.]
Datum: 1. Sonntag nach Frühjahrshalbmond (frühestens 22. März, spätestens 25. April)
Ursprung: Im Kirchenjahr ist es das höchste Fest, noch vor Weihnachten. Gedacht wird dem christlichen Glauben nach an die Auferstehung Jesu Christi, der dem Neuen Testament zufolge als Sohn Gottes den Tod überwunden hat.
Bräuche: Viele schöne Osterbräuche sind heidnischen Ursprungs wie die Osterfeuer am Ostersamstag oder der Glaube an den Osterhasen, der Schokoeier versteckt. Traditionelle Speisen sind Hefegebäck und Osterlamm (christlicher Ursprung).

SOMMERSONNENWENDE [4.]

Datum: 21. Juni
Ursprung: Sommersonnenwenden gelten seit jeher als mystisch, im christlichen Glauben wurde dem heiligen Johannes dem Täufer gedacht.
Bräuche: Nicht immer wird am längsten Tag des Jahres, der astronomischen Sonnenwende, gefeiert. Viele Länder feiern auch am 24. Juni, dem christlichen Johannistag. Die Bräuche ähnen sich jedoch stark. Während die Schweden um einen Baum tanzen, feiern die meisten anderen Nationen mit einem Lagerfeuer. In Dänemark wird dann z. B. eine Strohpuppe verbrannt, dies soll böse Geister vertreiben. Vor allem die Skandinavier und die Balten, mit ihren langen dunklen Wintern, lieben die so genannte Weiße Nacht, in der es nicht oder kaum dunkel wird. Aber auch die sonnenverwöhnten Spanier feiern dann. Sie machen Lagerfeuer, grillen am Strand und stürzen sich um Mitternacht in die Fluten. Allerorten wird gern getanzt, gesungen und geschlemmt.

HALLOWEEN [5.]

Datum: 31. Oktober
Ursprung: in Irland. Irische Einwanderer gedachten an diesem Tag mit den zugehörigen Bräuchen ihrer alten Heimat. Mittlerweile eines der wichtigsten Feste in den USA.
Bräuche: gefeiert wird in der Nacht vor Allerheiligen. Dazu verkleidet man sich möglichst gruselig, z. B. als Hexe, Gespenst oder Skelett. Die Kinder gehen von Haus zu Haus und verlangen: „Süßes, sonst gibt's Saueres!" Oder: „Wir sind die kleinen Geister und spielen gern mit Kleister, wir spielen gern mit Matsch und machen damit Quatsch. Willst du, dass wir uns verdrücken, musst du Süßes erst rausrücken!" Die Kinder können sich vorher einige kleine Streiche ausdenken, wie z. B. Zeitungsschnipsel in den Briefkasten füllen. Unbedingt dazu gehören natürlich als Dekoration ausgehöhlte Kürbisse, in die ein schauriges Gesicht geschnitzt wird.
Schöne regionale Alternativen zu Halloween sind das Martinssingen mit Laternenlauf (11.11.) und das norddeutsche Rumpelpottlaufen (Silvesterabend). Hier wird Süßes erbeten und dafür z. B. ein Lied gesungen.

WEIHNACHTSZEIT/ ADVENTSZEIT [6.]

Datum: Dezember
Ursprung: im christlichen Glauben eine Zeit der Ruhe, um sich auf die Geburt des Christuskinds einzustimmen
Bräuche: Besonders wenn Schnee liegt, kann man auch in der Winterzeit im Garten wunderbare Feste feiern. Dazu gehört natürlich zum Wärmen auf jeden Fall ein Feuerchen. An einem darüber stehenden Dreibein kann sowohl eine Suppe warmgehalten als auch gegrillt werden. Der Garten kann dazu z. B. mit Girlanden aus Tannenzweigen und Kerzen in gelochten Blechdosen geschmückt werden.
Ein schöner Brauch, der langsam wieder in Mode kommt, ist das Schneiden der Barbarazweige am 4. Dezember. Hier werden Obst- oder Forsythienzweige geschnitten und im Haus gewässert. Diese sollen dann zum Weihnachtsfest blühen.

DIE HÜHNEREIER FÜR OSTERN lassen sich toll mit Sud aus Zwiebelschalen, Rot-Kohlblättern oder Spinat färben. Einfach zusammen mit etwas Essig aufkochen.

[4.]

[5.]

[6.]

SPIELEN, MALEN, FEIERN

KINDERGEBURTSTAG

Mottos, Mitbringsel und mehr

Im Garten gibt es meist einen größeren Bewegungs- und Toleranzspielraum als im Haus. Gärten sind so die ideale Kulisse für Kindergeburtstage.

Viel Spaß bringt es, ein Motto zu bestimmen und passend dazu die Spiele, Dekoration und das Essen auszuwählen. Neben Spielen freuen sich vor allem kleinere Kinder über Mitbringsel, die sie mit nach Hause nehmen können. Dies muss nicht immer etwas Süßes sein. Spaß bringt es oft auch, etwas gemeinsam zu basteln. Nachfolgend verschiedene Anregungen für Mottogeburtstagsfeiern.

ANNO 1900
Einladung: auf schöne Ornament-Papiertortenböden oder Pappteller geschrieben
Spiele: Strohhalmspiel. Hier werden Blätter, Nüsse etc. mit einem Halm angepustet und in einer Schale gesammelt. Das Spiel kann auch um die Wette mit Teams gespielt werden. Ein weiteres Spiel ist das Heusuchen. Dabei werden in Heuhaufen Süßigkeiten versteckt, die die Kinder finden müssen. Auch ein passendes Spiel ist der Apfeltanz. Dabei tanzen Paare mit einem Apfel zwischen der Stirn.
Mitbringsel: gemeinsam Papierblumen basteln. Dazu Zweige als spätere Stängel mit grünem Krepp umwinkeln. Für die Blüten bunte Servietten treppenförmig falten, in der Mitte knicken, mit einem Faden zusammenbinden, die einzelnen Lagen auseinanderziehen und zum Schluss am Stängel festbinden.

ELFEN- UND TROLLPARTY
Einladung: wird mit Pflanzentinte geschrieben und mit einem Blütenstiel z. B. aus Löwenzahn umwickelt

Spiele: verkleiden und schminken. Einen Zauberstab aus biegsamen Zweigen basteln. Riesenseifenblasen machen. Bäumchen, wechsel dich (siehe Seite 116). Wie groß bin ich? (siehe Seite 117). Lagerfeuer mit Stockbrot (siehe Seite 108).
Mitbringsel: Blumenkränze binden (siehe Seite 110)

ERNTEDANK
Einladung: gestempelt mit Kartoffeldruck. Dazu Kartoffeln aufschneiden und Muster oder Buchstaben o. Ä. mit dem Gemüsemesser hineinschnitzen.
Spielen: Vogelscheuchenlauf (siehe Seite 116). Erntegewicht schätzen (siehe Seite 117). Naturfarben herstellen (siehe Seite 104/105). Äpfel fischen oder Kirschen pflücken (siehe Seite 117).
Mitbringsel: Marmelade einkochen aus selbst geernteten Früchten (siehe Seite 75).

HANDWERKERPARTY
Einladung: wird auf ein Stück Holzbrett geschrieben
Spielen: Nägel um die Wette in ein Brett schlagen. Baumstammwettsägen. Wolkenkratzer bauen, indem Kisten mit leeren Getränkekästen oder Holzscheiten aufeinandergestapelt werden. Lasso um Pfosten werfen. Schubkarrenrennen (siehe Seite 117).
Mitbringsel: Bastelmännchen mit Fundstücken aus dem Garten wie Stöckern, Blättern, Gräsern etc.

OLYMPIADE
Einladung: Karte mit olympischen Ringen versehen und als Spielerausweis gestalten. Während der Feier werden alle absolvierten Disziplinen vermerkt, nach Wunsch mit Ergebnis.
Spielen: Sackhüpfen. Dosenwerfen. Kletterparcours. Wettschätzen (Wie groß bin ich?, Seite 117).
Mitbringsel: selbst gebastelte Medaillen, Urkunden und Lorbeerkränze, die bei feierlicher Zeremonie am Ende verliehen werden

PLANSCH-POOL-PARTY
Einladung: aufgerollt an Mini-Quietscheente oder Wasserbombe festgebunden
Spielen: Wassertischtennis. Hierbei werden vor dem Einlassen des Wassers auf dem Poolboden mit Tapeband zwei etwa 1 m auseinanderliegende Linien markiert, dann setzt sich je ein Kind hinter die Linie und beide versuchen, den Tischtennisball über die gegnerische Linie zu pusten. Weitere Spiele sind: Wasserbomben-Weitwurf. Froschhüpfen (siehe Seite 117). Äpfel fischen (siehe Seite 117). Wasserkegeln, indem mit Sand gefüllte PET-Flaschen in einem Planschbecken mit einem großen Ball umgekegelt werden.
Mitbringsel: Naturflößchen bauen, z. B. aus Naturmaterialien wie Zweigen, Schnur und Korken (dienen als Schwimmhilfe)

115

SPIELEN, MALEN, FEIERN

[1.]

[2.]

[3.]

GEBURTSTAGSSPIELE
Laufen, werfen, raten und mehr

Es gibt eine Vielzahl an schönen alten Spielen. Sie lassen sich oft leicht auf Vorlieben, Alter und Anzahl der Spieler anpassen.

SACKHÜPFEN [1.]
Der Gartenklassiker schlechthin. Es werden eine Start/Ziellinie und ein Wendepunkt, z. B. ein Baum, markiert. Die Kinder hüpfen auf Kommando um die Wette.
Als Säcke eignen sich alte Kartoffelsäcke, Leinensäcke, alte Kopfkissen oder aber auch robustere Müllbeutel.

ALLE MEINE ENTCHEN [2.]
Auch hier wird eine Start- und eine Ziellinie z. B. mit einem Seil markiert. Auf der Zielseite steht die Entenmutter, die ihre Küken vom Start mit folgendem Frage-Antwort-Spiel zu sich locken möchte: Alle meine Entchen, kommt zu mir! – *Wir können nicht,* – Warum denn nicht? – *Der Fuchs ist da!* – Wo steckt er denn? – *Hinterm Baum!* – Was will er denn? – *Er will uns fressen!* Auf die Aufforderung „Alle meine Entchen, kommt zu mir!" stürmen die Küken Richtung Mama. Der Fuchs stürmt hinter dem Baum hervor und versucht möglichst viele Jungen zu fangen. Diese werden dann im nächsten Durchgang auch zu Füchsen. Besonders intensiv wird das Erlebnis mit passenden Verkleidungen.

BÄUMCHEN, WECHSEL DICH [3.]
Benötigt wird ein Garten mit mehreren Bäumen. Ersatzweise können auch Sträucher, Sonnenschirme, Pfosten o. Ä. verwendet werden. Wichtig ist, dass jeder Spieler, bis auf einen, bei einem Baum steht. Gibt es mehr Bäume als Spieler im Garten, müssen die „mitspielenden Pflanzen" markiert werden.
Der baumlose Spieler ruft nun: „Bäumchen, Bäumchen, wechsel dich!" Daraufhin laufen alle los und versuchen einen neuen Baum zu erreichen. Derjenige, der ohne Baum bleibt, ruft nun den Wechselspruch.

VOGELSCHEUCHENLAUF [4.]
Es werden zwei Gruppen gebildet sowie eine Start/Ziellinie und ein Wendepunkt, z. B. ein Baum, markiert. Zwei Kinder aus verschiedenen Teams werden mit je einem Strohhut, Schal, Jackett, Rock, zu großen Schuhen und einem Besen als Vogelscheuche verkleidet. Auf ein Signal laufen die Vogelscheuchen los, umrunden den Baum und kehren wieder zurück. Nun muss die Kleidung schnell an den nächsten Läufer weitergegeben werden usw. Soll der Schwierigkeitsgrad erhöht werden, kann ein regelrechter Hindernisparcours aufgebaut werden.

Andere Varianten sind der Froschlauf. Hier haben Kinder Gummiflossen o. Ä. an den Füßen und müssen hüpfen. Oder auch der Eierlauf, bei dem Kinder rohe Eier auf dem Löffel balancieren. Ebenfalls beliebt ist der Schubkarrenlauf, bei dem je ein Kind ein anderes beim Wettlauf hinten an den Beinen festhält.

KIRSCHEN UND ÄPFEL VON DER LEINE PFLÜCKEN [5.]
Es wird eine lange Wäscheleine z. B. zwischen zwei Bäumen in Kopfhöhe der Kinder gespannt. Daran werden mehrere Kirschpaare und kleine Äpfel mit Stiel gehängt. Die Kinder müssen nun einzeln nacheinander nur mit dem Mund die Kirschen und Äpfel von der Leine ernten. Oder ein Kind pflückt die Kirschen und das andere erntet die Äpfel um die Wette von der Leine. Statt der Früchte können auch Würstchenpaare genommen werden.
Eine Alternative ist das Apfelfischen. Hier schwimmen Äpfel in einem mit Wasser gefüllten Bottich, die von den Kindern mit dem Mund herausgefischt werden müssen.

WIE GROSS BIN ICH? [6.]
Nun wird es etwas ruhiger und der Verstand ist gefordert. Vor den Kindern liegen je ein großer Haufen mit Steinen, Blättern, Blüten und Stöckern. Sie müssen nun alle raten, wie viele Exemplare sich auf den verschiedenen Haufen befinden. Ältere Kinder können im Stillen raten und das Ergebnis auf einem Zettel notieren. Bei Jüngeren notiert ein Erwachsener z. B. für alle sichtbar auf einer Tafel. Alternativ zur Anzahl kann auch das Gewicht geschätzt werden. Hier braucht man dann natürlich noch eine Waage.

DAS SCHNELLE PFLANZENQUIZ
Es werden zwei Parteien gebildet mit mindestens je zwei Mitspielern. Die Gruppen stellen sich etwa 10 m entfernt voneinander auf. In ihrer Mitte steht der Spielleiter mit einer Liste verschiedener Pflanzennamen. Vor Beginn hat er aus den Pflanzen, es können Blumen, aber auch Blätter von Bäumen etc. sein, zwei identische Sträuße gebunden und sie an zwei Stellen in etwa 10 m Entfernung vom Start abgelegt. Zu Spielbeginn laufen die Staffelersten zum Spielleiter, der ihnen die erste Pflanze auf seiner Liste nennt, z. B. Löwenzahn. Die Staffelläufer rennen zu ihrem jeweiligen Strauß, suchen die genannte Pflanze heraus und bringen sie dem Spielleiter. Wird eine falsche Pflanze gebracht, muss der Läufer sein Glück erneut versuchen. Stimmt die Pflanze, klatscht er den nächsten Läufer ab und stellt sich wieder hinten an. Gewonnen hat die Mannschaft, die als Erstes den Strauß beisammen hat. Das Spiel kann dem Alter der Spieler angepasst werden, indem z. B. die Laufentfernungen gelängt werden. Die Pflanzen können auch vor Beginn zusammen gepflückt und benannt werden.

RIESENSEIFENBLASEN
Eine andere schöne Aktion ist das Herstellen von Riesenseifenblasen. Das geht wie folgt: 1,5 l destilliertes Wasser (z. B. aus der Drogerie), 200 ml Maissirup (im Internet als Pulver erhältlich) und 450 ml Geschirrspülmittel in einem sehr großen Eimer o. Ä. mischen. Am besten über Nacht stehen lassen, mindestens aber vier Stunden.
Aus einem alten Drahtbügel einen 15 bis 20 cm weiten Drahtring formen und mit Wolle oder Stoff umwickeln. Die Blasen lösen sich bei Bewegung vom Ring. Bei großer Trockenheit platzen sie schnell. Dann eventuell die Luft mit einem Sprenger anfeuchten – die Blasen dürfen jedoch das Wasser nicht direkt abbekommen.

[4.]

[5.]

[6.]

SPIELEN, MALEN, FEIERN

ALLTAGSSPIELE

Allein oder in der Gruppe

Auch für den Alltag gibt es eine Menge Spielmöglichkeiten, und dazu ist zum Glück kein Berg an gekauftem Spielzeug nötig. Hier einige Anregungen für Spiele, die entweder alleine oder mit mehreren gespielt werden können.

ALLEINE SPIELEN: IDEENREICHTUM MIT NATURWERKSTOFFEN

Ihre eigenen Vorstellungen entwickeln und umsetzen können Kinder auf besonders schöne Weise, wenn sie eine eigene Materialsammlung anlegen. Hier kann jeden Tag neu entschieden werden, was entstehen soll und womit gespielt werden möchte. Geeignet sind z. B. biegsame und steife Stöcker, Natursteine sämtlicher Größen, Lehm oder Ton, Ziegel, Töpfe, Gräser, Blätter und Nüsse. Gute Hilfsmittel sind Schnüre, Drähte und Nägel, die bei Nichtgebrauch z. B. in großen Tontöpfen oder Körben gelagert werden. Mit zunehmendem Alter kann nach einer kleinen Anleitung auch Werkzeug eingesetzt werden. Auf diese Weise lassen sich z. B. kleine Figuren, ein Mininaturbauernhof, Schiffchen oder die Wasserbaustelle (siehe Seite 96/97) umsetzen.

MIT ZWEIEN ODER IN DER GRUPPE: MURMELN UND HÜPFEN

Steigender Beliebtheit erfreuen sich wieder klassische Kinderspiele wie Murmeln, Jonglieren oder Hinkepott. Das Schöne an ihnen ist, dass sie sich oft mit sehr einfachen Mitteln umsetzen lassen. Meist wird nicht vielmehr als ein Stückchen ebene Fläche benötigt.

Murmeln spielt man z. B. am besten auf einem Sandweg oder alternativ auf einer gepflasterten Fläche. Bei der einfachsten Spielvariante versuchen alle Spieler, ihre Murmeln mittels Schnipsen oder Werfen von einer Wurflinie aus in eine kleine Kuhle (oder einen markierten Bereich) zu befördern. Derjenige, der die meisten Murmeln dort platziert, gewinnt – und darf, wenn vorher vereinbart, alle anderen Murmeln einsammeln.

Ebenfalls seit Ewigkeiten bei Kindern weltweit beliebt, sind Hüpfspiele. Am besten wird auf einem Plattenweg gespielt, der mit Kreide oder Malsteinen aufsteigend mit den Zahlen 1 bis 7 markiert werden kann. Alternativ wird die Hüpffläche mit einem Stock auf einem Sandweg markiert. Der erste Spieler wirft einen Stein in das Feld 1. Auf einem Bein hüpfend, springt er die einzelnen Felder ab, wobei das Feld mit dem Stein übersprungen wird. Auf der 7 darf der Springer kurz ausruhen und das zweite Bein abstellen. Dann wird die Strecke abwärts zählend bis zur 2 zurückgehüpft und der Stein von der 1 aufgehoben. Das Feld wird übersprungen und der nächste Durchgang beginnt mit der 2 usw. Jeder ist so lange dran, bis er einen Fehler macht, also z. B. über die Linie tritt, das Feld beim Werfen verfehlt oder ein Bein unerlaubt abstellt. Gewonnen hat derjenige, der den ersten ganzen Durchgang schafft.

SPIELEN IN GRÖSSEREN GRUPPEN: ABZÄHLREIME

Zum Spiel in größeren Gruppen werden oft Mannschaften gebildet, z. B. für Versteck-, Ball- und Fangspiele etc. Dazu sind Abzählreime hilfreich. Verbreitet ist beispielsweise folgender, den es in zahlreichen regionalen Varianten gibt:
*Ene mene ming mang ping pang
Ene mene acker wacker
Eia weia weg!*
Im Silbenwechsel wird dabei im Kreis nacheinander auf alle Spieler gezeigt. Derjenige, bei dem der Reim endet, ist dran.
Ein klassischer Spruch beim Versteckspiel, der von dem Sucher aufgesagt wird, lautet:
*Eins, zwei, drei, vier Eckstein,
alles muss versteckt sein!
Hinter mir und vorder mir gilt es nicht,
und an beiden Seiten nicht!
Eins, zwei, drei, vier, fünf, sechs, sieben, acht,
neun, zehn – ich komme!*
Vor dem Spiel kann noch ein markanter Punkt, z. B. ein Baum, ausgewählt werden. Hat der Sucher einen Versteckten gefunden, müssen beide dorthin um die Wette laufen. Der Erste ruft dann 1, 2, 3 für xy (als Sucher) oder 1, 2, 3 für sich (als Versteckter). Freischlagen können sich die Versteckten, wenn sie unbemerkt vom Sucher zum markierten Punkt laufen und den Spruch aufsagen können.

TYPISCHE GARTENSPIELE: Boccia, Krocket, Kegeln, Stelzen, Gummitwist
SCHÖNE BALLSPIELE IM GARTEN: Federball, Fußball, Tischtennis, Volleyball

119

SPIELEN, MALEN, FEIERN

[1.]

SPIELGERÄTE
selbst gemacht

Es muss nicht immer teures Spielgerät aus dem Baumarkt sein. Hier ein paar einfach umzusetzende Ideen.

[2.]

[3.]

STEINTURM BAUEN [1.]

In vielen Gebirgen dieser Welt dienen Steintürme und Steinmännchen seit Urzeiten als Wegmarkierung. Neben einer Menge unterschiedlich großer Steine braucht man zu ihrer Erbauung vor allem Geduld und etwas Fingerspitzengefühl. Die Steine werden ihrer Größe nach übereinandergeschichtet. Dabei wird jeder Einzelne so lange vorsichtig gedreht bzw. verlagert, bis er im Gleichgewicht ist. Die Steine halten also ohne weitere Hilfsmittel. Und dazu müssen sie nicht immer so schön eben und glatt geschliffen sein wie auf dem Foto – kantige Steine eignen sich ebenfalls sehr gut. Lässt sich auch toll am Strand spielen!

KLETTERN [2.]

Es gibt viele Möglichkeiten, im Garten die Höhen zu erklimmen und den schönen Ausblick zu genießen. Und auch wer keinen geeigneten Baum hat, muss nicht verzichten. Allerdings wird es dann etwas aufwendiger und teurer. Klettersteine können z. B. an einer stabilen Laubenwand (nicht in Fugen platzieren!) oder einer großen Holzplatte festgeschraubt werden. Am besten sind dabei so genannte Siebdruckplatten für den Außenbereich geeignet, da sie wasserfest sind. Das sind speziell beschichtete Multiplexplatten. Einfache Spann- und Multiplexplatten quellen hingegen auf und sind nicht sicher! Die Klettersteine selbst werden mit rostfreien Edelstahlschrauben befestigt. Optimalerweise können sie bei Bedarf versetzt werden, da der Abstand der Steine sich nach der Kindsgröße richtet. Außerdem wird mit dem Umsetzen für Abwechslung gesorgt. Am Boden federn eine Rindenmulchschicht, alte Matratzen oder spezielle Bodenmatten etwaige Stürze ab. Wer mag, kann mit geeigneter Farbe z. B. einen Apfelbaum malen.

SPIELHAUS [3.]

Manchmal sind auch Provisorien eine gute Sache. Hier wurde aus einem großen Fahrradkarton ein Rapunzelturm gebaut. Die Kinder können die Kartons bei schönem Wetter im Garten selbst bemalen oder mit Tapeten und Geschenkpapier bekleben. Wer es haltbarer und vor allem wetterfester mag, ist mit einem Weidentipi gut beraten. Wie man dies baut und was es beim Bauen mit Weiden zu beachten gilt, steht auf Seite 128/129, die Anleitung für eine richtige Tür dazu gibt's auf Seite 138/139.

WIPPE [4.]

Eine einfache Wippe lässt sich mit wenigen Handgriffen bauen und praktischerweise z. B. bei Platzmangel auch wieder abbauen. Dazu legt man ein langes Brett, am besten aus einem widerstandsfähigen Holz wie Lärche, quer über einen dicken Baumstamm. Alternativ können wie auf dem Foto auch mehrere Baumstämme miteinander verschnürt werden. Wer möchte, kann mit der Konstruktion nicht nur wippen, sondern auch probieren, über das Brett zu balancieren. Aber Vorsicht, in der Mitte verändert sich der Schwerpunkt und es kommt Bewegung in die Sache!

MANDALAS LEGEN [5.]

Das Wort kommt aus dem Sanskrit – das ist Altindisch – und bedeutet so viel wie Kreis. Verbreitet sind Mandalas in gesamt Ostasien. Bei uns sind sie bei Kindern als Malvorlage sehr beliebt. Wenig bekannt ist, dass Mandalas ursprünglich eine religiöse Bedeutung haben. Ihre Ausübung soll der Meditation dienen und helfen, das eigene Selbst zu vergessen sowie die Konzentrationsfähigkeit zu schulen. Wie der übersetzte Name anzeigt, werden verschiedene Elemente kreisförmig um ein Zentrum, also die Mitte, angeordnet. Dies können sowohl gegenständliche Darstellungen wie Tiere etc. sein, als auch abstrakte Formen und Muster.
Mandalas kann man nicht nur malen, sondern auch legen. Hier verwenden wir Naturmaterialien wie Steine, biegbare Zweige, Stöckchen und Sand.

GARTENKEGEL [6.]

Jetzt heißt es: Alle neune! Dieses Spiel lässt sich besonders gut auf einem ebenmäßigen Weg oder Rasen spielen. Je weniger Unebenheiten der Untergrund hat, desto besser. Als Kegel kann man leere, mit Wasser oder Sand gefüllte PET-Flaschen oder Luftballons verwenden sowie abgesägte Treppenpfosten und Holzscheite.

SCHAUKEL- UND HÜPFREIFEN

Ein alter LKW-Schlauch lässt sich vielfältig einsetzen im Garten und bringt viel Spaß. Er kann mit einem Seil in einen Baum gehängt oder einfach aufs Gras oder ins Planschbecken gelegt werden. So kann man super darauf hüpfen. Das gefällt gerade den ganz Kleinen sehr. Im Internet finden sich auch Schläuche, bei denen das Ventil bereits entfernt wurde.

STECKENPFERD

Ein Pferdchen lässt sich auf vielfältige Weise im Garten basteln. Die einfachste Weise ist, einen kleinen Besen oder Teppichklopfer mit einer Socke als Kopf zu versehen. Ein kleines Pferd zum draufsetzen besteht aus einem einfachen Jutesack, der mit Stroh gefüllt wird. Sein Kopf wird aus der Astgabel einer Birke gebildet. Der Clou bei diesem Pferdchen ist ein echter alter Sattel. Defekte findet man günstig in Internetauktionen oder auf Reiterhöfen.

SEILTANZEN

Eine andere schöne Möglichkeit, im Garten sein Gleichgewicht zu trainieren und zu balancieren, bieten einfache Spanngurte, die zwischen zwei Bäume gespannt werden. Wer es komfortabler mag und bereit ist, etwas mehr zu investieren, kauft eine so genannte Slackline. Das Prinzip ist bei beiden jedoch dasselbe. Als Einstiegsübung für kleine Nachwuchsartisten eignen sich auch einfache Pfade z. B. aus Ziegel- oder Natursteinen.

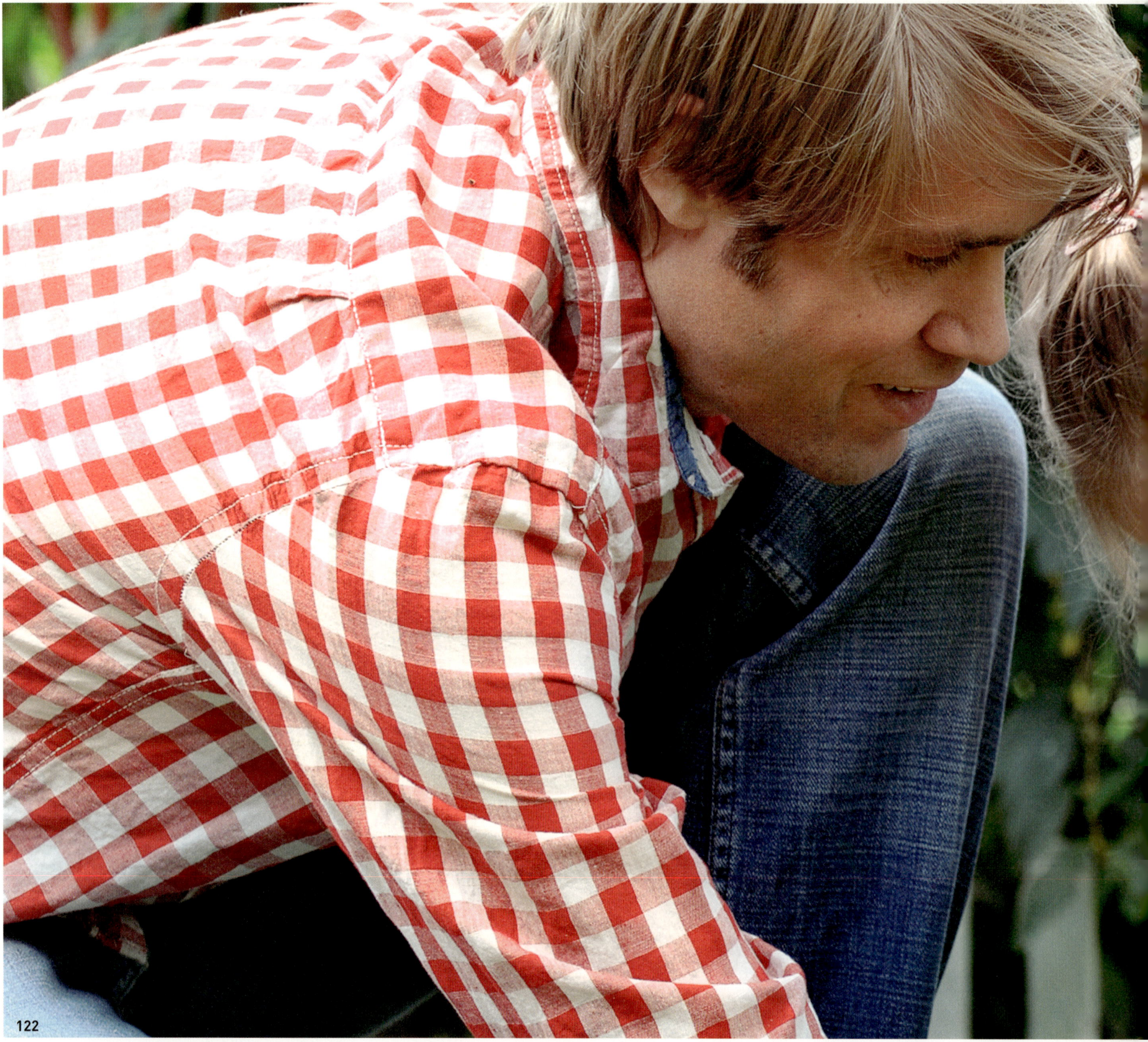

BASTELN UND BAUEN

Wohnen im Garten

GÄRTEN SIND GERADE BEI GUTEM WETTER IDEALE WERKSTÄTTEN. UND DAS BESTE: DAS MATERIAL ZUM BASTELN UND BAUEN FINDET SICH HÄUFIG DIREKT IM GRÜNEN. ABER AUCH AN ANDEREN PLÄTZEN WERDEN KLEINE SACHENSUCHER FÜNDIG.

BASTELN UND BAUEN

DAS IST
wirklich
WICHTIG

[a] **UNSERE UTENSILIEN** für die kleine Gartenküche. Aus diesem Material entsteht hier in wenigen Minuten ein schöner Gartenherd.

[b] **ALS ERSTES WERDEN DIE KLEINEN LIMODECKEL** mit einem spitzen Werkzeug vorgebohrt.

[c] **DIE GENAUE POSITION** der zukünftigen Drehschalter wird am Herd mit einem Punkt markiert. Dann werden die Limodeckel von außen mit einem innenliegenden Holzklötzchen verschraubt.

[d] **VORSICHT BEIM VERKLEBEN** der Herdplatten: Heißer Kleber auf der Haut tut weh!

[e] **KOCHEN IM GARTEN** mit eigener Ernte bringt einfach Spaß!

KINDER-GARTENKÜCHE

Basteln mit Dosen

Aus Konservendosen lässt sich mit einfachen Mitteln sehr schnell eine Menge basteln. Hier bauen wir aus einer großen eckigen Olivendose einen Gartenherd.

Bevor es losgehen kann, müssen wir das Baumaterial besorgen. Dazu benötigen wir diesmal als Sachensucher à la Pippi Langstrumpf etwas Einfallsreichtum und Geduld: Die benötigten Werkstoffe bestehen fast ausschließlich aus gebrauchten Dingen.

GEWUSST WO: DIE MATERIALSUCHE
Für einen Gartenherd braucht man eine eckige große Dose, z. B. zur Konservierung von Oliven oder Öl. Diese lässt sich ganz kostenlos besorgen, man muss nur an der richtigen Stelle danach fragen! Eine gute Möglichkeit sind Lebensmittelgeschäfte oder Marktstände, die Oliven verkaufen. Eine andere sind Restaurants, in denen viele Oliven gegessen werden, z. B. beim Griechen oder Spanier. Neben der großen Dose, die das Grundgerüst bildet, werden noch einige schöne Blechschraubdeckel, z. B. von Marmeladengläsern und Limoflaschen, benötigt.

MATERIAL FÜR DEN HERD
- Korpus: eine große eckige Dose
- Große Herdplatten: zwei Blechdeckel mit Durchmesser etwa 9 cm
- Kleine Herdplatten: zwei Blechdeckel, Durchmesser etwa 6 cm
- Drehschalter: vier kleine Limonadendeckel
- Zubehör: einige schöne Klebehaken, kleine Topflappen, Puppentöpfe etc.

WERKZEUGE UND HILFSMITTEL
- Werkzeugdorn oder Ahle, um Löcher vorzubohren
- Akkuschrauber
- Heißluftklebepistole
- Vier kleine Holzklötzchen zum Verschrauben der Schalter
- Vier kurze Schrauben
- Stift zum Markieren der Schalter

ANLEITUNG
1. Die Limodeckel werden mit einem spitzen Werkzeug, wie einem Dorn, in der Mitte vorgebohrt [→ b]. Dazu werden sie auf die kleinen Klötzchen gelegt. Alternativ kann ein Loch mit einem spitzen Nagel geschlagen werden.
2. Die Position der Drehschalter wird am Herdkorpus markiert. Damit der Abstand vom oberen Rand gleichmäßig wird, eine gerade Holzleiste oben anlegen und die Limodeckel unterhalb aufreihen.
3. Zum Verschrauben der Drehschalter die Holzklötzchen innen in der Dose festhalten und die Deckel von außen gegenschrauben [→ c].
4. Die Herdplatten werden mit der Heißluftpistole auf der Dosenoberseite verklebt. Dazu die Pistole kurz vorheizen, den Kleber am unteren Deckelrand verteilen und aufkleben [→ d]. Vorsicht: Hier muss sehr schnell und genau gearbeitet werden. Heißer Kleber auf der Haut tut sehr weh. Zudem härtet er schnell aus und klebt dann nicht mehr. Alternativ können die Platten auch festgeschraubt werden.

BASTELN UND BAUEN

IDEEN AUS BLECH
Kostenlose Vielfalt

Beim Basteln mit Blechdosen benötigen wir meist einen großen Nagel, einen Hammer und als Widerstand beim Nageln ein Stück Holz, das in die Dose passt. Noch etwas Schnur oder Draht und schon können wir eine Menge an Spielideen verwirklichen.

DOSENTELEFON [1.]

Hier benötigen wir lediglich zwei Dosen und ein langes Stück Schnur. Dann wird jeweils ein Loch in die Mitte des Dosenbodens mit Nagel und Hammer gebohrt. Die Schnur wird eingefädelt und von innen verknotet. Damit das Telefon funktioniert, muss die Schnur auf Spannung gehalten werden. Ein Kind spricht in die Dose, das andere hält die offene Dose ans Ohr und lauscht. So kann man sich auch mühelos über größere Entfernungen verständigen.

DOSENSTELZEN [2.]

Benötigt werden wieder zwei leere Konservenbüchsen und etwas Schnur. Mit Nagel und Hammer schlägt man zwei gegenüberliegende Löcher knapp unterhalb des Randes des geschlossenen Dosenbodens in die Dose – wird vorher ein Widerstand, z. B. ein Stück Ast, in die Dose gesteckt, geht es leichter und das Blech verbeult nicht. Die Schnur wird der Beinlänge des Kindes angepasst, durch die Löcher gezogen und von innen verknotet. Wer es bequemer mag, kann noch etwas Filz auf den Boden der Dosenstelzen kleben.

GARTENHOCKER [3.]

Andere hocken in der Stube, wir lieber im Grünen! Um ein bequemes Plätzchen zu basteln, brauchen wir lediglich eine große Olivendose mit Boden, etwas Wachstuch, die Füllung von einem alten Sofakissen, etwas beidseitiges Klebeband sowie eine Schnur.
Das Wachstuch wird so zugeschnitten, dass es rundum etwa 2 cm über den Dosenrand steht. Die Dose dazu einfach umdrehen, auf den Stoff stellen und die Dose sowie 2 cm Linie markieren.
Klebeband am oberen Dosenrand festkleben, Dose mit Füllung auffüllen und das Wachstuch mit gleichmäßigem Abstand an das Klebeband festdrücken.

WINDLICHTER [4.]

Hier sammeln wir möglichst viele Dosen in unterschiedlichen Größen. Für die Löcher in den Dosen benötigen wir diesmal verschieden dicke Nägel. So fällt der Kerzenschein sowohl durch kleine als auch durch große Löcher. Am oberen offenen Rand werden zwei Löcher für einen Haltedraht in die Dose gehämmert.

DOSENGLOCKE [5.]

Diesmal benötigen wir den Nagel nicht nur zum Bohren eines Loches im Dosenboden, sondern er wird als Glockenschlägel gleich mit verwendet.

Wir knoten etwas Schnur an den Nagel, knoten die Schnur in einigen Zentimetern Abstand um ein Stückchen Streichholz o. Ä. und ziehen die Schnur mit dem losen Ende von innen nach oben durch die Dose. Der Nagel sollte nun ein gutes Stück unten aus der Dose herausragen.

Mit der langen Schnur können wir die fertige Glocke an einem Platz unserer Wahl aufhängen.

Eine schöne Ergänzung ist die Glocke z. B. für den Kaufmannsladen (siehe Seite 128) oder das Baumhaus (ab Seite 144).

PFLANZTOPF [6.]

Große Blechdosen, in denen z. B. Oliven konserviert werden, eignen sich gut zum Bepflanzen.

Auch hier werden in den Boden einige Löcher gebohrt, damit das Gießwasser abfließen kann. Unten in die Dose legen wir einige größere Steinchen oder Tonscherben, so steht die Pflanze nicht zu lange mit ihren Wurzeln im Nassen. Dann füllen wir Pflanzerde auf, setzen die Pflanze ein, drücken die Erde fest und gießen alles gut an. Fertig ist das neue Pflanzenquartier!

GARTENSPÜLE

Dies ist eine Ergänzung zum Gartenherd auf der vorherigen Seite. Die Spüle wird mit ähnlichen Mitteln gebaut. Eine einfache Spüle kann man aus einer großen Dose, einer Schüssel mit kleinem Rand von etwa 14 cm Durchmesser und einer alten Türklinke bauen. Mit einer Blechschere wird dazu in die Mitte der Dosenoberseite ein Loch für die Schüssel/Spüle geschnitten und das Ganze festgeklebt. Die Klinke dient als Wasserhahn. Oder möchte jemand gar echtes fließendes Wasser für seine Gartenspüle? Dann kann die Dose mit einer Halterung für einen Gartenschlauch versehen werden.

SCHNURDOSE

Sehr praktisch für kleine und große Gärtner ist ein Schnurspender. Denn Schnüre aus Naturmaterial, wie Sisal oder Kokos, benötigt man bei vielen Gelegenheiten im Garten. Alles, was man zum Basteln des Spenders braucht, ist eine schöne Blechdose mit Deckel. In die Deckelmitte wird mit einem Nagel ein großes Loch gebohrt. Die Schnurrolle in die Dose legen, das lose Ende von innen nach außen durch den Deckel fädeln und zu schrauben.

HALTET NACH SCHÖN BEDRUCKTEN DOSEN IM SUPERMARKT und anderen Geschäften Ausschau. Dabei sollte die Dose selbst bedruckt und nicht mit Papier überzogen sein. Eine weitere gute Fundquelle sind ausländische Spezialitätengeschäfte oder ein Urlaub im Ausland.

[4.]

[5.]

[6.]

BASTELN UND BAUEN

DAS IST *wirklich* WICHTIG

[a] **DIE LANGEN WEIDEN** werden mit etwas Schnur zu einem Bogen zusammengebunden. Ein paar Klammern, die später wieder entfernt werden, fixieren den Bogen vorläufig.

[b] **DAS DREIECK IM OBEREN TEIL** stabilisiert die Konstruktion. Die obere Querstrebe sollte der Körpergröße der Kinder angepasst werden. Dabei nicht vergessen: Der Bogen verschwindet etwa 30 cm in der Erde.

[c] **ZWISCHEN DEN QUERSTREBEN** werden drei kleine Rundbögen aus dünneren Weiden verknotet.

[d] **NOCH EIN ALTER BALKONKASTEN,** einige Töpfe mit Blumen und Gemüsepflanzen und eine alte Küchenwaage: Fertig ist der Gemüseladen im Grünen!

WEIDEN PFLANZEN
Gemüseladen im Grünen

Frische Weiden sind extrem biegsam, sehr starkwüchsig und schlagen schnell Wurzeln. Deshalb sind sie einer der angenehmsten und vielseitigsten Werkstoffe im Garten.

Hier bauen wir ein einfaches Rankgitter, das ganz nach Belieben als Blumen-, Gemüse-, Eisladen oder sogar Gartenpuppentheater dienen kann. Auch ein gebogener Zauberstab, ein Kriechtunnel oder ein großes Tipi sind schöne Projekte mit Weiden. Viel zu beachten gibt es dabei nicht.

GEWUSST WO, WANN UND WIE
Wo? Weiden wachsen häufig an Knicks oder Flussufern. Einfach einen kleinen Familienausflug machen oder beim örtlichen Bauern oder dem Gartenbauamt nachfragen. Auch die meisten Baumschulen bieten Weidenruten zum Verkauf.
Wann? Weiden können an frostfreien Tagen im gesamten Winterhalbjahr geschnitten werden. Geeignet sind die einjährigen Triebe. Sie wachsen gerade nach oben und haben noch keine Verzweigungen. Ein wichtiger Stichtag für die Weidenernte ist der 1. März jeden Jahres. Danach dürfen Bäume wegen der beginnenden Vogelbrut nicht mehr beschnitten werden!
Anwachsen? Damit die Weiden gut anwachsen können, werden die frischen Ruten im Frühjahr, mit der Schnittstelle nach unten, ein paar Tage in einen hohen Wasserbehälter gestellt. Am leichtesten schlagen übrigens Weiden mit länglichen Blättern aus. Bedenkt bei der Planung, dass angewachsene Weiden jedes Jahr größer werden und stark ausschlagen. Weitere Tipps siehe Seite 137, Weide.

STÜCKLISTE WEIDEN
- (a) 6 lange für den großen Bogen (hier etwa 3 m)
- (b) 2 mittellange Weiden für das Dreieck im Bogen (hier etwa 2 m)
- (c) 2 gerade für die Querstreben (hier etwa 1,5 m)
- (d) 3 kürzere für die drei kleinen Bögen (hier etwa 1 m)

Die genauen Längen/Höhen werden am besten der Körpergröße der Kinder, die mit dem Laden spielen, angepasst!

WERKZEUG
- Garten- oder Astschere
- Schnur
- Klammern zum vorübergehenden Fixieren des Bogens

ANLEITUNG
1. Je drei lange Ruten (a) bündeln und in etwa 1,1 m Abstand liegend zu einem Rundbogen formen. Bevor das Ganze mit etwas Schnur verknotet wird [→ a], mit einigen Klammern vorübergehend fixieren.
2. Am gewünschten Standort in der Breite des Bogens zwei etwa 30 cm tiefe Löcher ausheben.
3. In der oberen Bogenhälfte zwei mittellange Ruten (b) zum Aussteifen der Konstruktion festknoten. Sie bilden zusammen mit der Durchreiche (c) ein Dreieck [→ b]. Die Spitze befindet sich unterhalb des Bogenscheitels.
Die Höhe der Querstrebe wird der Größe des Kindes angepasst, sodass eine bequeme Durchreiche entsteht. Dazu den Bogen in die Löcher einlassen.
4. Nun wird die untere Querstrebe (c) waagerecht im Bogen festgebunden.
5. Zwischen den Querstreben (c) drei kleine Bögen befestigen (d). Der höchste Punkt der Bögen liegt an der obersten Querstrebe, die die Durchreiche bildet [→ c].
6. Den Bogen wieder in die Löcher stellen und das Ganze zuschaufeln. Soll der Laden wachsen, müssen die Ruten vor allem bei Trockenheit regelmäßig gewässert werden.
7. Für die Verkaufswaren verschiedene Tontöpfe an Bändern oder alten Balkonkästen an die obere Strebe des Verkaufsfensters hängen [→ d]. Hier finden Kräuterpflanzen, Blumen, Spielsand, Steine oder andere Dinge ihren Platz.

BASTELN UND BAUEN

DAS IST
wirklich WICHTIG

[a] ALS ERSTES BILDET MAN EINE SCHLAUFE, den so genannten Zimmermannsklank, die um den ersten Ast geführt wird.

[b] WEITER GEHT'S MIT DEM KREUZBUND.
Im rechten Winkel zum Zimmermannsklank beginnend, wird die Schnur immer von oben nach unten um das Astkreuz gelegt, bis der Ausgangspunkt erreicht ist.

[c] JE MEHR LAGEN MAN BINDET, desto stabiler wird die Verbindung.

[d] DAS BINDEN DER UNTEREN LAGE dient dem Straffen des Kreuzes.

[e] MIT EINEM MASTWURF wird der Bund festgezogen.

[f] FÜR EINEN PFLANZENRAHMEN werden noch drei weitere Bünde geschnürt.

KNOTEN UND BÜNDE

Einen Naturbilderrahmen machen

Um einen rechtwinkligen Naturbilderrahmen aus Ästen herzustellen, lassen sich verschiedene Verbindungstechniken anwenden. Dazu braucht man lediglich eine Rolle Schnur, vier gleich lange und dicke Äste und etwas Geschick.

TECHNIKEN, DIE VERBINDEN

Als Bund bezeichnen Pfadfinder die Verbindung von verschiedenen Gegenständen. Im Unterschied dazu, werden mit einem Knoten nur Seile bzw. Schnüre verbunden. Beide zählen zu den ältesten Verbindungstechniken und sind, richtig angewandt, äußerst halt- und belastbar. So werden in Asien bis heute riesige Baugerüste aus mit Bünden geknüpftem Bambus hergestellt.

In der folgenden Anleitung werden gleich drei hilfreiche Verbindungen mit Schnüren gezeigt: Der so genannte Zimmermannsklank, der Kreuzbund und der gesteckte Mastwurf. Mit dem Zimmermannsklank kann man Seile an Hölzern o. Ä. befestigen. Er zieht sich unter Belastung zu, lässt sich aber leicht wieder lösen. Der Kreuzbund wird angewandt, wenn zwei Stangen über Kreuz miteinander verbunden werden sollen und ein kleiner Überstand möglich ist. Pfadfinder nutzen ihn z. B. zum Bauen ihrer Zelt, Kohte genannt. Der gesteckte Mastwurf zieht ein Seil gut fest und lässt sich dennoch gut wieder lösen.

Das Fertigen erfordert räumliches Vorstellungsvermögen, Übung und Geschick.

ANLEITUNG

1. Als Erstes legen wir zwei Äste an den Enden im rechten Winkel übereinander. Das sieht dann in etwa aus wie ein großes Pluszeichen. Zur Kontrolle des Winkels können wir ein Blatt Papier in die innere Ecke legen. Das darf dann nicht überstehen.

2. Nun befestigen wir das Schnurende mit einem so genannten Zimmermannsklank am Ast. Dazu machen wir eine Schlaufe, indem wir das Schnurende zweimal um sich selbst wickeln. Das lange Ende schlagen wir nun von hinten um den Ast und führen es von vorne durch die Schlaufe [→ a]. Dann ziehen wir die Enden fest.

3. Das lange Ende schlagen wir nun von oben über den längs liegenden zweiten Ast, führen es auf der anderen Seite unter dem ersten Ast durch und wieder über den zweiten Ast hinweg [→ b]. Damit sind wir am oberen Ende des Zimmermannsklanks angelangt.

4. Wir führen die Schnur unter dem Zimmermannsklank hindurch und beginnen nun mit der nächsten Lage des Kreuzbundes. Dazu führen wir die Schnur genau entlang der ersten Lage [→ c]. Die Schnur sollte sich dabei nicht überschneiden und immer schön straff gezogen sein.

5. Wenn wir zwei Lagen haben, wickeln wir die Schnur einmal straff unter dem oberen Ast [→ d].

6. Zum Abschluss ziehen wir den Bund z. B. mit einem gesteckten Mastwurf endgültig fest. Er wird aus zwei Schlaufen gebildet und sieht aus wie eine liegende Acht: Führt die Schnur von oben über den unteren Ast und dann an der Unterseite zum Ausgangspunkt zurück, sodass sich eine erste Schlaufe bildet. Das lose Schnurende führen wir nun von vorne nach hinten über den Ast und schließlich wieder nach vorne. So entsteht eine zweite Schlaufe. Das lose Ende führen wir unterhalb der ersten Schlaufe nach oben und ziehen es fest.

7. Zum Herstellen des Pflanzenbilderrahmens müssen wir noch drei weitere Bünde schnüren. Nun können wir Blüten, Blätter und andere Fundstücke in das Geflecht stecken [→ f]. Danach umwickeln wir den Rahmen noch mit etwas Schnur und hängen ihn z. B. in einem Baum auf.

BASTELN UND BAUEN

DAS BOHRLOCH ETWA IMMER AUF GLEICHE HÖHE SETZEN.

[a]

[b]

DAS IST
wirklich
WICHTIG

[a] ALS ERSTES WERDEN die verschieden langen und dicken Aststücke am oberen Ende angebohrt. Für dicke Äste braucht man dazu lange Bohraufsätze für Holz. Das Bohrloch sollte immer ungefähr auf der gleichen Höhe sitzen.

[b] DURCH JEDES BOHRLOCH wird eine Schnur gefädelt, die oben verknotet wird.

[c] DIE EINZELNEN ÄSTE werden nach ihrer Tonhöhe über einen Ast gefädelt und aufgehängt.

[c]

KLANGGARTEN
Ein Xylofon bauen

Holz ist nicht gleich Holz. Je nach Baumart unterscheidet es sich z. B. in Aussehen, Härte und Dauerhaftigkeit. Da verwundert es wenig, dass auch sehr unterschiedliche Töne damit erzeugt werden können.

EIN HOLZ FÜR JEDEN TON
Diese Eigenschaft machen wir uns bei einem Xylofon zunutze. Das Wort ist griechisch und bedeutet direkt übersetzt Holzstimme. Bei den meisten Formen dieses Instrumentes liegen die Klanghölzer auf einem so genannten Resonanzkörper. Das ist eine Art hohle Kiste, die den Schall einfängt und verstärkt. Im Unterschied dazu, hängen die Klanghölzer bei unserem Xylofon an Schnüren in der Luft. So ist es auch eine Art Windspiel. Wer dem Instrument Töne entlocken möchte, braucht einen so genannten Schlägel zum Anschlagen der Hölzer. Dazu eignet sich ein anderer Ast oder ein Holzkochlöffel.

ANLEITUNG
Um unterschiedliche Tonhöhen zu erzielen, verwendet man am besten verschieden lange und dicke Äste von unterschiedlichen Baumarten. Besonders geeignet sind harte Hölzer wie Buche, Eiche und Esche. Aber auch Obstgehölze und Birke können verwendet werden. Der beste Zeitpunkt zum Bau eines Xylofons ist die Schnittsaison für Gehölze im zeitigen Frühjahr und im Herbst. Denn dann findet man überall geeignete Astabschnitte. Diese werden mit der Säge auf unterschiedliche Längen gekürzt. Dabei ist eine Faustregel ganz wichtig: Je länger und dicker ein Ast ist, desto tiefer ist auch der Ton, den er erzeugen kann. Versucht die Klanghölzer nach Tonhöhe zu sortieren. Dazu wird etwas unterhalb des Astendes ein Loch in das Holz gebohrt, eine Schnur eingefädelt und verknotet. Dann hängt man das Ganze an einen anderen Ast.

SAXOFON UND ELEFANTEN-TRÖTE
Oder wie wäre es mit etwas Blasmusik? Ein quasi fertiges Instrument bieten die hohlen Stängel des Löwenzahns. Dazu muss nur die Blüte entfernt werden. Um das Saxofon spielen zu können, fehlt jetzt nur noch etwas Übung. Zum Musizieren die unteren zwei Zentimeter des Stängels zusammendrücken und ganz fest in den oberen Teil blasen.
Wer es lauter mag und wie ein Elefant tröten möchte, braucht lediglich eine Gießkanne. Die Kanne – natürlich ohne Brauseaufsatz – mit dem Rohr an die aufeinandergepressten Lippen halten und kräftig prusten.

WER LUST AUF EIN PAAR TROMMELRHYTHMEN IM GARTEN HAT, kann mit wenig Aufwand eine schöne Trommel herstellen. Der Rand eines einfachen großen Blumentontopfes (Durchmesser 24 cm) wird dazu mit angerührtem Tapetenkleister eingepinselt und eine vorbereitete Lage Backpapier stramm und faltenlos darüber geklebt. Das Backpapier dafür leicht anfeuchten und gleichmäßig von beiden Seiten mit Kleister bestreichen. Das gespannte Papier mit etwas Schnur oder Gummibändern am Rand fixieren, bis es getrocknet ist, dann nach und nach auf die gleiche Weise mehrere Schichten ergänzen (Luftblasen mit einem Nudelholz herausdrücken). Der fertige Topf kann mit bunten Schnüren und Plakatfarben verziert werden.

BASTELN UND BAUEN

WILDHOLZ
Bauen mit Naturwerkstoffen

Gärten sind ideale Werkstätten. Hier gibt es meist mehr Platz als in geschlossenen Räumen und Baumaterial ist oft reichlich vorhanden. Viel ist nicht zu beachten, bevor man der Fantasie freien Lauf lassen kann.

Bereits kleine Kinder ab drei Jahren können mit etwas Anleitung und Aufsicht tolle Werkstücke aus Holz bauen. Je mehr Übung die Kinder haben, desto größer und komplizierter können die Bauwerke werden.

WERKPLATZ UND WERKZEUG
Für alle, die das Gartenwerkerfieber richtig erfasst hat, lohnt die Anschaffung einer Werkbank. Und dies vor allem wegen der dort integrierten Spannvorrichtungen: Das Justieren, also Befestigen des Werkstückes, ist z. B. beim Sägen oder Bohren sehr hilfreich, da man beide Hände zum Werken frei hat. Kinderwerkbänke sind in der Regel höhenverstellbar – wachsen also mit – und lassen sich praktischerweise, im Unterschied zu den Erwachsenenvarianten, problemlos umstellen. So hat man die Wahl, ob man im Garten und/oder im Haus arbeiten möchte. Alternativ zu den Spannvorrichtungen der Werkbank können Schraubzwingen verwendet werden. Viel Werkzeug braucht man nicht, um schöne Dinge aus Holz herzustellen. Zum Kürzen von Hölzern verwendet man eine kleine Gartenschere, eine Astschere oder als Säge den Fuchsschwanz. Alle drei sollten möglichst scharf sein, das erleichtert nicht nur die Arbeit und ermöglicht saubere Schnittstellen, sondern minimiert auch das Verletzungsrisiko. Welches Schnittgerät verwendet wird, richtet sich nach der Dicke der Hölzer. Gartenscheren werden für kleine und weichere Zweige benutzt, bis maximal 25 mm Durchmesser. Astscheren für dickes und härteres Holz bis 45 mm Durchmesser und für höhere Stärken Sägen.

Weitere hilfreiche Werkzeuge sind eine Bohrmaschine bzw. ein Akkuschrauber zum Vorbohren der Verbindungen, ein Stechbeitel (sorgsamer Umgang erforderlich, da sehr scharf!), ein kleiner Nagel- bzw. Kastanienbohrer, ein schwerer (Zimmermanns-) Hammer, ein Tischlerwinkel (zum Kontrollieren von rechten Winkeln) sowie ein Zollstock zum Vermessen. Zum Anzeichnen von Längen verwendet man praktischerweise einen Nagel, mit dem man das Holz an der entsprechenden Stelle anreißen kann.

EIN STABILES GRUNDGERÜST
Entwirft man Möbel oder andere Bauwerke aus Wildholz, sollte vor allem eine physikalische Grundregel beachtet werden: Dreieckskonstruktionen sind stabiler als rechteckige! Während ein einfacher rechteckiger Rahmen also noch recht wacklig ist, wird er bereits durch das Einfügen einer Querleiste wesentlich haltbarer. Die physikalische Begründung dafür ist, dass in einem stabilen Dreieck die Druckbelastungen in Zuglastungen umgewandelt werden. Das hört sich kompliziert an, lässt sich aber mit einem einfachen Experiment leicht nachvollziehen. So können wir einen einfachen Bogen Papier stabilisieren, indem wir ihn ziehharmonikaförmig falten und auf zwei auseinander stehende Klötze legen. Zum Vergleich legt man einen ungefalteten Bogen auf.

IDEALE VERBINDUNGEN
Für das Arbeiten mit Wildholz eignen sich vor allem zwei Verbindungsarten:
1. Nageln: Damit das Holz nicht reißt und es leichter geht, wird hierfür am besten ein Loch vorgebohrt. Die Bohrmaschine braucht dafür einen Aufsatz für Holz. Bei dem Zusammensetzen der eigentlichen Verbindung gibt es einen kleinen Trick, den ich bei der Bauanleitung für den Stuhl verrate (siehe Seite 140 bis 143).
2. Knoten und Binden: Hier werden die Äste mit Schnur oder aber auch Draht miteinander verbunden. Wie das geht, beschreibe ich in der Anleitung für den Naturbilderrahmen auf Seite 130/131.

WERKIDEEN AUS WILDHOLZ
Sie brauchen noch Anregungen, was man aus Wildholz alles machen kann? Wie wär's mit einem Stuhl, einer Bank, einem Tisch, einem Sichtschutz oder Rankgitter, Zäunen oder Beetumrandungen?
Besonders schön sehen übrigens Werkstücke aus, bei denen hartes und biegsames Holz kombiniert werden.
Eine kleine Auflistung mit Bäumen, die geeignetes Holz zum Arbeiten liefern, finden Sie auf den nächsten beiden Seiten.

135

BASTELN UND BAUEN

BAUM & STRAUCH

Biegsames und hartes Bastelholz

Im Garten eignen sich einige Gehölze besonders zum Bauen und Basteln. Es gibt welche mit biegsamem und hartem Holz. Hier haben wir eine kleine Auswahl zusammengestellt.

FORSYTHIE [1.]
Forsythia × intermedia
Weichholz
Hierzulande weitverbreiteter Zierstrauch
Aussehen: im Frühjahr vor dem Laubaustrieb mit unzähligen auffälligen kleinen gelben Blüten übersät
Wuchs: kann über 3 m hoch werden und bildet Stockausschlag, d. h., die Pflanze bildet neue Triebe direkt an der Basis des Strauches
Verwendung: wie Weide und Hasel
Besonderheiten: Alle Pflanzenteile sind leicht giftig.

BUCHE [2.]
Fagus
Hartholz
Sommergrüner Laubbaum. Zur Gattung gehören etwa zehn ähnliche Arten wie z. B. die Rot-Buche.
Aussehen: im Allgemeinen graue, glatte Rinde. Eiförmige Blätter, leicht buchtig gezähnt. Bildet Buchkern als Früchte.
Wuchs: mit bis zu 40 m Höhe bei alten Bäumen
Verwendung: Das Holz ist hart und schwer, nach richtiger Vorbehandlung aber sogar biegsam.
Besonderheiten: eines der wichtigsten Nutzhölzer

LÄRCHE [3.]
Larix
Hartholz
Sommergrüner Nadelbaum
Aussehen: hellgrüne Nadeln, im Herbst leuchtend gelb bis goldgelb, braune, auffallende Zapfen
Wuchs: Die Europäische Lärche (*L. decidua*) wird beispielsweise 25 bis 35 m hoch.
Verwendung: Das harte und schwere Holz wird bevorzugt als Bau- und Möbelholz genutzt, aber auf Grund seiner Widerstandsfähigkeit auch in Bereichen, die mit Wasser in Berührung kommen. Daher ist es auch im Gartenbereich gut ohne zusätzliche Schutzmaßnahmen verwendbar.
Besonderheiten: Die nadelförmigen Blätter werden im Herbst abgeworfen.

ROBINIE [4.]
Robinia pseudoacacia
Hartholz
Sommergrüner Laubbaum
Aussehen: auffällige, weiße, fliederartige, duftende Blüten im Frühsommer und Hülsenbildung. Borke des Stammes ist stark zerfurcht.
Wuchs: 20 bis 25 m hoch
Verwendung: Das Holz hat besonders positive Eigenschaften: Es ist sehr widerstandsfähig gegen Fäule, auch ohne Schutzmaß-

nahmen sehr haltbar und zugleich fest und biegsam. So wird es z. B. für den Bau von Booten, Möbeln, Bögen und Kinderspielplatzgeräten eingesetzt.
Besonderheiten: für Biotope nicht geeignet, da die Bäume Einfluss auf die Artenzusammensetzung nehmen. Sie können im Boden Stickstoff sammeln und so eine Überdüngung bewirken. Jedoch als Straßen- und Hausbaum im Einzelstand beliebt. Die Rinde ist giftig!

HUNDS-ROSE [5.]
Rosa canina
Weichholz
Aussehen: bildet als Früchte Hagebutten. Blüten von Weiß bis Rosa. Hat Stacheln an den Trieben, die sich im Unterschied zu Dornen jedoch leicht von der Pflanze abstreifen lassen.
Wuchs: schnellwüchsiger Strauch mit aufrechtem Wuchs mit bis zu 3 m Höhe, auch wild wachsend
Verwendung: Drechsel- und Einlegearbeiten
Besonderheiten: die häufigste wild wachsende Rosenart in Europa, wird daher auch Heckenrose genannt

WEIDE [6.]
Salix
Weichholz
Wida ist althochdeutsch und heißt die Biegsame – vollkommen zu Recht!
Aussehen: Zur Pflanzengattung gehören ca. 450 Arten, die sich in Aussehen und Eigenschaften dennoch z. T. stark unterscheiden.
Verwendung: Zum Flechten und Bauen werden seit jeher besonders die einjährigen Triebe von Weiden mit länglichen Blättern verwendet. Geeignet sind möglichst lange und gerade gewachsene Triebe ohne Verzweigungen. Passende Weidenarten wachsen häufig an Knicks, das sind Erdwälle zwischen Feldern und an Uferböschungen. Geschnitten werden darf im Winterhalbjahr mit Erlaubnis z. B. vom Bauern oder dem Amt bis zum 1. März jeden Jahres. Wer das Wurzeln der Weiden vermeiden möchte, schneidet sie besser im Herbst. Entweder werden sie dann sofort verarbeitet oder aufrecht stehend als Bündel an einem trockenen kühlen Ort eingelagert, wie z. B. einem Dachunterstand. Vor dem Verbauen muss man die Weiden dann noch gründlich für mindestens 24 Stunden in einer großen Wanne oder Tonne wässern, damit sie wieder biegsam werden.

EICHE
Quercus
Hartholz
Meist sommergrüner Baum
Aussehen: Blattform länglich mit auffälligen runden Ausbuchtungen. Bildet Eicheln als Früchte.
Wuchs: erreicht eine Höhe von 20 bis 40 m und entwickelt eine weit ausladende Krone
Verwendung: Das Holz ist besonders hart und widerstandsfähig gegen Feuchtigkeit. Wurde früher zum Bau von Schiffen, Pfählen im Wasser und zum Fachwerkbau verwendet. Heute eher für den Bau von Möbeln, Parkettböden, Fenstern und Türen.

GEWÖHNLICHE HASEL
Corylus avellana
Weichholz
Einheimischer sommergrüner Strauch
Aussehen: vielstämmig, aufrecht. Rundliche bis eiförmige Blätter mit kleiner Spitze und gezähntem Rand. Kätzchenbildung im Frühjahr.
Wuchs: bis 5 m hoch
Verwendung: Wie die Weide, erneuert die Hasel sich vom Stammansatz kurz oberhalb des Bodens, d. h., sie bildet Schösslinge durch Stockausschlag. Das sind feine neue Zweige, die bereits im ersten Jahr mehrere Meter hoch wachsen können und sich noch nicht verzweigen. Besonders diese Triebe sind geeignet zum Flechten.

BASTELN UND BAUEN

DAS IST *wirklich* WICHTIG

[a] **FÜR EINE EINFACHE ECKVERBINDUNG** wird ein Nagel erst durch einen vorgebohrten Ast und dann in das Mark, also die weiche Mitte eines zweiten Astes, getrieben.

[b] **ZUM MARKIEREN** ritzt man die Hölzer einfach mit einem Nagel an. Hier wird die Position der Streben zum späteren Flechten markiert.

[c] **AUF ALTBEWÄHRTE WEISE** mit Vorbohren und Nageln wird der Rahmen geschlossen.

[d] **DIE STREBEN LAUFEN IM RECHTEN WINKEL** zur Oberseite der Tür.

[e] **DIE WEIDEN WERDEN GEGENLÄUFIG** um die Streben geflochten und dann gekürzt.

[f] **EIN SCHÖNES ASTSTÜCK BILDET DIE KLINKE** der fertigen Tür, die mit zwei Schlaufen an einem Pfosten im Tipi befestigt wird.

WEIDEN FLECHTEN
Eine Tür für das Weidentipi

Iva liebt ihr Weidentipi. Aber ihr größter Wunsch war von Anfang an, dass es auch eine echte Tür bekommt. Das lässt sich doch machen, vielleicht auch für euer Weidentipi?

MATERIAL
Alle Äste sollten möglichst gerade und stabil sein.
- 1 Ast, z. B. aus Eiche (A) 2 bis 4 cm Durchmesser, etwa 45 cm lang
- 1 Ast (B), 2 bis 4 cm Durchmesser, etwa 40 cm lang
- 2 Äste (C), 3 bis 4 cm Durchmesser, etwa 40 cm lang
- 2 Äste (D), 1 bis 2 cm Durchmesser, 30 cm lang
- Etwa 10 biegsame Zweige, z. B. aus Weide (E)
- 2 Pfosten, 5 cm Durchmesser, etwa 40 cm lang (F)

WERKZEUG
- Fuchsschwanz zum Kürzen der Äste
- Gartenschere zum Kürzen der Weiden
- Akkuschrauber mit Bohraufsatz für Holz
- Hammer
- Feuerverzinkte Nägel
- Schraubstock oder helfende Hände
- Zollstock

EIN KLEINER TRICK: NAGELVERBINDUNGEN MIT WILDÄSTEN
Als Erstes müssen wir den Rahmen herstellen, in den wir später die Weiden einflechten. Bevor es richtig losgeht, erkläre ich dazu noch einen hilfreichen Kniff.
In der Mitte jedes Astes sitzt ein kleiner Kern, das Mark. Er ist etwas dunkler gefärbt und weicher als das umliegende Holz. Für eine Eckverbindung wird ein Astende vorgebohrt, der Nagel durch das Loch gespannt und der andere Ast im Schraubstock festgehalten [→ a]. Nun hält man den Ast mit dem Nagel so an, dass die Nagelspitze genau senkrecht auf den weichen Kern trifft, und hämmert den Nagel dort ohne großen Widerstand ein.

ANLEITUNG
1. Bohrt den Ast (A) am Ende vor und schlagt den Nagel ein
2. Dann wird ein Ast (C) eingespannt und der Nagel aus dem ersten Ast genau in das Mark eingeschlagen [→ a]. So entsteht ein rechter Winkel. Den Vorgang mit dem zweiten Ast (C), am anderen Astende wiederholen, so dass ein umgekehrtes U entsteht.
3. Nun müssen die richtigen Abstände für die Streben angezeichnet werden, die später zum Flechten der Weiden gebraucht werden. Dazu legt man den Zollstock an eine Seite des Astwinkels an. Die Mitte wird durch Anritzen mit einem Nagel markiert [→ b]. Von der Hälfte nimmt man nun wiederum die Mitte und markiert sie auf beiden Seiten.
4. Jetzt werden die zwei Streben (D) an den markierten Punkten befestigt [→ c].
5. Nun schließen wir den Rahmen. Dazu nimmt man den letzten freien Ast (B) und hält ihn an das Werkstück. Passt alles zueinander? Falls nicht, können wir jetzt noch etwas korrigieren. Dann werden die Punkte angezeichnet, wo die Streben auf den „freien" treffen und alles miteinander vernagelt [→ d].
6. Jetzt geht's ans Flechten der Weiden. Dazu nehmen wir eine Weidenrute (E) und führen sie mit der dünneren Spitze zuerst immer abwechselnd von oben nach unten zwischen den Streben hindurch. Bei der nächsten Weidenrute arbeiten wir genau gegenläufig, d. h., wir beginnen mit dem dicken Ende und führen es immer abwechselnd von unten nach oben zwischen den Streben hindurch. Das machen wir, bis die Rahmenfläche ganz mit Weiden gefüllt ist.
7. Wer wie Iva das Ganze als Tür benutzen möchte, braucht noch einen Pfosten (F) und zwei Schlingen aus Draht.

BASTELN UND BAUEN

DAS IST *wirklich* WICHTIG

[a] **DIE ÄSTE WERDEN AM ANFANG** nur ungefähr zugeschnitten und schon einmal auf dem Rasen in ihrer ungefähren Position angeordnet.

[b] **ES GEHT LOS MIT DEM HOHEN RÜCKTEIL,** das einem H gleicht. Die Nägel werden dafür durch ein vorgebohrtes Loch in das Mark eines zweiten Astes getrieben.

[c] **DIE VERBINDUNG FÜR DIE VORDEREN STUHLBEINE** ähnelt einem umgekehrten U.

[d] **WEITERE QUERSTREBEN STABILISIEREN** das fertige Vorder- und Rückteil.

STUHL AUS WILDHOLZ
Rücken und Beine

Einen Stuhl aus Wildholz herzustellen ist nicht besonders schwierig, wenn man weiß, wie's gemacht wird. Allerdings erfordert die Arbeit schon etwas räumliches Vorstellungsvermögen, Konzentration und Geduld.

EINE KOMBINATION AUS HOLZ
Beim Bau dieses Stuhls werden sowohl besonders hartes Holz für das Grundgestell als auch biegsame Zweige zur Herstellung der Sitzfläche verwendet.
Für das Gestell benötigen wir einige schöne, möglichst gerade und lang gewachsene Äste. Eichen liefern hierfür häufig ideales Material. Bevor es richtig losgeht, kürzen wir die Äste auf die gewünschten Längen. Da wir mit unregelmäßig gewachsenem Wildholz arbeiten, muss dieses ggf. noch während des Zusammensetzens genau angepasst werden.

MATERIALLISTE HOLZ
- 2 etwa 90 cm lange gerade Äste (A) – lange Rückteile
- 7 etwa 25 cm lange Äste (B) – Querstreben
- 2 etwa 30 cm lange Äste (C) – Rücklehne oben und Sitzfläche vorne
- 2 etwa 32 cm lange Äste (D) – Beine vorne
- 2 etwa 28 cm lange Äste (E) – Verbindung Vorder- und Rückteil
- 2 etwa 30 cm lange Äste (F) Durchmesser 1,5 cm – Strebensitzfläche
- Etwa 10 biegsame Zweige, z. B. aus Weide

WERKZEUG
- Feuerverzinkte Nägel, denn die rosten nicht!
- Säge zum Kürzen der Äste
- Gartenschere zum Kürzen der Weiden
- Akkuschrauber mit Bohraufsatz für Holz
- Zimmermannshammer
- Schraubstock, z. B. an Werkbank, oder helfende Hände, die das Werkstück halten.

Der kleine Trick, um Wildäste mit einem Nagel zu verbinden, steht auf der Seite zuvor bei der Tipitür.

ANLEITUNG
1. Als Erstes werden alle Äste in der späteren Stuhlform flach auf den Boden gelegt [→ a]. So bekommt man ein besseres Vorstellungsvermögen davon wie der Stuhl später ausschaut und sieht, ob alle Teile da sind bzw. richtig gekürzt sind.
2. Los geht's mit der Rücklehne und den hinteren Stuhlbeinen, die ein Bauteil bilden. Dazu verbinden wir die beiden langen Äste (A) mit einem Ast (B) zu einem H [→ b]. Die mittlere Querstrebe bildet später mit das Gerüst für die Sitzfläche. Sie sollte daher in der passenden Sitzhöhe des Kindes liegen. Das Verbinden der Äste wird wie folgt gemacht:
2a. Nachdem jeweils die langen Äste (A) mit einem Nagel an der passenden Sitzhöhe markiert wurden, werden sie an dieser Stelle vorgebohrt und ein Nagel durch das Loch geschlagen.
2b. Dann spannen wir den kurzen Ast (B) ein und treiben den Nagel aus den langen Ästen (A) mit dem Hammer in das Mark.
3. Auf gleiche Weise fügen wir im oberen Teil des H je nach Geschmack eine oder zwei weitere Mittelstreben (B) zum Stabilisieren ein, jeweils eine oben und eine unten. Der hintere Teil des Stuhles mit Rücklehne und Beinen ist jetzt bereits fertig und wird erst mal auf dem Boden zur Seite gelegt.
4. Nun werden die vorderen Stuhlbeine gebaut: Dazu nageln wir zwei kurze Äste (D) mit einem etwas längeren Ast (C) auf bewährte Art und Weise zusammen [→ c]. Darauf achten, dass das Vorderteil die gleiche Höhe hat wie das Rückteil bis zur mittleren Querstrebe! Ggf. können die Stuhlbeine mit der Gartenschere auf eine einheitliche Länge gekürzt werden. Zum Stabilisieren wird eine weitere Querstrebe eingefügt.

BASTELN UND BAUEN

DAS IST *wirklich* WICHTIG

[a] **QUERSTREBEN FÜR DIE SITZFLÄCHE** werden im rechten Winkel zu den Vorderbeinen festgenagelt.

[b] **NUN WERDEN VORDER- UND RÜCKTEIL** mit der altbewährten Nagelverbindung miteinander verbunden.

[c] **DIE WEIDEN WERDEN IMMER GEGENLÄUFIG** in die Sitzfläche eingeflochten.

[d] **DER FERTIGE STUHL** wird mit weiteren Querstreben stabilisiert.

STUHL AUS WILDHOLZ
Sitzfläche

Der Rahmen unseres Stuhles mit Beinen und Rücken ist schon fertig. Jetzt kommt die Sitzfläche dran. Es ist noch ein bisschen Arbeit, aber am Ende können wir auf unserem selbst gebauten Stuhl Platz nehmen und uns dort ausruhen!

Damit kleine und große Leser nicht immer hin und her blättern müssen, hier noch einmal die Stückliste von der Vorseite:

MATERIALLISTE HOLZ
- 2 etwa 90 cm lange gerade Äste (A) – lange Rückteile
- 7 etwa 25 cm lange Äste (B) – Querstreben
- 2 etwa 30 cm lange Äste (C) – Rücklehne oben und Sitzfläche vorne
- 2 etwa 32 cm lange Äste (D) – Beine vorne
- 2 etwa 28 cm lange Äste (E) – Verbindung Vorder- und Rückteil
- 2 etwa 30 cm lange Äste (F), Durchmesser 1,5 cm – Strebensitzfläche
- Etwa 10 biegsame Zweige, z. B. aus Weide

FORTSETZUNG ANLEITUNG

5. Es geht weiter mit der Sitzfläche. Dafür verbinden wir Vorder- und Rückteil [→ b] mit zwei Querstreben (E). Sie werden im rechten Winkel an die vorderen Stuhlbeine, die aussehen wie ein umgekehrtes U, angebaut. Dies passiert auf altbewährte Weise: Das umgekehrte U wird in den beiden oberen Ecken vorgebohrt und die Querstreben werden mit zwei Nägeln befestigt [→ a].

6. Als Nächstes werden die Äste mit dem geringeren Durchmesser (F) in gleichmäßigem Abstand in die Sitzfläche eingepasst und festgenagelt. Sie dienen gleich als Gerüst für das Weidengeflecht der Sitzfläche [→ c].

7. Jetzt geht's ans Flechten: Dafür nehmen wir eine Weidenrute und führen sie mit der dünneren Spitze zuerst abwechselnd von oben nach unten zwischen den Streben der Sitzfläche hindurch [→ c]. Bei der nächsten Weidenrute arbeiten wir genau gegenläufig, d. h., wir beginnen auf der Seite, wo wir mit dem Fädeln aufgehört haben. Wieder geht es immer abwechselnd von unten nach oben zwischen den Streben hindurch.

8. Als Letztes werden zum Stabilisieren des Stuhles noch einige Querstreben zwischen den Stuhlbeinen eingefügt.

BIS DER STUHL FERTIG IST, vergehen sicher mehrere Stunden. Wer zum ersten Mal mit Wildholz baut, sollte daher erst einmal zur Übung einen einfachen Rahmen mit Weidengeflecht wie z. B. bei der Tipitür machen (siehe Seite 138).

BASTELN UND BAUEN

Das ist *wirklich* wichtig

[a] **ASTGABELN SIND IDEALE AUFLAGER.** Zum Baumschutz werden die Auflageflächen der Balken mit aufgenagelten Fahrradmänteln abgepolstert.

[b] **TRAGENDE TEILE** werden besser mit einer großen Schraube als mit vielen kleinen oder gar Nägeln am Baum befestigt.

[c] **DAMIT DIE PFOSTEN AM ENDE GRADE STEHEN,** justiert man sie mit der Wasserwaage und fixiert sie vorübergehend mit einer quer vernagelten Latte. Später werden sie mit Kopfbändern stabilisiert. Diese verbinden Pfosten und Auflager zu einem Dreieck.

[d] **DER ABSTAND DER BOHLEN FÜR DIE PLATTFORM** sollte nicht größer als 80 cm sein. Günstig sind Dreieckskonstruktionen, da sie verwindungssteif sind. Nicht vergessen: Die Falltür mit einplanen!

144

EIN BAUMHAUS BAUEN

Kindertraum in luftigen Höhen

Baumhäuser sind nicht nur der Traum vieler Kinder. Auch Erwachsene erliegen oft noch ihrem Charme. Und das ist auch gut so, denn der Bau erfordert zwar keinen ausgebildeten Zimmermann, aber doch etwas Geschick und Wissen.

Vor allem sind Baumhäuser stets eins: individuell. Denn ihre Konstruktion und ihr Aussehen resultieren immer aus dem jeweiligen Baum, der sie beherbergt. Deswegen kann keine allgemeingültige Bauanleitung gegeben werden. Dennoch gibt es einige grundsätzliche Tipps und Tricks, die sich leicht auf das eigene Projekt übertragen lassen und die wir genauer vorstellen.

BEVOR ES LOSGEHT: DER GEEIGNETE BAUM

Als Erstes wird geprüft, ob der Baum für den Bau geeignet ist. Er sollte gesund und kräftig sein, ein möglichst festes Holz besitzen und weitestgehend ausgewachsen sein. Gut geeignet sind ausgewachsene Eichen und Buchen, Linden, Weiden, Eschen, Kastanien, Nadelbäume oder große Obstbäume. Birken, Ulmen und Pappeln sind als Flachwurzler weniger geeignet.

Ist ein größerer Bau geplant, sollte geprüft werden, ob eine Baugenehmigung vonnöten ist. Die Bestimmungen hierfür unterscheiden sich von Bundesland zu Bundesland.

Größe und Form sowie die Art der Befestigung des Baumhauses werden vom Habitus des Baumes, also seiner Wuchsform, bestimmt. Stabilität und Flexibilität des Baumes dürfen nicht beeinträchtigt werden: Bäume können schon an kleineren Verletzungen eingehen und müssen sich im Wind bewegen können. Sollte kein geeigneter Baum im Garten sein, ist ein Stelzenhaus eine gute Alternative. Es ist etwas leichter zu bauen. Hier kann man auch auf fertige Bausätze zurückgreifen.

BEFESTIGUNGSARTEN

Baumhäuser können auf folgende Weise befestigt werden:
1. **Die einfachste Methode ist das Bauen auf Stützen.** Dabei wird das Haus auf im Boden verankerten Holzpfosten an einen Baum aufgestellt. Vorsicht ist hier beim Setzen der Betonfundamente geboten. Sie dürfen das Wurzelwerk nicht verletzen. Vor der endgültigen Planung sollten deshalb Probelöcher an den entsprechenden Standpunkten gegraben werden. Ggf. können Punkte dann noch verändert werden. Die beste Stabilität bieten feuerverzinkte H-Pfostenträger, die in die Fundamente eingelassen werden und die Balken aufnehmen.
2. **Anspruchsvoller ist die Befestigung des Hauses im Baum selbst mittels einiger weniger Schrauben.** Wichtig ist hierbei, dass der Baum tatsächlich nur an sehr wenigen, möglichst weit auseinanderliegenden Punkten verletzt wird. Es gilt: Möglichst einzelne lange Schrauben verwenden statt vieler kleiner Schrauben und Nägel. Denn ist das Kambium, das ist die äußere Schicht des Baumes, an mehreren eng beieinanderliegenden Punkten verletzt, wird der Baum oberhalb davon nicht mehr richtig versorgt und kann eingehen.
3. **Weitaus komplizierter sind Klemm- und Hängetechnik**, die man eher Fachleuten überlassen sollte. So führt beispielsweise die Hängetechnik mit Stahlseilen schnell zu ernsten Verletzungen des Baumes bis hin zum Absterben durch Quetschungen etc.

DAS IST *wirklich* WICHTIG

[e] DAMIT DIE PLATTFORM AUCH NACH REGENWETTER NICHT RUTSCHIG IST, verwenden wir Riffelbohlen aus Lärche und verschrauben sie in 0,5 cm Abstand. Die Länge der Bohlen wird am besten z.B. mit einer Stichsäge direkt vor Ort angepasst.

[f] GELÄNDER BZW. AUSSENWÄNDE DES BAUMHAUSES müssen besonders stabil sein. Hier werden die Pfosten an der Unterkonstruktion verschraubt.

[g] FÜR DIE GELÄNDERPFOSTEN werden mit der Stichsäge passgenaue Aussparungen in die Riffelbohlen gesägt. Danach können die Pfosten vorläufig mit Schraubzwingen an der Unterkonstruktion fixiert und dann fest verschraubt werden.

[h] FÜR DIE FALLTÜR werden die Riffelbohlen auf ein Z aus restlichen Abschnitten der Bohlen geschraubt und schließlich mit Scharnieren befestigt.

[i] UNSER BAUMHAUS ist mit seinem stabilen Geländer ein luftiger Ausguck. Ein Korb an einem langen Band sichert die Versorgung und ist bereits in der Bauphase sehr praktisch.

DIE WICHTIGSTEN TIPPS

1. Materialwahl: Geeignet sind möglichst witterungsbeständige, aber dennoch nicht zu schwere Holzarten. Lärche ist z. B. eine gute Wahl. Für die Plattform werden am besten Riffelbohlen, wie sie im Terrassenbau verwendet werden, mit etwa 0,5 cm Abstand verlegt. Auch ein leichtes Gefälle kann nützlich sein. Wasser kann so gut ablaufen und die Plattform wird nicht zu rutschig. Schrauben im Baum sollten aus Edelstahl, unbedingt aber rostfrei sein. Insgesamt sollte das Gewicht der Konstruktion so gering wie möglich gehalten werden, da auch dies im wahrsten Wortsinne eine weitere Belastung für den Baum darstellt. So sollte man darauf achten, die Auflagerbalken etc. nicht überzudimensionieren. Balken mit einem rechteckigen Querschnitt sind daher geeigneter als quadratische. Die auf den Fotos verwendeten Balken sind 7/14 cm.

2. Baumschutz: Die äußere Schicht des Baumes, das so genannte Kambium darf nicht gravierend verletzt werden. Auflager am Baum werden deshalb am besten abgepolstert. Als Schutz haben wir hier einen alten Fahrradmantel aufgeschnitten [→ a] und um das Auflager genagelt.
Zudem müssen auch das Dickenwachstum und Windbewegungen des Baumes berücksichtigt werden. Zwischen Baum und Aussparungen z. B. für die Plattform müssen Abstände von etwa 2 cm eingeplant werden. Der entstehende Spalt kann mit einem Tau, das um den Baum gelegt wird, verdeckt werden.

3. Stabilität: Alle Hölzer müssen stabil sein und sollten mindestens einmal jährlich kontrolliert werden. Dies gilt neben dem Baum selbst auch für Geländer und Wände. Geländer sollten zudem nicht zum Klettern einladen, auf waagerechte Streben deshalb besser so weit wie möglich verzichten. Die Querstreben sollten maximal 10 cm auseinanderliegen, sodass kein Kinderkopf dazwischen passt. Wer Arbeitszeit einsparen möchte, kann wie wir einfache kesseldruckimprägnierte Zaunelemente verwenden (Zaunspitzen dann zur Sicherheit rund schleifen).

4. Glätten: Vorstehende Zweige und Kanten sollten entfernt werden. Ebenso totes Gehölz, da es eine Gefahr bei eventuellen Klettertouren darstellt. Sofern sie noch eine raue splittrige Oberfläche aufweisen, sollten alle verwendeten Hölzer gehobelt und geschliffen werden.

5. Untergrund: Am besten ist ein weicher federnder Untergrund z. B. aus Rindenmulch. Harte und spitze Gegenstände wie Gehwegplatten, Steine und Zweige sollten entfernt werden.

6. Zugang: Mit der Wahl zwischen Strickleiter und fester Leiter reglementiert man stark das Alter der Baumhausbewohner. Eine Strickleiter ist für ältere Kinder geeignet und kann bei Bedarf leicht eingezogen werden. Es gilt: Je länger die Strickleiter ist, desto schwieriger ist das Erklimmen.

[i]

WERKZEUG

Stichsäge, Akkuschrauber, Bohrmaschine, Bohraufsätze, Schrauben, Fuchsschwanzsäge, Zwingen, Spanngurte, Hammer, Stemmeisen, Raspel, Schwingschleifer und Schleifpapier

UNSER BAUMHAUS

Auf den Fotos bauen wir eine Mischform des Baumhauses: Die Plattform liegt hier sowohl auf einer stabilen Astgabel im Baum auf als auch auf zwei außen stehenden Holzpfosten. Das hat mehrere Vorteile: Der Baum muss das ganze Gewicht nicht alleine stemmen und er wird weniger beeinträchtigt. Außerdem ist die Plattform leichter zu befestigen.

SERVICE
und Bezugsquellen

Hier erhalten Sie nützliche Adressen sowie Bezugsquellen rund um das Thema Gärtnern und Gartenspaß mit Kindern.

VEREINE UND VERBÄNDE

Naturschutzbund Deutschland e.V. (NABU)
Charitéstr. 3
10108 Berlin
Tel.: (0 30) 28 49 84-0
E-Mail: NABU@NABU.de
www.nabu.de

=>Naturschutzverein, der sich seit über 100 Jahren aktiv für Mensch und Tier einsetzt.
Hier erhalten Sie weitere ökologische Tipps rund um Haus und Garten (naturnahe Gärten, Pflanzenschutz, Wildwiese, Tierstimmen, Tierwohnungen, Winterquatiere ...)

Bund für Umwelt und Naturschutz Deutschland e.V. (BUND)
Bundesgeschäftsstelle
Am Köllnischen Park 1
10179 Berlin
Tel.: (0 30) 27 58 64-0
E-Mail: bund@bund.net
www.bund.net

=> Der BUND setzt sich für den Schutz der Natur und Umwelt ein, engagiert sich z. B. für eine ökologische Landwirtschaft und gesunde Lebensmittel, für den Klimaschutz und den Ausbau regenerativer Energien sowie für den Schutz bedrohter Arten. Hier erhalten Sie u.a. Ökotipps zu Haus und Garten.

Verein zur Erhaltung der Nutzpflanzenvielfalt (VEN) e.V.
Ursula Reinhard
Sandbachstr. 5
38162 Schandelah
Tel.: (0 53 06) 14 02
E-Mail: ven.nutz@gmx.de
www.nutzpflanzenvielfalt.de

=> Seit 1986 besteht der Verein zur Erhaltung der Nutzpflanzenvielfalt e.V., mit Schwerpunkt auf dem Erhalt der alten Gemüsesorten. Unterstützung und fachlicher Austausch durch die Fachzeitschrift des Vereins sowie weitere praktische Anleitungen für Garten, Küche und Vermehrung mit den vom VEN herausgegeben Buchtipps. Zudem gibt es Saatgutseminare sowohl für Anfänger wie auch für Fortgeschrittene.

www.gartenbauvereine.de
Homepage vom Verband der Gartenbauvereine in Deutschland e.V. (VGiD), einem Zusammenschluss der Landesverbände der Obst- und Gartenbauvereine in Deutschland.
Der Verband tritt für die Erhaltung der Gartenkultur und die Pflege der Kulturlandschaft ein. Hier erhalten Sie Adressen der Landesverbände der Obst- und Gartenbauvereine in Ihrer Umgebung, die Ihnen bei Gartenfragen weiterhelfen können.

Österreich
Arche Noah
Obere Str. 40
3553 Schiltern
Tel.: + 43 (0)2 734-86 26
E-Mail: info@arche-noah.at
www.arche-noah.at

=> Gesellschaft für die Erhaltung der Kulturpflanzenvielfalt und ihre Entwicklung. Hier erhalten Sie Beratung und Service zum Obstanbau sowie Sortenraritäten. Zudem bietet sie Führungen und Kurzseminare in ihrem Schaugarten an und betreibt u.a. eine Sortendatenbank.

STAATLICHE BODENUNTERSUCHUNGS-INSTITUTE (WWW.VDLUFA.DE)

Bei den folgenden Instituten erhalten Sie Beratung zur Analyse Ihrer Bodenproben und können Ihre Gartenproben untersuchen lassen.

Es sind die Landwirtschaftlichen Untersuchungs- und Forschungsanstalten (LUFA).

LUFA Rostock der LMS
Graf-Lippe-Str. 1
18059 Rostock
Tel.: (03 81) 2 03 07-0
E-Mail: info@lms-lufa.de
www.lms-lufa.de

LUFA Nord-West
Jägerstr. 23–27
26121 Oldenburg
Tel.: (04 41) 80 18 21
E-Mail: lufa@lufa-nord-west.de
www.lufa-nord-west.de

LUFA NRW
Landwirtschaftskammer Nordrhein-Westfalen
Nevinghoff 40
48147 Münster
Tel.: (02 51) 2 37 6-5 95
E-Mail: info@lwk.nrw.de
www.lwk-nrw.de/lufa

LUFA Speyer
Obere Langgasse 40
67346 Speyer
Tel.: (0 62 32) 1 36-0
E-Mail: poststelle@lufa-speyer.de
www.lufa-speyer.de

Technische Universität München (ZIEL)
Zentralinstitut für Ernährungs- und Lebensmittelforschung
Weihenstephaner Berg 1
85350 Freising-Weihenstephan
Tel.: (0 81 61) 71-35 01
E-Mail: info.ziel@wzw.tum.de
www.wzw.tum.de/ziel/

Österreich
Höhere Bundeslehr- und Forschungsanstalt für Gartenbau Schönbrunn (HBLFA)
Grünbergstr. 24
A-130 Wien / Schönbrunn
Tel.: + 43 (0)1 813 59 50
E-Mail: office@gartenbau.at
www.gartenbau.at

NÜTZLINGE

Hier erhalten Sie tierische Unterstützung gegen Blattläuse & Co. sowie kleine Helfer für naturnahe Gärten.

Katz Biotech AG
An der Birkenpfuhlheide 10
15837 Baruth
Tel.: (03 37 04) 6 75-10
E-Mail: info@katzbiotech.de
www.katzbiotechservices.de

re-natur GmbH
Zweigniederlassung Stolpe
Dr. Helmut Haardt
Am Pfeifenkopf 9
24601 Stolpe
Tel.: (0 43 26) 9 86 10
E-Mail: aquaterra@re-natur.de
www.re-natur.de

Die Bienenkiste
Eberhard Maria Klein
Kielkamp 35
22761 Hamburg
Tel.: (0 40) 88 16 83 35
E-Mail: kontakt@bienenkiste.de
www.bienenkiste.de

W. Neudorff GmbH KG
An der Mühle 3
31860 Emmerthal
Tel.: (01 80) 5 63 83 67
E-Mail: info@neudorff.de
www.neudorff.de

Wurmwelten
Jasper Rimpau
Domäne 1
37574 Einbeck
Tel.: (01 80 5) 45 91 45
E-Mail: wurmshop@wurmwelten.de
www.wurmwelten.de

AMW Nützlinge GmbH
Außerhalb 54
64319 Pfungstadt
Tel.: (0 61 20) 99 05 95
E-Mail: info@amwnuetzlinge.de
www.amwnuetzlinge.de

Schweiz
Andermatt Biocontrol AG
Stahlermatten 6
CH-6146 Grossdietwil
Tel.: + 41 (0)62 917 50 05
E-Mail: sales@biocontrol.ch
www.biocontrol.ch

STAUDEN UND SAMEN

Vertriebsgesellschaft Quedlinburger Saatgut mbH
Dieselstr. 1
06449 Aschersleben
Tel.: (0 34 73) 84 06 66
E-Mail: info@quedlinburger-saatgut.de
www.quedlinburger-saatgut.de

=> Über 900 Arten und Sorten an Sämereien von Blumen, Gemüse, Kräutern, Spezialitäten. Eines der umfangreichsten Sortimente Deutschlands.

Bio-Saatgut Gaby Krautkrämer
Eulengasse 2
55288 Armsheim
Tel.: (0 67 34) 91 55 80
E-Mail: mehrInformation@Bio-Saatgut.de
www.bio-saatgut.de

=> Blumen- und Gemüsesaatgut in großer Auswahl. Heil-, Küchen-, Wild- und Teekräuter. Produktion ausschließlich in Europa, gut an hiesige Verhältnisse angepasst. Dazu Rezepte und Tipps.

Hild Samen GmbH
Kirchenweinbergstr. 115
71672 Marbach
Tel.: (0 71 44) 84 73-11
E-Mail: hild@bayer.com
www.hildsamen.de

=> Etwa 100 Gemüsearten sowie detaillierte Informationen über Sorten und Saatgutformen. Fruchtgemüse, Kohlgemüse, Kräuter, Wurzel- und Knollengemüse, Zwiebelgemüse.

Staudengärtnerei Gräfin von Zeppelin
Weinstr. 2
79295 Sulzburg-Laufen
Tel.: (0 76 34) 6 97 16
E-Mail: info@graefin-von-zeppelin.de
www.graefin-v-zeppelin.com

=> Versandgärtnerei mit einem der größten Sortimente winterharter Gartenblumen. Spezialitäten wie Iris, Mohn, Päonien.

Hof Berg-Garten
Stauden und Sämereien für naturnahe Gärten
Lindenweg 17
79737 Großherrischwand
Tel.: (0 77 64) 2 39
E-Mail: info@hof-berggarten.de
www.hof-berggarten.de

=> Wildpflanzen für Blumenwiese und Naturgarten. Pflanzsortimente und Saatmischungen zum Bestellen.

Magic Garden Seeds
Andreas Fái-Pozsár
Regerstr. 3
93053 Regensburg
E-Mail: kontakt@magicgardenseeds.de
www.magicgardenseeds.de

=> Schwerpunkt auf Saatgut von alten und seltenen Gemüsesorten, Heilkräutern und Exoten.

SERVICE

Staudengärtnerei Gaissmayer
Jungviehweide 3
89257 Illertissen
Tel.: (0 73 03) 72 58
E-Mail: info@staudengaissmayer.de
www.staudengaissmayer.de

=> Über 3.000 Arten und Sorten von Stauden, Biokräutern, Duftpflanzen, Malven, Phlox, viele Raritäten, Besonderheiten und Neuheiten. Über 50 Minzsorten. Pflanzenpakete, die nach Farbe, Duft und Gestalt aufeinander abgestimmt sind.

ZWIEBELBLUMEN

Albrecht Hoch Blumenzwiebeln und Raritäten
Potsdamer Str. 40
14163 Berlin
Tel.: (0 30) 8 02 62 51
E-Mail: mailto@albrechthoch.de
www.albrechthoch.de

=> Die 1893 gegründete Traditionsgärtnerei bietet ein riesiges Sortiment an Zwiebelpflanzen neben ausführlicher Beratung und pflanzenschonendem Versand. Zum Sortiment zählen neben Blumenzwiebeln auch Stauden, Pfingstrosen, Schwertlilien und Taglilien.

Albert Treppens & Co Samen GmbH
Berliner Str. 84–88
14169 Berlin-Zehlendorf
Tel.: (0 30) 8 11 33 36
E-Mail: kontakt@treppens.de
www.treppens.de

=> Blumenzwiebeln, Sämereien und Gartenbedarf. Neuheiten und Raritäten im Frühjahrs- und Sommerzwiebelsortiment.

Blumenzwiebelversand Bernd Schober
Stätzlinger Str. 94 a
86165 Augsburg
Tel.: (08 21) 72 98 95 00
E-Mail: bschober@der-blumenzwiebelversand.de
www.der-blumenzwiebelversand.de

=> Frühjahrs-, Sommer- und Herbstblüher in großer Auswahl. Von Klassikern bis Raritäten.

KRÄUTER

Kräuter- und Staudengärtnerei Mann
Schönbacherstr. 25
02708 Lawalde
Tel.: (0 35 85) 40 37 38
E-Mail: info@planzenreich.com
www.staudenmann.de

=> Große Vielfalt an Kräutern und Stauden. Über 600 verschiedene Duft-, Gewürz- und Heilkräuter sowie 2.500 verschiedene Gartenstauden und Gartenpflanzen aus eigener Produktion. Online-Shop und Sortenbeschreibungen.

Die Kräuterei (Bioland)
Alexanderstr. 29
26121 Oldenburg
Tel.: (04 41) 88 23 68
E-Mail: kraeuterei@t-online.de
www.kraeuterei.de

=> Große Palette an Gewürz-, Duft-, Heil- und Teekräutern. Über 400 Arten und Sorten. Schwerpunkt Duftpelargonien.

Rühlemann's Kräuter & Duftpflanzen
Auf dem Berg 2
27367 Horstedt
Tel.: (0 42 88) 92 85 58
E-Mail: info@ruehlemanns.de
www.ruehlemanns.de

=> Über 1.200 Kräuterarten und -sorten! Gestaltungstipps und Seminare.

Otzberg Kräuter
Erich Ollenhauer-Str. 87 b
65187 Wiesbaden
Tel.: (06 11) 8 12 05 45
www.otzberg-kraeuter.de

=> Über 800 verschiedene Kräuter und viele seltene Genusspflanzen wie heimische und exotische Obstgehölze sowie alte Sorten. Seminare und Veranstaltungen.

Syringa Duftpflanzen und Kräuter
Dipl.- Biol. Bernd Dittrich
Bachstr. 7
78247 Hilzingen-Binningen
Tel.: (0 77 39) 14 52
E-Mail: info@syringa-pflanzen.de
www.syringa-pflanzen.de

=> Duftpflanzen, Duftsträucher, Blumenwiesen, Blumenzwiebeln, Gemüse. Gartentipps, Schaugarten, Veranstaltungen.

Raritätengärtnerei Treml
Eckerstr. 32
93471 Arnbruck
Tel.: (0 99 45) 90 51 00
E-Mail: treml@pflanzentreml.de
www.pflanzentreml.de

=> Alles rund um Kräuter. Gängiges Sortiment sowie viele Besonderheiten und Raritäten. Beerenobst, Gemüse (alte Sorten), Wasserpflanzen.

ALTE NUTZPFLANZENSORTEN

Zier- und Nutzpflanzenspezialitäten
Monika Gehlsen
Willi-Dolgner-Str. 17
06118 Halle an der Saale
Tel.: (03 45) 5 22 64 23
www.monika-gehlsen.de

=> Großes Sortiment an alten Gemüsesorten und Päonien.

Blumenschule
Rainer Engler
Augsburger Str. 62
86956 Schongau
Tel.: (0 88 61) 73 73
E-Mail: info@blumenschule.de
www.blumenschule.de

=> Wildobst und Gemüse, Chili und Tomaten, Duft- und Teepflanzen, Heilpflanzen, Kräuter und Gewürze, Räucherpflanzen, Blatt- und Blütenstauden. Diverse Blumen- und Kräutersamen. Pflanzenpflege, Zubehör, Veranstaltungen.

BÄUME UND OBST

Pflanzenhandel Lorenz von Ehren GmbH & Co. KG
Maldfeldstr. 4
21077 Hamburg
Tel.: (0 40) 7 61 08-0
E-Mail: LvE@LvE.de
www.LvE.de

=> Laub- und Nadelbäume, Rosen, Rhododendron, Formgehölze, Obstbäume, Stauden, mediterrane Pflanzen, Planungshilfen, Pflanzanleitungen.

Hermann Cordes Baumschulen
Pinneberger Str. 247 a
25488 Holm/Holstein
Tel.: (0 41 03) 9 39 80
E-Mail: info@cordes-apfel.de
www.cordes-apfel.de

=> Spezialbetrieb für Obstgehölze mit einer Sammlung von über 500 Apfelsorten. Zudem Beerenobst, Wildschutzgehölze, Knickbepflanzungen und Straßenbäume.

Bioland Baumschule & Obstgarten
Dr. Ute Hoffmann
Uepser Heide 1
27330 Asendorf
Tel.: (0 42 53) 80 06 22
E-Mail: ute.hoffmann@hoffmann-obstbaumschule.de
www.hoffmann-obstbaumschule.de

=> Kern-, Stein- und Beerenobst. Planung und Anlage von naturnahen Gärten, Erziehungsschnitt von Jungbäumen, Baum- und Gehölzschnitt, Obstbaum-Schnittkurse usw.

ACCESSOIRES

car-Selbstbaumöbel
Gutenbergstr. 9 a
24558 Henstedt-Ulzburg
Tel.: (0 41 93) 7 55 50
E-Mail: office@car-moebel.de
www.car-moebel.de

=> Schöne Accessoires zum Beispiel aus Weidengeflecht für Pflanzen und Töpfe, Windlichter sowie ausgefallene Gartenmöbel.

Manufactum GmbH & Co. KG
Hiberniastr. 5
45731 Waltrop
Tel.: (23 09) 93 90 60
E-Mail: info@manufactum.de
www.manufactum.de

=> Großes Sortiment rund ums Thema Garten. Von Gartenmöbeln über Gartenwerkzeuge und Zubehör, wie zum Beispiel Pflanzhölzer und Pflanzetiketten, bis hin zu Gartenpflanzen aller Art. Stauden, Obstgehölze, Rosen, Waldreben, Blumenzwiebeln und –knollen und Sämereien.

Yakeba Natural Products
Kobelweg 12
86156 Augsburg
Tel.: (08 21) 43 39 31 3
E-Mail: info@yakeba.com
www.yakeba.de

=> Natürliche und gesunde Alternative zu herkömmlichen Produkten aus gemeinnützigen Einrichtungen mit hoher Recyclingfähigkeit, u. a. Tierwohnungen.

Blickpunkt Garten Harald Limmer KG
Arzbergerstr. 20
81549 München
Tel.: (0 89) 68 72 32
E-Mail: info@blickpunkt-garten.de
www.blickpunkt-garten.de

=> Pflanzgefäße, Gartenlauben und Rosenbogen. Außerdem alles für die Pflege und Verschönerung der Beete wie z. B. Emailleschilder, Juteschnur in nostalgischen Dosen und Glasglocken zum Schutz der Pflanzen.

Freitag Weidenart
Feldfahrt 2 a
85354 Freising
Tel.: (0 81 61) 9 15 76
E-Mail: freitag-weidenart@arcor.de
www.freitag-weidenart.com

=> Zäune und Sichtschutz aus Weidenruten. Weidentipis, Iglus und Weidentunnel aus austriebsfähigen Weidenruten.

DENK Keramische Werkstätten e.K.
Neershofer Str. 123–125
96450 Coburg
Tel.: (0 95 63) 20 28
E-Mail: info@denk-keramik.de
www.denk-keramik.de

=> Keramik für Haus und Garten. Schmelzfeuer, Feuerschalen sowie stilvolle Vogeltränken, Fledermaushöhlen und Nistkästen aus Keramik.

SONSTIGE

Helena Arendt: Werkstatt Pflanzenfarben.
Natürliche Malfarben selbst herstellen und anwenden, 175 Seiten, 24,90 €. AT Verlag 2009

http://calendar.zoznam.sk/

=> Homepage mit Angaben zu Sonnenaufgang und –untergang.

REGISTER

Fette Zahlen verweisen auf Abbildungen

A

Aasfresser 21
Ableger 35
Aconitum-Arten 26
Adventszeit 113
Alaun 105
Alkalische Böden 11
Allesfresser 21
Allium schoenoprasum 56
Alltagsspiele 118
   Abzählreime 118
   Ballspiele 118
   Gruppe 118
   Murmeln und Hüpfen 118
Altropa bella-donna 27
Ameisen 21, **21**
Amphibien 93
Amsel 88, **88**
Anbautipps, Gemüse 66
Anemone nemerosa 27
Antirrhinum majus 54
Anzuchterde 31
Apfelbaum 106, **106**
Apis mellifera 84
Aronstab 27
Artenvielfalt 51, 90
Arum italicum 27
Arum maculatum 27
Asseln 20, **20**
Aubergine 70, **70**
Ausläufer **34**, 35
Auspflanzen 32 f., **32**
Aussaat, Samen 51
Aussäen **30**, 31, 65

B

Bakterien 20 f.
Barbarazweige 113
Basteln, Dosen 125
Bauen, Xylofon 132 f., **132**
Bauerngartenpflanze 56

Baum, wurzelnackt 73
Baumblattmemory **100**, 101
Baumhaus 145
   bauen **144**, 145
   Bauanleitung 145
   Baumschutz 147
   Befestigungsarten 145
   geeigneter Baum 145
   Materialwahl 147
   Stabilität 147
Becherlupe 17, 80 f., **80**
Beeren 22, 76 f., **76 f.**
   Erdbeere 76, **76**
   Heidelbeere 76, **76**
   Himbeere 76, **76**
   Johannisbeere 77, **77**
   Jostabeere 77, **77**
   Schwarze Johannisbeere 77
   Stachelbeere 77, **77**
Beet bepflanzen 49
Beet, Sinne 46 ff., **46 f.**
Beetbreite 47
Befruchtung 36, 51, 73
Bellis perennis 56
Berlandiera lyrata 53
Bestäubung 36
Beta vulgaris var. *cicla* 71
Biene 84, **84**
Bienenfreund 67
Biikebrennen 112
Blattgrün 15
Blattsteckling 35
Blattstielranker 63
Blech-Ideen 126, **126**
   Blechdosen 126, **126**
   Dosenglocke 127, **127**
   Dosenstelzen 126, **126**
   Dosentelefon 126, **126**
   Gartenhocker 126, **126**
   Gartenspüle 127
   Pflanztopf 127, **127**
   Windlichter 126, **127**
Blumenkränze **110**, 111
Blüten, essbar 56 f., **56 f.**

Boden
   alkalischer 11
   Art 10 f., **10**
   Bakterien 21
   lehmiger 11
   neutraler 11
   Proben **10**, 11, 13
   sandiger 11
   saurer 11, 13
   Struktur 21
   Test 11
   toniger 11
   verbessern 11
Bräuche 112
Brennmaterial 109
Brugmansia-Arten 26
Brutzwiebeln 41
Buche, Hartholz 136, **136**
Buchfink 88, **88**
Buchsbaum 27
Buddleja davidii 52
Bünde und Knoten **130 f.**, 130 f.
Busch-Windröschen 27
Buschbaum 73
Buxus sempervirens 27

C

Calendula officinalis 55
Carl von Linné 103
Centaurea 57
Charles Darwin 17
Chitinpanzer, Insekten 81
Chlorophyll 15
Christrose 27
Colchicum autumnale 26
Convallaria majalis 27
Cornus 27
Cosmos atrosanguineus 53
Curcubita maxima 68

D

Daphne mezereum 27
Datura 26 f.

Daucus carota ssp. *sativus* 71
Digitalis 26
Doldenblütler 71
Dosen, Basteln 125
Dosenglocke 127, **127**
Dosenstelzen 126, **126**
Dosentelefon 126, **126**
Drahtkörbe 92
Duftgeranie 49
   Apfel 49
   Minze 49
   Schoko 49
   Zitrone 49
Duftpflanzen 52 f., **52 f.**
   Duftwicke 53, **53**
   Duftgeranie 49, 53
   Fruchtsalbei 52, **52**
   Minze 52, **52**
   Nachtkerze 53, **53**
   Schmetterlingsflieder 52, **52**
   Schokoladen-Kosmee 53, **53**
   Schokoladenblume 53
   Vanilleblume 52, **52**
Dunkelkeimer 31

E

Eberesche 27
Efeu 27
Eibe 27
Eiche, Hartholz 137
Eichhörnchen 93, **93**
Einfluglöcher 87
Eisenhut, Blauer 26, **26**
Engelstrompete 26, **26**
Engerlinge 81
Erdbeere 49, 76, **76**
   Herz 34, **34**
   pflanzen 34, **34**
   Kindel 34, **34**
Erde, gute 19
Erde, sandige 19
Essbare Blüten 56 f., **56 f.**
   Gänseblümchen 56, **56**
   Horn-Veilchen 57, **57**
   Indianernessel 57, **57**

Kornblume 57, **57**
Ringelblume 56, **56**
Rose 57, **57**
Schnittlauch 56, **56**
Schwarzer Holunder 57, **57**
Essbare Pflanzen 65
Euonymus altus 27
Euonymus europaeus 27
Europäisches Pfaffenhütchen 27

F

F1-Hybriden 51
Facettenaugen, Insekten 81
Färbende Pflanzen 106 f., **106 f.**
    Apfelbaum 106, **106**
    Färberkrapp 107
    Klatsch-Mohn 106, **106**
    Rot-Kohl 107
    Rote Bete 107
    Schwarze Stockrose 106, **106**
    Schwertlilie, Blaue 106, **106**
    Studentenblume 106, **106**
    Walnuss 107, **107**
Feste & Feiern, Jahreszeiten 112 f.
    Adventszeit 113
    Biiekebrennen 112
    Halloween 113
    Martinssingen 113
    Ostern 112
    Rumpelpottlaufen 113
    Sommersonnenwende 113
    Walpurgisnacht 112
    Weihnachtszeit 113
Feuer- und Grillstellen 24
Feuerkorb **108**, 109
Fingerhut 26, **26**
Flechten, Weiden 139
Florfliege 84, **84**
Forschen 17, 22
Forsythie, Weichholz 136, **136**
Fotosynthese 15
Fragaria x *ananassa* 76
Fritillaria imperialis 27
Frosch 93, **93**
Fruchtfolge 67
Fruchtknoten 36

Fruchtsalbei 52, **52**
Fruchtwechsel 67

G

Gänseblümchen 56, **56**
Gänsefußgewächse 71
Garten-Kresse 69, **69**
Garten, Gefahren 24
Garten, kinderfreundlicher 22
Garten, Wildtiere 90
Gartenherd 124 f., **124**
Gartenhocker 126, **126**
Gartenküche 124 f., **124**
Gartenrotschwanz 88, **88**
Gartenspiele 127
Geburtstagsobstbaum **72**, 73
Geburtstagsspiele 116 f.
    Alle meine Entchen 116, **116**
    Bäumchen wechsel dich 116, **116**
    Das schnelle Pflanzenquiz 117
    Kirschen und Äpfel von der Leine pflücken 117, **117**
    Riesenseifenblasen 117
    Sackhüpfen 116, **116**
    Vogelscheuchenlauf 116, **116**
    Wie groß bin ich 117, **117**
Gefahren, Garten 24
Gehäuseschnecken 21
Gehölze 136 f., **136 f.**
    Buche, Hartholz 136, **136**
    Eiche, Hartholz 137
    Forsythie, Weichholz 136, **136**
    Hasel, Weichholz 137
    Hunds-Rose, Weichholz 137, **137**
    Lärche, Hartholz 136, **136**
    Robinie, Hartholz 136, **137**
    Weide, Weichholz 137, **137**
Geißblattgewächse 57
Gelierprobe 74 f., **74**
Gelierzucker 75
Gemüse, Anbautipps 66
Gemüse, buntes 70 f., **70 f.**
    Aubergine 70, **70**
    Kartoffel 70, **70**
    Mais 71, **71**
    Mangold 71, **71**

Möhre 71, **71**
Tomate 70, **70**
Gemüse, schnelles 68 f., **68 f.**
    Garten-Kresse 69, **69**
    Radies 69, **69**
    Rhabarber 68, **68**
    Riesen-Kürbis 68, **68**
    Salat 69, **69**
    Zucker-Erbse 68, **68**
Geschlechtliche Vermehrung 51
Gewöhnliche Hasel, Weichholz 137
Gewöhnlicher Goldregen 27, **27**
Gewöhnlicher Seidelbast 27, **27**
Gießen 12, **12**
Giftige Flüssigkeiten 24
Giftige Pflanzen 24, 26 f., **26 f.**
    Aronstab 27
    Buchsbaum 27
    Busch-Windröschen 27
    Christrose 27
    Eberesche 27
    Efeu 27
    Eibe 27
    Eisenhut, Blauer 26, **26**
    Engelstrompete 26, **26**
    Fingerhut 26, **26**
    Goldregen, Gewöhnlicher 27, **27**
    Hartriegel 27
    Heckenkirsche 27
    Herbstzeitlose 26, **26**
    Herkulesstaude 27
    Kaiserkrone 27
    Kirschlorbeer 27
    Kork-Spindel 27
    Lebensbaum 27
    Liguster 27
    Lupine 27
    Maiglöckchen 27
    Pfaffenhütchen 27, **27**
    Rhododendron 27
    Schlaf-Mohn 27
    Schneeball 27
    Seidelbast, Gewöhnlicher 27
    Stechapfel 26 f.
    Stechpalme 27, **27**
    Tabak 27
    Tollkirsche, Echte 27
Gliederfüßer 20 f.

Goldregen, Gewöhnlicher 27, **27**
Gründünger 67
Grundwissen, Nachwuchsgärtner 9 ff.

H

Haarschmuck **110**, 111
Halloween 113
Hartholz 109
    Buche 136, **136**
    Eiche 137
    Lärche 136, **136**
    Robinie 136, **137**
Hartriegel 27
Hasel, Gewöhnliche, Weichholz 137
Heckenkirsche 27
Hedera helix 27
Heidelbeere 76, **76**
    'Bluecrop' 76
    'Goldtraube' 76
    'Patriot' 76
Heimische Pflanzen 90
Helichrysum-Cultivars 54
Heliotropium arborescens 52
Helleborus niger 27
Heracleum mantegazzianum 27
Herbarium **102**, 103
Herbstzeitlose 26, **26**
Herkulesstaude 27
Himbeere 76, **76**
Himbeere 'Golden Queen'® 76
Hinkespiele 23
Hochstamm 73
Honigbiene 84
Horn-Veilchen 57, **57**
Hufeisen 10 f., **10**
Hülsenfrüchte 53, 57, 65, 68
Hummel 85, **85**
Humus 17
Humusbildung 21
Hunds-Rose, Weichholz 137, **137**
Hybridsaatgut 51

I

Ideen aus Blech 126 f., **126 f.**
Igel 92, **92**

REGISTER

Ilex 27
Imago 85
Indianernessel 57, **57**
Insekten 21, 80, **82**, 83 f., **84 f.**
  Biene 84, **84**
  Chitinpanzer 81
  Facettenaugen 81
  Florfliege 84, **84**
  Fresser 92
  Hotel 83
  Hummel 85, **85**
  Körperaufbau 81
  Libelle 85, **85**
  Lupe 81
  Marienkäfer 85, **85**
  Safari 81
  Schmetterlinge 84, **84**
  Steckbrief 81
Islandmohn 49

J

Jahreszeiten, Feste & Feiern 112
Johannisbeere 77, **77**
Johannisbeere, Schwarze 77
Jostabeere 77, **77**
  'Jocheline' 77
  'Josta' 77
  'Rikö' 77

K

Kahlfraßschäden 21
Kaiserkrone 27
Kammmolch 93
Kapuzinerkresse 55, **55**
Kartoffel 70, **70**
  'Bamberger Hörnchen' 61
  'Blauer Schwede' 61
  im Sack 60, 61
  'Linda' 61
  'Rote Emma' 61
Kaufmannsladen 23, **138**
Kaulquappen 93
Keimblätter 31, 33
Kiemen 20
Kinderfreundlicher
  Garten 22

Kindergeburtstag, Mottos & Mitbringsel 114
  Anno 1900 114
  Elfen- und Trollparty 114
  Erntedank 114
  Handwerkerparty 114
  Plansch-Pool-Party 114
Kirschlorbeer 27
Klanggarten 133
Klanghölzer 133
Klatsch-Mohn 106, **106**
Klettergerüst 23
Kletterhilfe 63
Knoten und Bünde 130, 131
  Kreuzbund **130**, 131
  Mastwurf 130 f., **130**
  Zimmermannsklank 130, 131
Knöterichgewächse 55, 68
Kohlendioxid 15
Kohlmeise 88, **88**
Kompost 17, 19
  Erde 49
  Rotte 20
  Wurm 19, 21, **21**
Kompost-Tiere 20 f., **20 f.**
  Ameisen 21, **21**
  Asseln 20, **20**
  Bakterien 20 f.
  Kompostwurm 21, **21**
  Pilze 20 f.
  Regenwurm 20
  Schnecken 21, **21**
  Spinnentiere 20, **20**
  Tausendfüßler 20, **20**
Königslibelle 85
Kopfsteckling 35
Korbblütler 53 ff., 69
Kork-Spindel 27
Kornblume 57, **57**
Körperaufbau, Insekten 81
Krankheitsbefall 66
Krebstiere 20
Kreisbeet 47
Kreislauf 18, **18**
Kreisumfang 47
Kresseschnecke 64, 65
Kreuzblütler 55, 69
Kreuzbund **130**, 131

Kreuzungen 51
Kronen-Lichtnelke 49
Küche, Gartenkinder **124**, 125
Kürbisgewächse 68, 70

L

Laburnum anagyroides 27
Lagerfeuer **108**, 109, 113
Landschnecken 21
Lärche, Hartholz 136, **136**
Larven 81, 85
  Engerlinge 81
  Maden 81
  Raupen 81
Lathyrus odoratus 53
Lactuca sativa 69
Lebensbaum 27
Lehm **98**, 99
Lehmige Böden 11
Lehmziegel, selbst gemacht **98**, 99
Lepidium sativum 69
Libelle 85, **85**
Lichtkeimer 31
Lied, Samen 43
Liguster 27
Ligustrum vulgare 27
Lippenblütler 52 f.
Lonicera 27
Löwenmäulchen 49, 54, **54**
Löwenzahn 36, **36**
Lupe 17, 80
Lupine 27
Lupinus 27
Lurcharten 90
Lurche 93
Lycopersicon esculentum 70

M

Maden 81
Magnolia x *soulangeana* 54
Magnoliengewächse 55
Maibaum 112
Maibowle 112
Maiglöckchen 27
Mais 71, **71**
Mandiblen 21
Mangold 71, **71**

Marienkäfer 85, **85**
Marmelade einkochen **74**, 75
Martinssingen 113
Maßliebchen 56
Mastwurf 130 f., **130**
Mastwurf, Gesteckter 131
Materialwahl, Baumhaus 147
Matsch 22
Matschecke **96**, 97
Maulwurf 92, **92**
Menta-Arten und
  -Sorten 52
Midsommerblumen 111
Mikroorganismen 21
Minigurke 49
Minze 52, **52**
Mischkultur 66
Mist 66
Mittelzehrer 66 ff., 71
Möhre 71, **71**
Molch 93, **93**
Monarda 57
Mutterpflanzen 34, **34**

N

Nachtaktiv 20
Nachtkerze 53, **53**
Nachtkerzengewächse 27, 53, 70
Nacktsamer 36
Nacktschnecken 21
Nadelgewächse 36
Nagelverbindungen 139
Nagetiere 92 f.
Nährsalze 11
Nährstoffe 13, 15, 31, 49, 66
Nährstoffgehalt 11
Nährstoffbedarf 66
Naschgarten 59 ff.
Naschobst 22
Natur-Malkasten 105
Naturbilderrahmen **130**, 131
Naturwerkstoffe 134
Neutrale Böden 11
Nistkasten, Vögel **86**, 87
Nisthilfen 90
Notfall 24

Nützlinge 84, 92
Nutzpflanzen 22

O

Obstbaum
  Befruchtung 73
  Kinder 73
  pflanzen **72,** 73
  Pflanzzeit 73
  Veredelungsstelle 72, **72**
  Wuchsformen 73
Oenothera biennis 53
Ohrenkneifer 90
Ostern 112

P

Papaver somniferum 27
Papiertöpfchen 30, **30**
Pelargonium-Arten und
  -Sorten 53
Petermännchen 112, **112**
Pfaffenhütchen 27, **27**
Pflanzbeet 49
Pflanzen 32, **32**
  Auswahl 49
  essbar 65
  Farben **104,** 105
  färbende 106
  Fresser 21
  heimische 90
  Pflege 15
  Presse 101, **102,** 103
  Rahmen 130, **130**
  Reste 19 f.
  Schutzmittel 90
  Sinne 49, 54 f., **54 f.**
  Stärkungsmittel 90
  südländische 33
  Systeme 103
  Weiden **128,** 129
Pflanzgefäße 33
Pflanzplatz 15, 127, **127**
Pflanztöpfe **30,** 31
Pflanzzeit 41, 73
Pflege, Pflanzen 15
pH-Wert 11

Pikieren 33
Pilze 20 f.
Pisum sativum ssp.
  sativum Macrocarpon-
  Gruppe 68
Planschbecken 23
Prunus laurocerasus 27
Puppe 85

R

Radies 69, **69**
Rankgitter 62, **63,** 129
Rankhilfe 63
Raphanus sativus 68
Rasen abstechen 46, **46**
Raupen 81, 84
Regenwurm 17, 19 f., 92
  Alter 19
  Arten 19
  Aussehen 19
  Becherlupe 19
  Clittelum 19
  Farm 17, 19
  Fortbewegung 19
  Gemeiner 19
  Geschlechtsreife 19
  Ringmuskeln 19
Reife Samen 51
Reisigberge 90
Rekord-Gemüse 68 f., **68 f.**
Rhabarber 68, **68**
Rheum rhabarbarum 68
Rhododendron 27
Ribes nigrum 77
Ribes rubrum 77
Ribes uva-crispa 77
Ribes x *nidigrolaria* 77
Riesen-Kürbis 68, **68**
Ringelblume 56, **56**
Robinie, Hartholz 136, **137**
Rose 57, **57**
Rosengewächse 57
Rot-Kohl 13, 107
Rote Bete 107
Rote Waldameise 21
Rotkehlchen 88, **88**
Rubus idaeus 76
Rumex 55

Rumpelpottlaufen 113
Rutsche 23

S

Saatband 33
Saatgut 51, 65
Salat 69, **69**
Salvia spec. 52
Sambucus nigra 57
Samen 31, 36, 51
  Aussaat 51
  Lied 43
  Quiz 36
  reife 51
  Sammler 51
Samenverbreitung 36
  Tiere 36
  Wasser 36
  Wind 36
Sämereien 51
Sandige Böden 11
Sandige Erde 19
Sandkasten 23
Sauerampfer 55, **55**
Saurer Boden 11, 13, 107
Sauerstoff 11
Säugetiere 92, **92**
Säuregrad 11, 15
Saures Wasser 13
Säuretest 13
Saxofon 133
Schädlingsbefall 66
Scharfes Werkzeug 24
Schatten 15, 17
Schaukel 23
Schlaf-Mohn 27
Schlinger 63
Schmetterlinge 81, 84, **84,** 90
Schmetterlingsflieder 52, **52**
Schmuckkörbchen 49
Schnecken 21, **21**
Schneeball 27
Schnittlauch 56, **56**
Schokoladen-Kosmee 53, **53**
Schokoladenblume 53
Schwachzehrer 66 ff.
Schwarze Johannisbeere 77
Schwarze Stockrose 106, **106**

Schwarze Wegameise 21
Schwarzer Holunder 57, **57**
Schweden, traditionelles Essen 111
Schwertlilie, Blaue 106, **106**
Seidelbast, Gewöhnlicher 27
Selbstbefruchtend 73
Sinne
  Beet für die 46 ff., **46 f.**
  Pflanzen 49, 54 f., **54 f.**
Slackline 23
Sogwirkung 13
Solanum melongena 60
Solanum tuberosum 70
Solitärbienen 84
Sommerblumen, bunte 49
Sommersonnenwende 111, 113
Sonne 17
Sonne, pralle 12, **12**
Sonnenblume 12, **12,** 42 f., **42,** 49
Sonnenblumen-Wettwachsen **42,** 43
Sonnenuhr **44,** 45
Sorbus aucuparia 27
Spaltöffnungen 13, 15
Spielgeräte 22 f.
  Gartenkegel 120, **120**
  Klettern 120, **120**
  Mandalas legen 120, **120**
  Seiltanzen 120
  selbst gemacht 120 f., **120 f.**
  Spielhaus 120, **120**
  Steckenpferd 120
  Steinturm bauen 120, **120**
  Wippe 120, **120**
Spielsand **46,** 47
Spinnenarten 20
Spinnentiere 20, **20**
Stachelbeere 77, **77**
Stachys byzantina 54
Stammsteckling 35
Standort 49
Starkzehrer 66 ff., 70 f.
Staunässe 11
Stechapfel 26 f.
Stechpalme 27, **27**
Stecklinge 35
Stevia rebaudiana 55
Stickstoff 33, 67
Stockbrot **108,** 109

155

REGISTER

Stockrose, Schwarze 106, **106**
Storchschnabelgewächse 53
Strohblume 54, **54**
Studentenblume 106, **106**
Stuhl, Wildholz **140,** 141 ff.
Süßgräser 55, 71
Süsskraut 55, **55**

T

Tabak 27
Taglilie 49
Tanzlied 111
Tausendfüßler 20, **20**
Taxus baccata 27
Thuja 27
Tiere im Garten 79 ff.
Tipi 23
Tollkirsche, Echte 27
Tomate 70, **70**
Torfabbau 33
Trampolin 23
Traubenhyazinthen 40, **40**
Traubenzucker 15
Trockenmauer 90
Tropaelum majus in Sorten 55
Tuffs 41
Tulipa 27
Tulpe 27
Tulpen-Magnolie 54, **54**
Turm 23
Turnreck 23

V

Vaccinium myrtillus 76
Vanilleblume 52, **52**
Vegetative Vermehrung 36
Verbindungstechniken **130,** 131
Veredlungsstelle, Obstbaum 72, **72**
Vereinzeln 33
Vermehrung, geschlechtliche 51
Vermehrung, vegetative 36
Viburnum 27
Viola cornuta in Sorten 57
Vögel 88, **88**
　Amsel 88, **88**
　Buchfink 88, **88**
　Gartenrotschwanz 88, **88**
　Kohlmeise 88, **88**
　Nisthilfe **86,** 87
　Rotkehlchen 88, **88**
　Zaunkönig 88, **88**
　Zilpzalp 88, **88**
Vogelbestimmung 89
Vogelgesänge 88 f.
Vogeluhr **88,** 89

W

Waldmeister 112
Walnuss 107, **107**
Walpurgisnacht 112
Wasser
　Bahnen 13
　Baustelle **96,** 97
　Bedarf 49
　Jungfer 85
　Leitungssystem 13
　saures 13
　Speicherung 21
　Versuche 13
Weberknechte 20
Wegerichgewächse 54
Weichholz
　Forsythie 136, **136**
　Hasel 137
　Hunds-Rose 137, **137**
　Weide 137, **137**
Weiden 129
　Erntezeit 129
　flechten 139
　pflanzen **128,** 129
　Tipi **138,** 139
Weihnachtszeit 113
Werkideen aus Wildholz 134
Werkplatz 134
Wildbienen 84, 90
Wildholz 134, **140,** 141 ff.
Wildholz, Werkideen aus 134
Wildtiere, Garten 90
Windlichter 126, **127**
Wippe 23
Woll-Ziest 49, 54, **54**
Wuchsformen, Obstbaum 73
Wühlmaus 92, **92**
Wurmdetektive 17
Würmer 16, **16,** 19

X

Xylofon bauen 132 f., **132**

Z

Zäune 90
Zaunkönig 88, **88**
Zea mays 71
Zeitmesser 45
Zeitungstöpfchen **32,** 33
Zelt 23
Zierbeete 22
Ziergarten 39 ff.
Zilpzalp 88, **88**
Zimmermannsklank 131
Zirkel 46 f., **46**
Zittergras 49
Zucker-Erbse 68, **68**
Zucker-Mais 49
Zunder 109
Zwiebelblumen 41
Zwiebelgewächse 56
Zwiebelpflanzenbild 40, **40**
Zwiebelsetzer **40,** 41

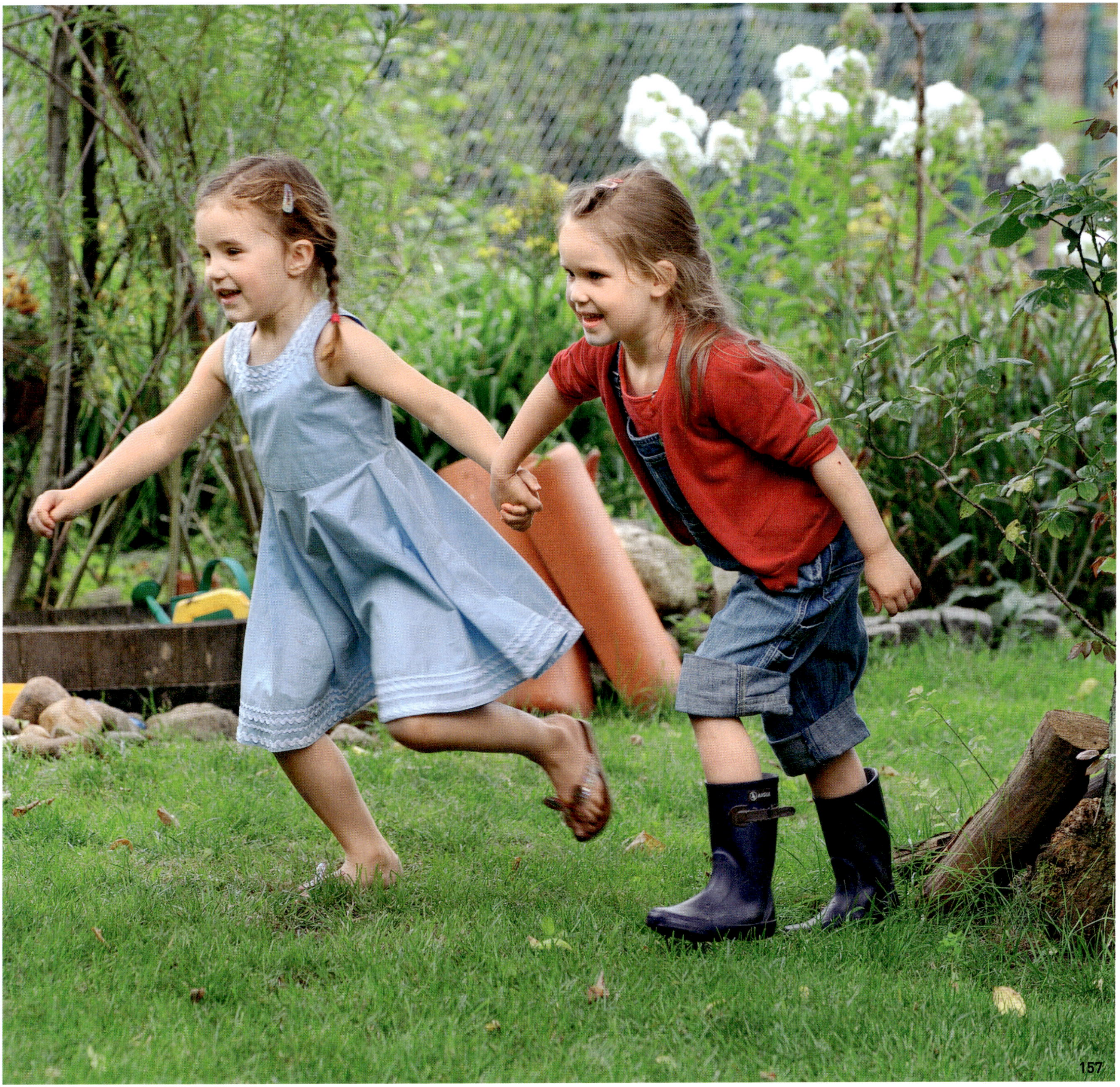

SO WÄCHST DAS GLÜCK

KATJA MAREN THIEL
FOTOS: ANNETTE TIMMERMANN
Gärntern
Grundkurs Grüner Daumen
192 Seiten, 309 Abbildungen, €/D 19,95
ISBN 978-3-440-12612-7

ALLER ANFANG IST LEICHT | Entdecken Sie Ihren Garten, ihn mit Lust und Freude zu pflegen und zu bepflanzen. Gerade am Anfang werden Sie auch Fehler machen. Aber viele Pflanzen sind sehr robust und Ihr Garten wird es Ihnen verzeihen. Haben Sie Mut und fangen Sie einfach an!

VERSTEHEN WAS WIRKLICH WICHTIG IST | Lernen Sie die wichtigsten Tätigkeiten des Gärtnerns: Aussäen, Pflanzen, Kompostieren und das Anlegen von Beeten und Wegen. Wer die Grundtechniken verstanden hat, kann sie spielend auf alle Gartenbereiche anwenden.

SCHRITT FÜR SCHRITT | Auf dem Weg zum eigenen Gartenglück. Mit anschaulichen Fotostrecken und handfestem Gartenrat zu Zier- und Obstgärten, zu Gemüse- und Kräuterparadiesen.

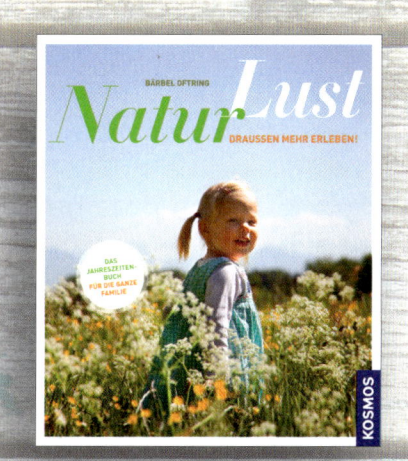

- 144 Seiten, ca. 200 Abbildungen, €/D 16,99
- ISBN 978-3-440-13148-0

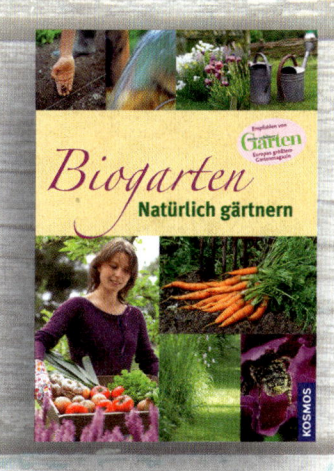

- 288 Seiten, 695 Abbildungen, €/D 19,95
- ISBN 978-3-440-12192-4

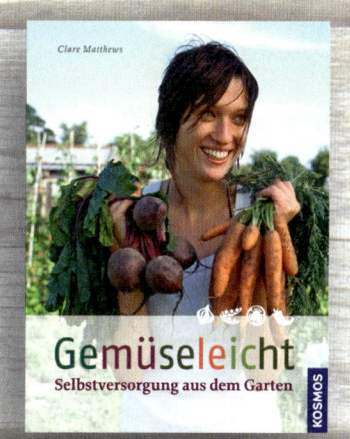

- 224 Seiten, 200 Abbildungen, €/D 19,95
- ISBN 978-3-440-12501-4

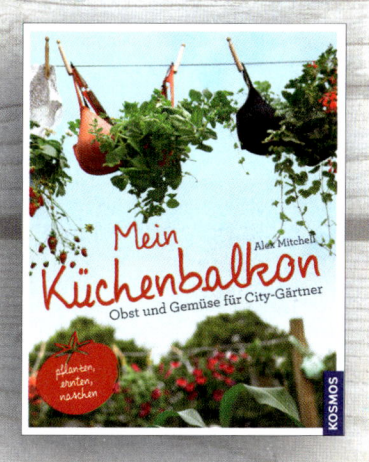

- 160 Seiten, 350 Abbildungen, €/D 19,95
- ISBN 978-3-440-13088-9

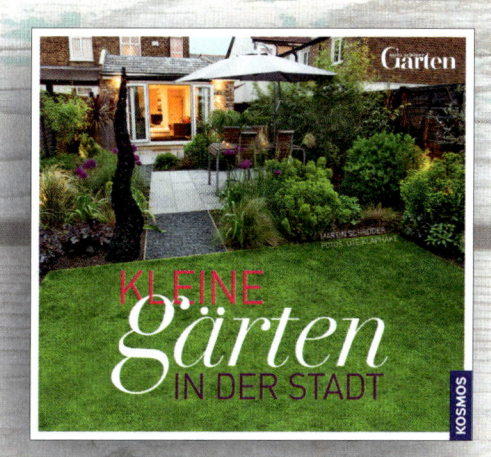

- 144 Seiten, 190 Abbildungen, €/D 19,95
- ISBN 978-3-440-12371-3

AKTEURE

Katja Maren Thiel ist Garten-Autodidaktin und hat ihren Stadtgarten in Hamburg zusammen mit ihrer Familie in ein herrlich lebendiges Wohlfühl-Refugium verwandelt. Die vielen Ideen, Tipps und Anleitungen für dieses Buch hat sie mit ihrer Tochter Iva und deren Freundinnen und Freunden erprobt.

Annette Timmermann ist Fotografin. Für diverse bekannte und erfolgreiche Gartenmagazine, Kalender und Postkarten setzt sie Gartenmotive mit viel Einfühlungsvermögen und Fachverstand in Szene. Schon während ihres Studiums entwickelte sie ihre Liebe zur Gartenfotografie, die bis heute ihren Arbeitsschwerpunkt bildet.
Die diplomierte Gartenbauingeneurin lebt und arbeitet in Schleswig-Holstein. In Hamburg bei Familie Thiel entstanden ihre wundervollen Bilder und Kindermotive für dieses Buch.

Wir danken Iva und ihren Freunden Antonina, Bhanu, Emma, Fanny, Julia, Kaja, Lasse, Lena, Luise, Marlon, Matti, Michi, und Stella für ihren tollen Einsatz vor der Kamera.

IMPRESSUM

BILDNACHWEIS

273 Farbfotos wurden von Annette Timmermann, Kalübbe, für dieses Buch aufgenommen.
Außer:
Robert Groß/Gartenschatz S. 88 oMitte,
Thomas Grüner/Gartenschatz S. 88 Mitte li,
Peter Zeininger/Gartenschatz S. 88 ure,
anschli/Pixelio: S. 93 ore,
Dieter Haugk/Pixelio.de: S. 92 oli,
Birgit Lang/Pixelio.de: S. 92 Mitte

Umschlaggestaltung von Gramisci Editorialdesign, München,
unter Verwendung von zwei Farbfotos von Annette Timmermann, Kalübbe.

Mit 273 Farbfotos.

Alle Angaben in diesem Buch sind sorgfältig geprüft und geben den neuesten Wissensstand bei der Veröffentlichung wieder. Da sich aber das Wissen laufend und in rascher Folge weiterentwickelt und vergrößert, muss jeder Anwender prüfen, ob die Angaben nicht durch neuere Erkenntnisse überholt sind. Dazu muss er zum Beispiel Beipackzettel zu Dünge-, Pflanzenschutz- bzw. Pflanzenpflegemitteln lesen und genau befolgen sowie Gebrauchsanweisungen und Gesetze beachten. Jede Dosierung und Anwendung erfolgt auf eigene Gefahr.
Die Blütenfarben und -zeiten können variieren, sie sind u.a. klima- und standortabhängig. Die angegebenen Wuchshöhen und -breiten der Pflanzen sind Mittelwerte. Sie können je nach Nährstoffgehalt des Bodens variieren.
Autor und Verlag müssen alle Schadensersatzansprüche von vornherein ablehnen.
Gebrauchsnamen, Handelsnamen, Warenbezeichnungen sind in diesem Buch ohne nähere Kennzeichnung in Bezug auf Marken, Gebrauchsmuster und Patentschutz weitergegeben. Daraus kann nicht abgeleitet werden, dass diese Namen und Verfahren als frei im Sinne der Gesetzgebung gelten und von jedermann benutzt werden dürfen.
Die Rechtschreibung der deutschen Pflanzennamen ist nicht eindeutig geregelt. Auch jede andere Art der Schreibung ist möglich, die Sie sowohl in Fach- als auch in populärwissenschaftlichen Büchern finden werden.
Die Ratschläge und Rezepte dieses Buches wirken bei den meisten Menschen ähnlich. Es könnte aber durchaus vorkommen, dass manchmal eine unvorhergesehene Wirkung auftritt. Daher müssen Sie sich immer gut beobachten. Bitte beachten Sie auch, dass für Kinder, Schwangere und stillende Mütter besondere Vorsichtsmaßnahmen bestehen.
Nicht alle Kräuter und essbaren Früchte dürfen verzehrt werden. Fragen Sie daher Ihren Kinder- oder Frauenarzt, was Sie dürfen und was nicht. Das Gesagte gilt einmal mehr für Kranke, zum Beispiel mit chronischer Nierenentzündung oder Diabetes. Sie müssen in diesem Fall Ihren Arzt fragen, was Sie einnehmen dürfen und was nicht.
Das Allerwichtigste ist, dass Sie die Pflanzen und insbesondere die Kräuter einwandfrei erkennen. Oftmals gibt es verwandte Arten, die sich sehr ähnlich sehen. Die eine ist jedoch gut, die andere giftig. Wenn Sie irgendwelche Zweifel haben, dann verwenden Sie die Pflanze nicht. In der Apotheke bekommen Sie beispielsweise die beschriebenen Kräuter in getrockneter Form.

Unser gesamtes lieferbares Programm und viele weitere Informationen zu unseren Büchern, Spielen, Experimentierkästen, DVDs, Autoren und Aktivitäten finden Sie unter **kosmos.de**

FSC MIX Papier aus verantwortungsvollen Quellen FSC® C023164

Gedruckt auf chlorfrei gebleichtem Papier

© 2012, Franckh-Kosmos Verlags-GmbH & Co.KG, Stuttgart
Alle Rechte vorbehalten
ISBN 978-3-440-13099-5
Redaktion: Birgit Grimm
Gestaltungskonzept und Layout: Gramisci Editorialdesign, München
Gestaltung und Satz: Doppelpunkt, Stuttgart
Produktion: Doppelpunkt, Stuttgart
Printed in Italy / Imprimé en Italie